1. 1999 年，Alibaba.com 域名注册成功，正式上线，蔡崇信和马云共同在庆祝会上

2. 2001 年中供铁军第一届“百年大计”开班，马云现场授课

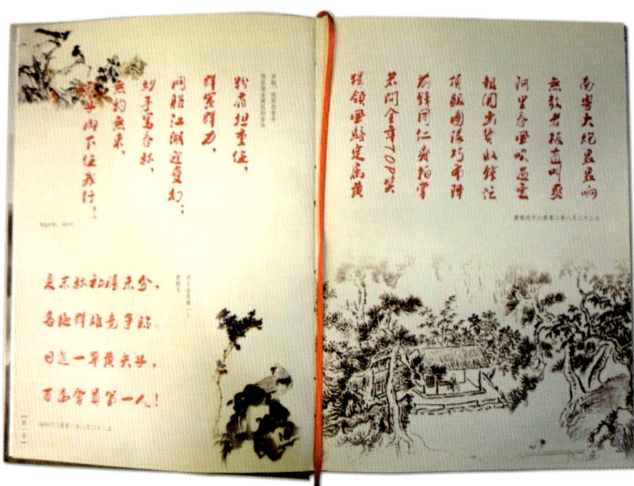

1.

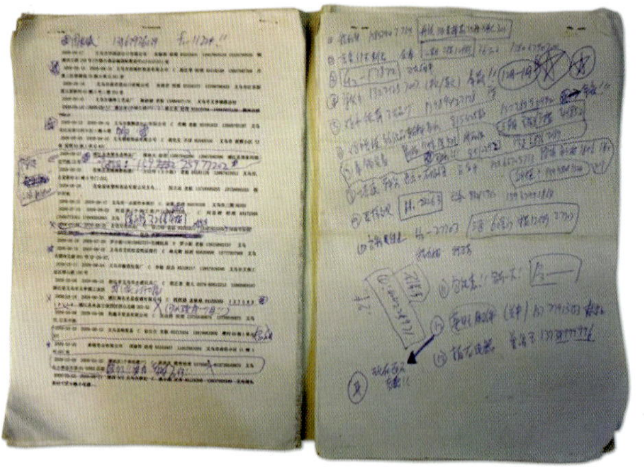

2.

3.

1. 关明生写给“百万销售”的打油诗

2. 早期中供铁军的笔记本

3. 中供年刊第一期

4. 创业初期，中供铁军管理层在湖畔花园里开会

5. 早期中供铁军的住处

1. 2002 年，马云提出“2002 年阿里巴巴要赚一元钱”后，在 10 月的最后一个星期五，终于实现收支平衡。图为关明生、马云和财务部同事在一起

2. 2003 年非典的关键时刻马云到公司给员工慰问和打气

3. 2004 年中供铁军员工大会现场

4. 2005 年 5 月 10 日，阿里巴巴的第一个“阿里日”在杭州创业大厦举办

2.

3.

4.

1. 2007 年阿里巴巴集团表彰大会

2. 2009 年阿里巴巴成立 10 周年庆祝活动现场

3. 2014 年收购一达通后，阿里巴巴一达通举办“外贸服务补贴”发布会

4. 2016 年中供铁军成立 15 周年盛典现场

4.

阿里巴巴 Alibaba.com
今天
最高的
表现
是明天
最低的
要求
ALIBABA.COM'S
LEGENDARY SALES TEAM
阿里巴巴中供铁军15周年盛典

阿里巴巴 Alibaba.com
做正确的事，
正确地做事。
ALIBABA.COM'S LEGENDARY SALES TEAM
阿里巴巴中供铁军15周年盛典

阿里巴巴 Alibaba.com
一帮兄弟
一段故事
一个传奇
一生回忆
ALIBABA.COM'S
LEGENDARY SALES TEAM
阿里巴巴中供铁军15周年盛典

阿里巴巴 Alibaba.com
很傻很天真，
又猛又持久。
ALIBABA.COM'S LEGENDARY SALES TEAM
阿里巴巴中供铁军15周年盛典

阿里巴巴 Alibaba.com
没过程
的结果
是垃圾，
没结果
的过程
是放屁。
ALIBABA.COM'S
LEGENDARY SALES TEAM
阿里巴巴中供铁军15周年盛典

阿里巴巴 Alibaba.com
对得起
好的人，
对不起
不好的人。
ALIBABA.COM'S
LEGENDARY SALES TEAM
阿里巴巴中供铁军15周年盛典

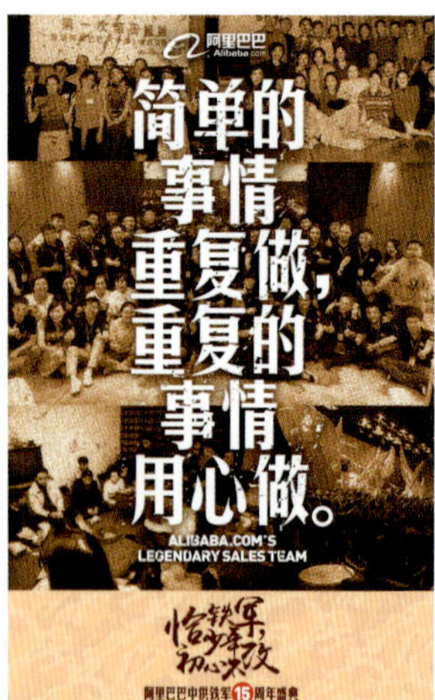
阿里巴巴 Alibaba.com
简单的
事情
重复做，
重复的
事情
用心做。
ALIBABA.COM'S
LEGENDARY SALES TEAM
阿里巴巴中供铁军15周年盛典

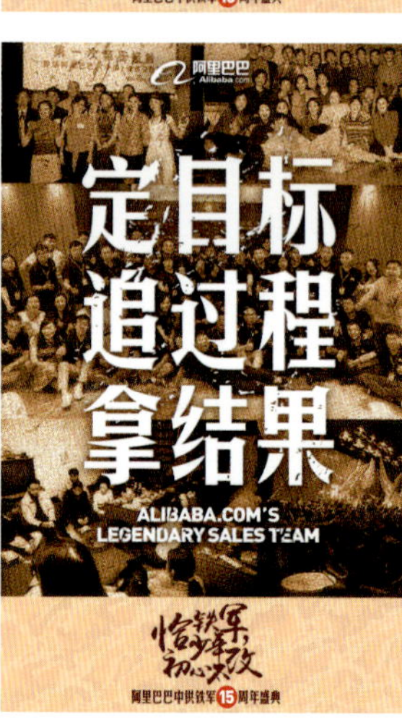
阿里巴巴 Alibaba.com
定目标
追过程
拿结果
ALIBABA.COM'S
LEGENDARY SALES TEAM
阿里巴巴中供铁军15周年盛典

阿里巴巴 Alibaba.com
愿赌
服输
ALIBABA.COM'S
LEGENDARY SALES TEAM
阿里巴巴中供铁军15周年盛典

阿里铁军

阿里巴巴销售铁军的进化、裂变与复制

宋金波
韩福东
——
著

Alibaba.com's
Legendary
Sales Team

中信出版集团 · 北京

图书在版编目（CIP）数据

阿里铁军：阿里巴巴销售铁军的进化、裂变与复制/
宋金波，韩福东著.--北京：中信出版社，2017.7（2025.9重印）
ISBN 978-7-5086-7317-2

I.①阿… II.①宋… ②韩… III.①电子商务－商业企业管理－市场营销－经验－中国 IV.①F724.6

中国版本图书馆CIP数据核字（2017）第036367号

阿里铁军——阿里巴巴销售铁军的进化、裂变与复制

著　者：宋金波　韩福东
出版发行：中信出版集团股份有限公司
（北京市朝阳区东三环北路27号嘉铭中心　邮编　100020）
承 印 者：北京通州皇家印刷厂

开　本：880mm×1230mm　1/32　　彩　插：4页
印　张：11.25　　字　数：219千字
版　次：2017年7月第1版　　印　次：2025年9月第38次印刷
书　号：ISBN 978-7-5086-7317-2
定　价：58.00元

阿里巴巴五虎将基本上都在这里，我们最强的铁军，在地面上能够显示阿里巴巴精神，能够显示阿里巴巴使命感和价值观的团队，今天都在这里。因为你们，使整个阿里巴巴赢得声誉；因为你们，我们有机会十年以后真正改变全世界、全中国对电子商务的认识；因为你们，也改变着中国对我们这代年轻人的认识。

我们也许没有机会创造其他的历史，但我相信，阿里巴巴人，在座所有铁军，我们有机会创造电子商务的历史，我们有机会创造互联网的历史。我真心想跟大家一起渡过经济危机这个难关。我想跟大家一起，参与阿里巴巴整个集团商业模式的转型和升级。在灾难过后，三年以后，经济重新起来，我们将成为全世界真正最强大的电子商务集团。

当然，还要出一本关于我们铁军的书。在座所有的人，你们是阿里巴巴的铁军。你们都有创新精神、艰苦精神、勇往直前的精神，你们所到之处都代表了阿里巴巴的精神。我经常说这样一句话：我们不承诺你有钱或者你会当官，但是我们承诺你们会痛苦、失望、沮丧。你们如果把这些东西写进博客，用日记记录下来，那这本书将来值得给所有立志于创业、立志于建立团队、立志于创建自身文化的人看。

——摘自马云 2008 年 11 月 1 日在集团内部会议上的讲话

B2B是阿里巴巴的铁军。整个阿里的精气神就在滨江这一块，没有滨江的体系，就不可能有淘宝、支付宝，不可能有阿里云。我一直这么坚信。铁军从创建到今天为止，依然保持阿里的这种激情、斗志、完美的执行力，包括简单，包括我们“又猛又持久”的风格，这么多年保持一致，我觉得中国可能还真找不到另一个。

……

我们说，淘宝是弟弟，支付宝是妹妹，没有阿里大当家的支持，就不可能有另两家。但是大哥的改革这两年也让大家非常敬仰。对一个做了这么多年的服务产品，那是奇迹。我们面临的升级，既保留了传统的业务，又不断创新各种各样的业务，在飞行的过程中改发动机，这是挺难的。

今天阿里的铁军已经不是中供了，今天阿里B2B留在这里的这帮人，在不断地把自己变成多面手，不断提升领导力。……今天我看到的是B2B正在由原来的管理力向领导力转型，这是很了不起的。未来的这两三年内，我们的B2B依旧面临着转型升级，而且变革依然是痛苦的。因为我们曾经成功过，成功过后的变革是最痛苦的。

——摘自马云2016年初在阿里巴巴滨江园区的讲话

目 录

第六章

狭路：赵伟一看，他也没三头六臂

第七章

明星：关明生给百万俱乐部成员都写了诗

第八章

PK：荡气回肠的战场，酣畅淋漓的战斗

第九章

上市:“把股票放到外婆家箱子底下”

第十章

狂风行动：为了吹出一片暖冬

第十一章

暴雨：每天都在砍员工，砍完以后，再砍自己的脑袋

第十二章

春晖：一切回到根本

第十三章

“黄埔军校”：中国O2O竞争成了铁军内战

第十四章

“政委”：一个体系的自我革命

第十五章

大铁军：开枝散叶，自由生长

第十六章

豹变：成功过的变革是最痛苦的

前　言

20 世纪末，当马云带领阿里巴巴站在互联网经济的起跑线上时，形势看起来并不是特别有利。太多人已经注意到这个时代风口，而马云和阿里巴巴并未显出特别的优势。

今天，阿里巴巴已经成为中国最大、最赚钱也最有影响力的互联网公司。它的成功在很大程度上就像它的名字一样，近乎神话。

现在阿里巴巴最主要的营收仍来自电商。阿里巴巴电商业务主要在早期的淘宝基础上拓展而来。淘宝于 2003 年成立，在此之前，阿里巴巴已经开展了自己的其他业务，其中一个叫“中国供应商”。

“中国供应商”作为阿里巴巴最早盈利的项目，帮助阿里巴巴走出最低的谷底。很少有人知道支持阿里巴巴熬过世纪之交互联网寒冬的，并不是严格意义上的“互联网”团队，而是阿里巴巴的“地面部队”。这支“地面部队”——“中国供应商直销团队”，被马云称作阿里的“铁军”。

当我们第一次走近这支团队，对它仍知之甚少。“中供铁军”的知名度与它在中国商业史中本应有的位置相比，显得过于低调。

早在2008年，马云就说将来要出版一本关于“阿里铁军”的书，“给那些想创业的人读”。后来，他几次说道，“有铁军在，整个阿里的精气神就在”。

除了曾经为阿里巴巴做出的贡献，太多互联网江湖中的显赫人物从这支团队走出，程维、干嘉伟、吕广渝……国内O2O战场，一度成为“铁军内战”。当然，还有阿里巴巴集团的诸多高管，也出自这支“铁军”。

世纪初，互联网的机会固然多，“中国供应商”背靠的却是因中国加入世贸组织而迸发出强大活力的民营中小企业。这是当时中国最为强劲的风口。门户网站风光一时，却最终失去后劲。在相近领域与阿里巴巴竞争的对手，要么业务形态严格来说还是传统媒体和会展的基因，要么在经营管理上犯了致命错误。天时地利俱备，阿里巴巴以“中国供应商”突围成功，绝非偶然。

还有人和。中供早期的销售，都经历过残酷的淘汰竞争，但内部竞争同样残酷的企业并不止这一家。是什么让铁军与众不同?

阿里巴巴大概是对价值观和企业文化最为看重的中国企业。铁军文化又是阿里巴巴企业文化中非常醒目的部分，保留了早期阿里巴巴文化最完整最原始的“原浆”，或者说，阿里味儿最浓。

铁军文化，用其建设者之一俞朝翎的话说，“要讲诚信，要讲敬业，要讲团队的合作，要讲拥抱变化”，就是创业的文化。

铁军文化中最突出的，是超强执行力和有情有义。超强执行力来自对规则的强力坚守。马云曾经讲过一个故事：在创业初期，曾经有两个员工给客户回扣，尽管他们的业绩占整个团队的 50%，但是马云自己下手，“咔咔把两个人裁掉”了。类似的故事，在中供数不胜数。采访中，有已经做到区域经理的，和上司个人交情很好，业绩出色，就因为内部考试作弊，直接走人。

另一方面，如果没有“有情有义”，很多“高压线”就未必能被完全接纳；高强度竞争伴随的，就不一定是对团队的忠诚。情义带来的归属感、安全感和信任感，不是利益捆绑能替代的。

“超强执行力”和“有情有义”，是铁军文化的基因。它们的父本，是阿里巴巴价值观导向、使命感导引、客户至上准则、102 年公司愿景。它们的母本，是直销的工作场景，是中国中小企业的鲜明气质。

作为铁军曾经的成员，滴滴CEO（首席执行官）程维对铁军文化的观感是，在对“人”的琢磨上，阿里巴巴已经做到了极致，没有其他公司可以相比。他的意思或许可以理解为，铁军文化最大的长处，在于激发人的潜能，成就人。

眼下的阿里铁军，无疑也在一个转型变化的节点。B2B的春天已经来临，阿里巴巴生态圈大业方兴，铁军的升级转型正在路上，那已是另一个大故事的起点。

无论时代如何变迁，铁军文化中最核心的部分——清教徒式的自我要求，对于成功的渴望，对于回报社会、创造价值的执着，那些向上的、某种意义上也是美好的精神——在眼前这个“大众创业”的时代，仍然重要而稀缺。

谨以此书献给所有为阿里铁军付出过青春、汗水与智慧的人们。

第一章

凛冬已至：马云做了一个决定

要记住：历史上所有伟大的成就，都是由于战胜了看来是不可能的事情而取得的。

——查理·卓别林

“十五年陈”

2016年夏天，浙江金华长弓清洁用品有限公司总经理张金陆，在位于金华市金东区低田村的公司里，接待了一位久违的客人。

张金陆叫这位客人“大炮”。寒暄中，他们谈起十几年前的旧事，那是他们第一次打交道。一次，张金陆出国回到厂里已晚上十点多，“一眼就看到了‘大圣’开的老爷车，‘大炮’和‘大圣’就在公司大堂静静等着。原来是‘大炮’陪‘大圣’来我公司拜访，知道我今天回国，特意提前来等着”。

18岁就外出经商的张金陆，雅好是文学，喜欢隐逸山林的生活，带有浓厚的理想主义情怀。他把公司到义乌江边的200多亩地都买下来，这样站在办公室窗前，可以一眼看到义乌江。乾溪在西侧汇入义乌江，冲积出一块“麦磨滩”，“麦磨滩”也是张金陆的文化产业公司的名字。

十多年前的那个夜晚，这两个比张金陆小十来岁的年轻人表现出的坚韧和敬业，打动了张金陆。张金陆成为他们的客户和朋友，至今未变。

“他们不容易，也很好，这么多年，没有让我在饭店请吃一次饭。”张金陆说。

“大炮”和“大圣”是方永新和孙利军在阿里巴巴的花名。“大炮”方永新，如今是阿里巴巴集团合伙人、阿里巴巴集团B2B事业群人力资源资深总监；“大圣”孙利军，2016年为阿里巴巴集团合伙人，任阿里巴巴集团副总裁、农村淘宝事业部总经理。

十多年前，他们是阿里巴巴“中国供应商直销团队”在金华的销售员。这支团队，也就是后来广为人知的“中供铁军”，或叫“阿里铁军”。

2016年10月，杭州滨江，“中供铁军成立十五周年”庆典在这里举行。张金陆没有来到现场，但现场数百人观看了大炮等“中供老销售”重新拜访他们十几年前服务过的客户的视频。

一众重量级嘉宾，包括时任阿里巴巴集团资深副总裁、B2B（企业对企业电子商务）事业群总裁吴敏芝（敏芝），阿里巴巴集团副总裁、B2B事业群销售服务总经理余涌（花名“表哥”），以及在场的数百位阿里巴巴员工集体起立，为12位特别嘉宾鼓掌致敬。

这12位特别嘉宾，是阿里巴巴“中国供应商”的“十五年陈客户”。这些客户几乎从“中国供应商”诞生之初，就选择了阿里巴巴，多年来携手同行，未曾改变。

表哥与大炮为这些风雨同舟十余年的客户献上花环，以及“Alibaba.com 15年陈中国供应商”奖，感恩他们珍贵的信任。

“成长”，是客户致辞中出镜最多的词。

一位三天前刚做完手术的客户代表也坚持来到杭州参加庆典，他说："我从一个普通的个体户、小老板，变成商业圈的建设者，在阿里巴巴，跟中供铁军的合作，我收获的不仅是生意，更多是成长。"

庆典现场的一个环节是"阅兵仪式"。担任阅兵"首长"的是两位到场的客户代表，接受检阅的是两个"铁军方阵"："中供铁军"和"生态铁军"方阵。这是有意为之的安排。"客户第一"，是阿里巴巴一直秉承的理念，客户的认可和成长，才是阿里铁军存在的意义所在。

到场的客户中，有王群、刘贞和钟石军。

王群的身份是杭州其顺进出口有限公司董事长。她说："我见证其实不止 15 年。我认识敏芝应该在 14 年前，但是，我加入阿里巴巴这个平台是从 2000 年开始的，而跟B2B的中供铁军，应该说，一起战斗了 14 年。"

刘贞代表的是游龙新西帝电子有限公司。2001 年，游龙新西帝电子有限公司开始用阿里巴巴"中国供应商"产品，"公司先有了阿里巴巴，才有了我。我是公司第一个外贸业务员，第一个会英语的。阿里巴巴让我们工厂从二三十人发展到现在的七八百人。"

2016 年初，老板问刘贞："阿里巴巴又来了，要不要续签？"刘贞快速统计之后告诉老板："全公司有 300 个客户，至少 200 个是通过阿里巴巴开发出来的。按客户数量来说，一年内开发 26 个客户，阿里巴巴占了 18 个。阿里巴巴的这个钱，还得投。"

佛山市高尔顿家具有限公司总经理钟石军上台，先给台下所有阿里巴巴的员工鞠了一个躬，然后说："因为你们，把我改变了。如果没有阿里巴巴，我现在可能还在开手扶拖拉机。"

来自两广交界的农民钟石军，不甘心在农村种田、砍柴、放牛，因为表姐20世纪90年代初嫁到广东顺德，他开着拖拉机投奔，在顺德开了一年拖拉机运货。

把时钟拨回21世纪初那一年。

那一年，王群的公司刚刚由企业转制并注册。

那一年，刘贞从上海财经大学毕业不久。

那一年，钟石军运货时遇到了慧眼识珠的老板，与开拖拉机的生活说再见，成为老板开的床垫厂的厂长。

那一年，张金陆的日用品公司仍依靠传统营销渠道，还没有体验到互联网的利好。

……

彼时的他们，尚未与阿里巴巴产生交集，更不知道自己将会见证乃至参与一个传奇团队的诞生、成长。

世纪初，充满了春天的希望，不过，就像每个传奇的故事一样，一切还要从那个寒冷的“冬天”说起。

收缩

2000年7月，马云看到自己的照片登上了《福布斯》杂志封面，封面头条题为“网络最佳：B2B”。照片的形象乐观而进取。这篇报道使阿里巴巴的国际知名度得到了很大提升。

在1999年前后的互联网投资大潮中，阿里巴巴刚刚拿到了

2500万美元。500万美元是高盛牵头投资的，另外2000万美元来自孙正义。1999年的阿里巴巴乍看起来并不像缺钱花的样子，不过，马云还是接受了孙正义2000万美元的投资。

事后看，这是一个英明的决定。没有孙正义的2000万美元，阿里巴巴挺过互联网寒冬的难度，会大到难以想象。

阿里巴巴迅速开始了国际化征途。阿里巴巴是一家做国际贸易的互联网公司，这很自然。

整个2000年，最初被当成阿里巴巴扩展海外市场的关键年。

那一年，阿里巴巴的员工听到了很多鼓劲打气的口号："不打甲A，直接进世界杯。""一个国家一个国家地杀过去，然后再杀到南美，再杀到非洲。""杀到纽约，把红旗插到华尔街——嗨，我们来了！"

香港、伦敦很快有了阿里巴巴的办事处，美国硅谷成立了阿里巴巴的研发中心。阿里巴巴甚至干脆把名义上的总部从杭州搬到了香港，马云也到香港去上班了。日本、韩国……阿里巴巴都设立了合资公司。

阿里巴巴似乎正向着一个真正国际化的跨国公司应该有的样子迈进。马云表态："我们要做一个世界顶级网站，如果一开始就大张旗鼓宣称这是中国人做的，等于自缚手脚。"

这些，毫无疑问，都需要人才，需要钱。在那个时代，为了挖到人才，留住人才，几乎所有互联网公司都在人力成本上出了大价钱。阿里巴巴不惜血本，给香港公司的工作人员开出了6位数以上的价码。

同样，在美国，首席技术官吴炯网罗了一批硅谷技术精英。美国研发中心最多时有20多名员工，支出比阿里巴巴在杭州事实上的总部高出几倍，每个人的年薪都在 6 位数，而且是美元。

当时的阿里巴巴，确实放眼世界，志在全球，并且“挥金如土”。

危险往往就在最高潮前迫近。

不到一年的时间，阿里巴巴从一个名不见经传的小公司，变成了一家影响力开始凸显的跨国公司。几百名员工来自 13 个国家，文化差异造成的管理隔阂显而易见。公司扩张太快，整体过于分散，后遗症非常明显，各处机构的诉求不一，比如美国研发中心倾向于要钱投入新技术，而香港“总部”那些来自世界五百强企业的高管们，念兹在兹的期望则是公司尽快上市……

阿里巴巴“第一届西湖论剑”是 2000 年 9 月 10 日召开的，热闹过后仅 10 天，马云就宣布阿里巴巴进入 6 个月的紧急状态。他说:“未来半年是非常严峻的半年，随时做好加班准备。”随后，阿里巴巴开始了大规模的战略收缩。

马云回顾这个决定:“那时我们发现了一些问题，在美国设立公司犯了战略性错误，我们在美国的机构扩张得比较大，也很迅速，而这个机构对我们的用处不太大，因此一个月内就把这个机构关闭了。”

收缩的决定非常及时。到 2000 年底，阿里巴巴账面上只剩下 700 万美元的现金了。

问题在于当时的阿里巴巴还没有找到赚钱的办法。这也导致在阿里巴巴的资金链即将崩断时，风险投资商不愿再掏一分钱了。

到 1999 年门户网站开始上市时，对中国互联网的风险投资就已经进入了一种不理性的状态。从 1998 年开始的国内外资本投资中国互联网公司的热潮，仅仅维持了两年多，就急速跌入了低谷。

造成这一局面最主要的原因，是除了顶级的投资银行之外，大部分风险投资对中国互联网经济都抱着过强的投机心态。他们最大的期望不是公司盈利，而是公司上市。早期投资者通过公司上市套利，随即退出市场。

1999年后期，风投对中国互联网经济的投资热潮，更大的驱动力实际上来自美国的纳斯达克市场。互联网经济体中的技术型公司主要在此上市，在互联网热潮推动下，其指数从1995年的400点一路上扬，到2000年上升到5000点以上，全球的互联网经济都处于一片热潮之中。根据1999年当年的数据，美国当年的投资有70%投在了互联网上。

2000年3月10日，纳斯达克指数达到5048.62的最高点，比1999年翻了一番还多，互联网泡沫到达顶峰。那是一段拼命烧钱以扩大知名度和市场占有率的疯狂岁月。

2000年1月17日举行的美国第34届“超级碗”（美国国家美式足球联盟的年度冠军赛），吸引了17家网络公司的赞助，每家为30秒钟的广告支付了200多万美元。2000年4月15日，一家CBS（哥伦比亚广播公司）支持的网站iWon.com在CBS一档黄金时段播出的节目中，就送给一位幸运的参赛者1000万美元。

从2000年3月开始，投资者纷纷开始清盘。仅仅6天时间，纳斯达克指数就损失了将近470点，从3月10日的近5050点跌至3月15日的4580点。缺乏优秀业绩支撑的互联网泡沫开始破裂。大多数网络公司把风投资金烧光后停止了交易，很多公司甚至还没有一分钱盈利就已经夭折。

一个场景足以形成鲜明对比：同样是美国“超级碗”，2001年

1 月第 35 届“超级碗”举行期间，仅有三家网络公司购买了广告。

凛冬已至。2000 年底到 2001 年初，阿里巴巴陷入自创业以来最困难的境地。

马云后来这样评价阿里巴巴当时的情状：“冬天的时候，我们当时犯了很大的错误。一有钱，我们跟任何人一样，我们得请高管，我们得请洋人，请世界 500 强的副总裁。我们请了一大堆人。可最关键的时刻又要做决定请他们离开。我们清掉了很多高管，这是最大的痛苦。就像一个波音 747 的引擎装在拖拉机上面，结果拖拉机没飞起来，反而四分五裂。我们如果当时不做这样的手术，可能阿里巴巴就没了。”

甚至在阿里巴巴内部也有不满的声音，认为阿里巴巴模式就是假大空。

在华尔街，分析师们追问蔡崇信的只有一个问题：“阿里巴巴如何赚钱？”蔡崇信致电马云，马云的答复是：“So what？（那又怎样？）”

但定力强如马云，内心也清楚，再不当机立断，阿里巴巴就会成为无数倒闭网站中的一个，很快就没有人会记得它的名字。

为了能活着，活得长一点，阿里巴巴的当务之急，是开源节流。

首先是节流，控制成本。撤站裁员、全面收缩是必然的选择。做出这样的决定不是件容易的事，但这样的决定，总要有人做的。

大裁撤

关明生（Savio）是 2001 年 1 月 6 日到达杭州的，他住在了招那段时间，据说是马云少有的“优柔寡断”的时候。他最初只想开掉一些拿着6位数高薪，做起事来却让人“不爽”的“精英”。但关明生的态度很坚决：要杀就杀到骨头，长痛不如短痛。

这种态度，使关明生在阿里巴巴赢得了“铁血宰相”的名声，并且在阿里巴巴面临另外一次巨大危机的时候，让人们再次想起他。此为后话。

人裁撤首先从杭州开始。

当时在杭州英文网站有一个30来岁的比利时员工，表现很好，工资很高，年薪是6位数美元，这个工资对于杭州本土员工来说是个天文数字。当时杭州本土员工的月薪多数是一两千元，好的三五千元。关明生去和他谈，说阿里巴巴已经付不起他的工资了，他如果同意把薪水减一半，把股权升三倍，就可以留下来。这个年轻人想了想，没有接受，关明生就把他裁掉了。三年以后，这个比利时年轻人突然打电话给关明生，说他在关明生的母校伦敦商学院读书，现在毕业了，他的毕业论文写的就是阿里巴巴。

2001年1月24日，大年初一，关明生和蔡崇信到美国裁员，几乎把美国整个办事处的人都解雇了，只剩下三个人：吴炯、托尼（Tonny），和一个前台。

1月25日，大年初二，关明生和蔡崇信马不停蹄飞到香港。阿里巴巴的香港办事处已经被蔡崇信裁掉了一批，原来有30人，最后只剩下8人。有一个员工回上海和家人过春节，关明生用电话就把他解雇了。蔡崇信也用电话解雇了一个工资很高的欧洲同事。

阿里巴巴在韩国的网站是一个合资公司，投进去的钱拿不回来。于是关明生宣布：“钱再烧下去，几个月就花光。因此员工要裁，薪水要减，每月只能烧12000美元。我们每月看你们的报表，钱烧光前三个月还没达到收支平衡，我和蔡把你们全部开掉。”三个月后，关明生和蔡崇信飞过去，把剩下的十几个人全部裁掉。

回到国内，关明生把昆明办事处关了，把上海办事处调整到不到10人，办公房间分租了出去。北京办事处从中国大饭店搬到了通利大厦

对于这次裁员，马云回忆：“2000年底我第一次裁员。我们裁员的原因是发现我们在策略上有错误。当时我们有个很幼稚的想法，觉得英文网站应该放到美国，美国人英文比中国人好。结果在美国建站后发现犯了大错误：美国硅谷都是技术人才，我们需要的贸易人才要从纽约、旧金山空降到硅谷上班，成本越来越高。这个策略是一个美国MBA提出来的，人很聪明，当时提出来时想想真是有道理，到了一个半月我们才发现这是个错误，怎么可能从全世界空降贸易人才到硅谷上班？然后赶快关闭办事处。这是阿里巴巴第一次裁员，也是唯一一次大裁员。我们说如果想留在阿里巴巴工作，回到杭州来，同样的待遇，如果离开，我们分给一定量的现金、股票，这是公司决策的错误，与他们无关。从美国回来我们制定了统一的目标。”

大裁员后，阿里巴巴办事处由原来的10个砍成3个，原来工号100以内的老员工裁掉了一半（阿里巴巴的工号是按加入公司的时间顺序排列的，马云为1号，20号以前的是公司创始人，前100号是公司的老班底）。波特·埃里斯曼形容：“那种感觉就像‘二战’之后看见到处断壁残垣、尸横遍野一样。”

不仅仅是裁人，马云、蔡崇信等把自己的工资减了一半，并且在公司中提出零预算：广告一分钱不花，出差只能住三星级宾馆。事后马云说：“虽然人少了，但我们的成本控制住了。现在公司的成本处于一个稳定的阶段，几乎每个月都可以做到低于预算15%左右。控制成本其实没有什么秘诀，就是做到花每一分钱都很小心。我们的公关预算几乎为零，公关部门请别人吃饭是自己掏钱。我自己应该是网络公司里最寒酸的CEO（首席执行官）了，出差住酒店只住三星级的。我们不是用钱去做事，而是用脑子去做事。”

裁员的效果立竿见影，阿里巴巴赢得了一年喘息时间。但裁员也使阿里巴巴的决策层陷入郁闷之中，特别是马云，事情过去了很久，都不能释怀。有一次马云打电话给波特·埃里斯曼：“Porter，你觉得我是个不好的人吗？”波特·埃里斯曼说：“为什么说这个？”马云说：“这些人离开公司心里很难过。这些人愿意留在公司。现在因为我的决策失误，这些人要离开，这不是我想做的事。”

在最艰难的时候，马云也有过低沉：“2000年我们已经进入冬天了。我们把西部办事处关了，美国办事处的很多人我们都请他们离开了，香港办事处很多人也离开了。2001年，有一次挺低沉的，在长安街上走了15分钟，那天下午回到房间里睡了两个小时，然后起来说：重新来过！”

甚至有一次面对媒体不厌其烦地询问网络发展的前景时，马云大声说：“现在别问我网络的事，我也不知道它要往哪儿去！”

不过，有一点可以肯定，即便是在互联网最寒冷的冬天，马云依然对互联网坚信不疑，对阿里巴巴的未来坚信不疑。

正如波特·埃里斯曼所说：“互联网热的时候，大部分互联网的

CEO 并不相信自己说过的话。他们的那些话和那些分析数字都是给风险投资商的，是为了让投资商相信。但马云不一样，他说的话别人可能认为是疯话，但他自己相信。他不想骗人。”

除了收缩“节流”，在马云的直接指挥下，从 2000 年下半年到 2001 年底，在整个互联网行业最冰冷的时期，阿里巴巴开始了“三大运动”。按照阿里巴巴的习惯，这三次运动分别被命名为“延安整风运动”“抗日军政大学”和“南泥湾开荒”。

“遵义会议”

收缩裁员，虽然痛苦，但只要下定决心，终究能在短时间内实现。但开源呢？

阿里巴巴当时当然不赚钱，因为它所有的服务都是免费的。网络界不少人担心阿里巴巴的大旗还能扛多久。

马云看起来似乎并不非常担心阿里巴巴能否赚钱，甚至奇怪为什么外界比阿里巴巴自己还担心。即便是在最严酷的冬天，马云也坚信阿里巴巴迟早能赚钱。

马云说：“经常有人问我，阿里巴巴靠什么赚钱？甚至我们的会员也很着急，问我们，阿里巴巴一分钱不收靠什么支撑下去。我对他们说，阿里巴巴现在就是一分钱不收也能支持几年。我对我的投资人说，现在的阿里巴巴甚至整个互联网就像一个三岁的孩子，你不能只喂几口饭，就让小孩上街卖花赚钱，应该给小孩穿好吃好，有条件的话，让他读到 MBA，这样他走到社会才能挣大钱。”

对于赚钱，马云还有许多高论：“真正赚钱的人不知道他怎么赚钱的。雅虎前期谁想到它会赚钱？至今人们还不知道比尔·盖茨是怎么赚钱的，他却赚到了全世界最多的钱。”

2001年初，北京举办了一次小型的互联网演讲会，与会的除了马云和王峻涛，还有慧聪的老板郭凡生。郭凡生演讲时宣布慧聪每年的利润为1000万元。会上人们追问阿里巴巴的财务状况，马云回答：“阿里巴巴如果想赚钱，今晚就可以赚钱。我今晚宣布关闭阿里巴巴网站，全世界许多商人就会主动把钱打到我的账户上，因为他们离不开阿里巴巴！他们一定会交费！阿里巴巴可以赚钱的道路实在太多，我现在还不想赚这点小钱。”此言一出，有人问马云：“你的赚钱招数到底是什么？”马云说：“阿里巴巴赚钱一定要用自己的办法，怎样赚不方便讲。”又有人追问，阿里巴巴何时可以赚钱？马云沉思良久：“从明年起，阿里巴巴将考虑赚钱。”

2000年，哈佛商学院给阿里巴巴做了第一个案例，并组织了一次研讨会，这个研讨会马云参加了。在研讨会上，人们把马云的阿里巴巴和另外一家公司放在一起比较，结论是那家公司要赢，马云的阿里巴巴要输。当时质疑马云的不仅有哈佛，还有大名鼎鼎的华尔街。

那两年，关于阿里巴巴模式和赚钱问题的质疑几乎没有间断过，不服输的马云关于模式和赚钱的答辩也是车载斗量，赚钱终归是不可能绕开的路径。马云当时说：“要想安全地渡过眼下的危机，我们必须恪守这样的信条：第一，永远相信自己。我们只为企业服务，不受媒体、分析师、投资者的左右。第二，我们相信后天比今天美好，但明天比今天更残酷。第三，永远不告诉任何人我们是如何赚钱的，过早地暴露商业模式，会变成别人Copy（抄袭）的对象。

关于盈利模式我们没有义务和别人探讨，我们又不是上市公司，我们得学会保护自己。网络的盈利模式在初期很容易Copy，但等到三五年之后就太难了，几乎没有可能。”

但马云还是对境外媒体透露了以下模式：“我们正在开始从服务中获得收益，特别是我们正在尝试的在中国的各种服务，收益将来自以下几个方面：第一，从第三方获得收益分配。这包括从阿里巴巴的合作伙伴向网站30万会员提供运输、保险、饭店和旅游服务而获得的收益分配。第二，在线商业推销和广告。这包括网站注册服务，在阿里巴巴搜索中优先级的改变、标题连接广告和其他相关服务。第三，交易收益。将来阿里巴巴将从会员的交易中获取收益。”以上三种模式没有一种成为日后阿里巴巴的盈利模式，可见当时的马云和阿里巴巴真的还不知道赚钱之路在何方。

2000年10月1日至3日，阿里巴巴决策层在西湖西子国宾馆开了三天会。这次会议，在阿里巴巴内部被称为“遵义会议”。

这次会议上，马云和决策层做出了三个“ BTOC”的战略决定：Back TO China（回到中国），Back TO Coast（回到沿海），Back TO Center（回到中心）。所谓回到沿海是指将业务重心放在沿海六省，回到中心是指回到杭州。正是在这次会议上，第一次确认杭州为阿里巴巴总部。

三个“BTOC”战略很快就达成了共识并形成了决议，但关于盈利模式，会上列出来的就有十几种，包括系统集成、主机托管，甚至还包括饭店预订……当然，还有“中国供应商”，即“China Supplier”。

严格来说，“中国供应商”作为产品，在2000年9月就已经推出，在10月的“遵义会议”上，它被定位为三大主打产品之首。数月之后，其他两项产品被先后叫停，“中国供应商”成为阿里巴巴唯一主打产品。“中国供应商”产品的全面启动是在2000年10月以后，最初定价1.8万元，很快改为2.5万元，后来调到4万～20万元。

马云这样描述“中国供应商”这个产品：“当时一个困难是互联网免费的观念太深入人心了，而且阿里巴巴确实一直用免费来吸引客户。如果此时要在原来的服务上收费，会引起用户的不满。所以一定要增值，增值了客户才会心甘情愿地掏钱。我们在阿里巴巴里找出一批资格最老的会员，以他们为发起人来启动这个市场。他们是最了解阿里巴巴的一批人，知道排在一个产品类目的首位意味着什么。到现在这批发起人还全部都是我们‘中国供应商’的会员。”

成熟后的“中国供应商”产品有三个增值服务内容：一是用阿里巴巴的专家为客户产品和企业制作静态和动态的展示页面；二是把“中国供应商”会员的产品放在阿里巴巴网站类目首页；三是为中国客户提供培训，帮助其应对外商。

阿里巴巴从一开始就有中英文两个网站。中文网站面对内贸，英文网站面对外贸。“中国供应商”的产品定位就是面对中小出口企业，因此这个产品一推出就放在阿里巴巴的英文网站上，产品目标是使其成为“永不落幕的广交会”。至此，人们会自然联想到马云等人当年在外经贸部时所做的那个“中国商品交易市场”网站，当时那个网站的目标也是永不落幕的广交会。由此也可见马云思想的连续和执着。

一位阿里巴巴元老回忆当时的场景："1999 年，中国加入世贸组织的努力失败的时候，正是我们在杭州湖畔花园创业的时候。消息传来，大家都不免有些失落，虽然还没看到未来的盈利可能会在哪里，但就我们这群人对外贸的熟悉程度和从阿里巴巴上最为活跃的商人群落都是外贸企业来看，这样一个消息无论如何都不是好消息。但是马云却对中国加入世贸组织十分乐观，他告诉我们说中国加入世贸组织只不过是时间问题，就像阿里巴巴的成长也只不过是时间问题一样。"

马云的分析无疑是对的。实际上并不仅仅是中国需要世界，同时世界也需要中国。1999 年，西方商人几乎是集体性地发现了中国是一个巨大的"世界工厂"。

"中国供应商"的问世恰逢其时。它的成功，有大势的必然。

直销团队

出生在台湾的李旭晖（英文名Elvis）对 2000 年 10 月的阿里巴巴"遵义会议"印象深刻，那是他第一次参加阿里巴巴的公司会议。他此前在一个名为"环球资源"的跨媒体贸易营销公司服务了 10 年。在此之前，他刚刚与蔡崇信在台湾见过面即得到了这次会议邀请。他最初参会的目的，仅仅是代理商前往总部拿授权。阿里巴巴最早"挖"李旭晖的目的似乎是为了开拓台湾市场，但在 3 个"BTOC"战略之后，李旭晖被调到大陆，参与销售培训——这是一个大得多的舞台。

在会议上，正式宣布中供直销团队成立，李琪任销售副总裁，并决定了销售统一的制度和统一的提成。

“遵义会议”不但确定了“中国供应商”将成为阿里巴巴实现盈利的主打产品，而且确定了采用直销方式，组建直属阿里巴巴公司的直销团队。

对于如何销售“中国供应商”，当时阿里巴巴面临三种选择：直销、代理销售、网上销售。经过激烈争论，阿里巴巴最后决定采用直销。

直销就是直接上门面对面地销售，是一种“贴身肉搏刺刀见红”的销售方式。之所以选择直销，是因为管理层把“中国供应商”之战当成一场决定阿里巴巴生死存亡的决战，志在必胜。

在普通人看来，互联网比的就是技术。百度、网易等都是靠技术来制胜的，而马云却另辟蹊径，他要靠销售制胜。马云提出，技术不是最重要的，销售才是最重要的。搜狐掌门人张朝阳认为，阿里巴巴的成功，关键在于马云的营销战略。阿里巴巴有一支规模很大的销售大军，其中最能代表马云营销风格的就是阿里巴巴直销团队的组建，也就是“中供直销团队”。

方向已经确定，马云开始点将。李琪、李旭晖和孙彤宇成为中供最早的管理层。

李琪最开始是作为一个技术人员加入马云麾下的，那还是马云的“中国黄页”时代。当时，李琪从中山大学计算机系软件专业毕业，回到家乡浙江找工作。当时在杭州，中国黄页已经小有名气。1996 年 1 月，中国黄页公开招人，李琪前往应聘。面试李琪的是黄页技术人员的负责人何一冰。李琪加入黄页时，公司里已经有十几个人了。

不久，马云带李琪去了趟美国，因为当时黄页的服务器在美国。两人在美国参观了他们租用的服务器，参观了硅谷，也参观了微软、网景等大公司，学到不少东西。

此后，李琪显示出了自己的技术实力。硅谷考察后，李琪着手建立属于中国黄页自己的网站和服务器。不久之后，中国黄页自主开发的第一个页面诞生了，从此黄页实现了自己编程自己制作网页的愿望。黄页的第一个自制网页是李琪做的，当时李琪的职位是总工。

李琪很喜欢黄页的氛围，也很喜欢黄页的团队。他在黄页待了将近三年。马云率队北上，因为妻子生产，李琪没有随同马云，而是去了杭州的另一家公司，后来创办了自己的“伟业网络”。2000年1月，李琪再次加盟阿里巴巴，一来就是主管技术的副总裁。2000年10月“遵义会议”后，他又临危受命，成为主管销售的副总裁，4年后，他成为阿里巴巴的COO。

李琪回忆当时的场景：“2000年10月‘遵义会议’，把所有销售都集中起来，建立直销团队。有我、孙彤宇、李旭晖，开始没招人，从市场部找了八九个人。”

“中国供应商”作为项目是在2000年9月推出的，但作为成熟产品是在2000年底推出的。阿里巴巴的直销团队也是2000年底才开始组建。在前期，“中国供应商”产品的销售，与后来的“诚信通”等产品一样，主要通过电话销售的方式进行。

2000年底开始，中国供应商开始从社会公开招人组建一支30人的直销团队。在这个过程中，李琪此前建立的“伟业网络”公司被阿里巴巴收购，“伟业网络”的销售团队也整合到阿里巴巴“中国供应商”销售团队中。

2000年3月加入阿里巴巴的卢洋，此前在一家国企工作。他后来更为人所熟知的名号是他的阿里花名“鹰王”。据他回忆，最早期的团队，几乎没有人有销售经验。1971 年出生的俞朝翎没考上大学，在浙江省电大读了三年后，辗转做了销售，但业绩并不好，曾两度被解雇，直到进入伟业。后来曾任阿里巴巴 CEO 的陆兆禧也没干过销售，他的履历是在酒店工作过 6 年，担任过网络公司客服。阿里巴巴收购伟业时，陆兆禧的身份近乎伟业在广州的代理及合伙人。

所有人都需要“在战争中学习战争”。

“中国供应商”直销团队组建之时，正是阿里巴巴开展“延安整风”“抗日军政大学”和“南泥湾开荒”的三大运动之时。

对阿里巴巴来说，这三大运动的价值远不止字面上所显示的那么简单。自此开始，阿里巴巴确立了“价值观”在公司治理中极为独特而重要的地位。而此时组建的中供直销团队生逢其时，成为阿里巴巴价值观最为直接的载体，阿里巴巴的企业文化在这支队伍身上打下了最强烈的印记。这一切，与关明生的到来密切相关。如果说马云给了阿里铁军魂魄，那么关明生就赋予了阿里铁军独特的气质。直到今日，阿里铁军的“老兵”提起关明生的英文名“Savio”时，仍充满亲切。

“中国供应商”直销团队，后来被称为“阿里铁军”或“中供铁军”。但是，最早加入阿里铁军的人们并不是都了解，阿里巴巴当时正处在建立以来第一次也可以说是最重要的危机之中。

阿里铁军，在阿里巴巴的危机中诞生，也因应危机而来。阿里巴巴得以度过这次“生死存亡”的严冬，阿里铁军功不可没。也正因此，“中国供应商”销售团队能以“阿里铁军”之名，在阿里巴巴的历史簿上刻写下自己浓墨重彩的一笔。

第二章

“百年大计”：铁军有了“灵魂”

喷泉的高度不会超过它的源头。一个人的事业也是这样，他的成就绝不会超过自己的信念。

——亚伯拉罕 · 林肯

“一百大”

假如不是在放下电话之前多问了一句，苏斌原本想放弃去杭州面试的机会。

他问阿里巴巴的人力：“去杭州面试的车票给报销吗？”

电话里的回答非常干脆：“没问题。”

苏斌想，反正从来没去过杭州，为什么不趁这个机会去一次？注册会计师考试要 11 月才开始，去试试，不成，就当去旅游。

这一试，就是 12 年，直到苏斌 2013 年从阿里巴巴辞职离开。这期间，从中供的普通销售做到宁波区域经理，苏斌不曾离开过宁波。

苏斌在那之前并不了解阿里巴巴。2001 年，阿里巴巴在杭州也许有了一点知名度，但在宁波这样的城市，阿里巴巴还像另一个星球的存在。关于阿里巴巴，苏斌仅有的信息是在一份名叫《计算机文摘》的报纸上看到的。那份报纸厚得像本书，没什么实际内容，都是广告。苏斌记得曾经在上面看到过马云的一个访谈，主要是谈马云这个人，苏斌不记得里面说了阿里巴巴多少东西。

到宁波也很偶然。苏斌报名参加了注册会计师考试。他在一个今天叫“九江学院”的大学读了会计专业，这所学校的办学历史可上溯至 1901 年由美国基督教卫理公会创办的但福德学校，但算不上一所名校。对苏斌来说，考上注册会计师，回到甘肃工作，是个现实的选择。他虽然在江西长大，读书也在江西，老家却在甘肃兰州。在冶金建设公司工作的父母，给他在老家做了安排。这种冶金建设公司，是那种国企大院。

7 月份就大学毕业了，注册会计师考试却要到 11 月才能开始。苏斌百无聊赖，陪同学到宁波去人才市场找工作，自己也顺便准备了份简历。

苏斌只投出了一份简历。人才市场里其他招聘单位，一招都好多人，招销售的，一出手都是要十个八个人，只有这个叫“阿里巴巴”的公司，只招两个，而且，招聘的职位叫“客户经理”。苏斌觉得，这样的公司也许会更重视人才，“客户经理”似乎也更光鲜更重要。他投了简历，在人才市场参加了一次面试。面试后，人事却又说，此次不招应届毕业生，阿里巴巴要的是有经验的人。

苏斌原本意不在此，倒不急。过了些日子，一个人想了半晌，又觉得不甘心。人才市场面试的时候，阿里巴巴有个人给了他一张名片，像是个管事的人。苏斌找出名片，此人叫陈庆探，电子邮箱也有。

在中供，陈庆探也被称作“阿探”。后来，他更多是以“步惊云”的花名和（前）“淘宝大学校长”而知名。

苏斌写了很长的一封邮件，大概意思说，阿里巴巴要做的是互联网，是个新鲜事物，既然是新鲜事物，有没有经验区别多大呢？

苏斌觉得，至少没经验的人心态会更好，所有的东西都可以从头开始，没有包袱。

邮件发出去不久，陈庆探给苏斌打了个电话，让他来再面试一次。

阿里巴巴在宁波的办公室是租的一间三室两厅的房子，不大。在办公室里陈庆探和他聊了一下，让他回去了。

过了一个月，杭州来电话，让他去杭州面试。

面试官是李旭晖。苏斌后来知道，这一轮面试，李旭晖负责浙江等北区，关明生和李琪负责广东等南半边。

面试过后，李旭晖说，要在杭州参加三个月的培训，每个月会发 800 元钱，包吃住。苏斌一算，三个月，刚好结束时可以参加注册会计师考试，有吃有住又有学的，挺划算。

苏斌当时并不知道，他参加的这个培训是阿里巴巴著名的“百年大计”培训的第一期。此后，他在阿里巴巴的身份有了一个特别的标签：“一百大”。“一百大”之后，是“二百大”“三百大”……大部分中供铁军的销售员，都能通过“X 百大”迅速建立起“对位坐标”。

2001 年，大学刚毕业的苏斌在宁波人才市场“偶遇”阿里巴巴招聘的时候，谢德忠在厦门入职阿里巴巴厦门办事处。

2016 年，谢德忠已身为中供华南大区副总经理，但仍然能不假思索地说出入职的那一天——7 月 16 日。

厦门是阿里巴巴在杭州之外设立的最早的一批办事处之一，2001 年 3 月就有了。谢德忠记得，那时招聘流程极为简单，办事处也没几个人。招聘是通过电话进行的，来电话的人是直销团队的负责人李琪。

李琪在电话里问了三个问题：第一，对销售熟不熟？第二，说话利索不利索？第三，将来你能不能在外面跑（业务）？

谢德忠心里想，我们这不是打着电话吗，你说我讲话利不利索？

问题问完，好了，准备入职。

谢德忠于 1998 年大学毕业。来阿里巴巴之前，他在厦门电子城做了两年销售，除了卖电脑，就是卖“猫”（modem，调制解调器），那个时候，上网还都是用 163 拨号网络。

在有系统培训的“一百大”之前，有一批中供销售是像谢德忠这样“放养”的，没有人带。谢德忠觉得，这种放养的结果，有一个好处是独立生存能力很强，都是在实战中学习，但问题也很多，很多能力和知识需要后面慢慢补课。

对谢德忠这样没有经过“百年大计”培训直接上岗的销售，在中供内部有个名号，叫“非百大”。

还有一种情况，是特例，叫“1.5 百大”。这是在有“百年大计”培训之后入职的，但他们没有经过长达 1~3 个月的全天候培训，只经过了短短 3 天的“速成培训”。中供历史上最著名的传奇销售之一贺学友就是“1.5 百大”的。

培训课

中供新进的销售岗位员工都要接受“百年大计”的新生培训。受训阶段，新员工会在文化价值观、产品知识以及销售技能三个方面接受全方位培训和学习。

培训班一开始叫“销售培训班”，李琪把名字改为“百年大计”。培训新员工的“百年大计”与培训干部的“百年阿里”，再加上培训客户的“百年诚信”，共同组成了阿里巴巴完整的培训体系。

“百年大计”是阿里巴巴首个自行设计的培训体系。这个体系到今天，在中国的企业界仍然是有些特立独行的。其中最明显的一点，就是价值观在整个培训体系中的比重很大。

“百年大计”培训班由阿里巴巴自己主办，公司高层几乎全部参与讲课。马云和关明生主讲公司使命、方向和价值观，彭蕾主讲公司发展历史，孙彤宇和李旭晖主讲销售技巧，李琪、金建杭也都参加了讲课。在纪录片《马云和他永远的“少年阿里”：Dream Maker（造梦者）》（以下简称《Dream Maker》）中，可以看到“讲师马云”给阿里巴巴当时的管理层的一段授课内容：“当了经理之后，不能说我还是冲在最前面的，如果你发现哪一支军队团长、师长，是冲在最前面，那这支军队一定是有问题的……”

“百年大计”的培训内容，首先是价值观，其次才是销售技巧。在中供直销团队建立初期，对于销售技巧的培训需求无疑是最强烈的。早期中供销售团队，无论是较早招聘的陈庆探、卢洋（鹰王）、吴敏芝，还是后期进入销售团队的俞头（俞朝翎）、大炮以及更晚招聘的销售，普遍来说，经验都算不上特别丰富，在开始阶段，销售也表现得自行其是，几乎是乱战，虽然投入并不少，但成效只能说一般。

李旭晖回忆：“当时血肉长城嘛，要往正规军发展，一定要有培训。然后跟马总、关明生一起讨论，打算成立一个这样的培训班，然后就做‘百年大计’这个东西，为长期发展做准备。第一届‘百大'培训期间，我记得时间超过两个半月，后面支持不下去了。那时候没有足够的讲师，销售的课程都是我在讲，排了两个礼拜的销售课程，剩下的课程大家讲，关在华星科技大厦 12 楼加盖的屋子里面，基本上快疯掉了。第一届接近三个月，第二届就（只有）一个月了。"

早期"百年大计"培训的理念，主要是以关明生比较重视的方向为主，所以那时候培训几乎不考虑成本，"因为觉得培训很重要，那时候说实在的，公司并没有太多财务上的一些概念，想到做什么就一头栽进去，其他不考虑"。

李旭晖记得，"那时候讨论过程的时候，也没有经验到底多久合适，因为时间确实有点久。但是依稀记得曾经讨论过这个事情，大家在这个想法上面（共识是）要加强培训，这种团队的百年大计，最重要的就是培训价值观，前三个月一定要在总部，花很长时间让他们真的能够接受价值观，而不是短期的培训。 最重要的是大家觉得这个事情真的很重要，而且真的值得去做，而且是不惜成本要把它做好。"

彭蕾在《Dream Maker》中也回顾了"百年大计"的开端："尽管当时我们也都很担心这笔钱能撑多久，但我们还是会投入很多的资源在人的培养、管理团队的培养上。我自己觉得，过后很多年，回过头来看，我们得益于当时对文化、对组织提升、对人才建设的这样一种投入。"

作为来自中国台湾的资深从业人员，李旭晖为缺少系统培训的直销队员们带来了一整套直销体系。这些销售体系在台湾已经被证明是行之有效的——或者说与台湾当地的水土结合得很好。但能不能在大陆风生水起，说实话，很多人当时是有疑问的。

俞头回忆，“李旭晖来了以后，正规的销售理念出来了——就是众人拾柴火焰高、翻牌要快、拜访量要大。从那时起，我们的直销才逐步走向正规化。”这种看法也是当时很多早期中供销售的同感。

由于讲师力量不足，同时强调价值观，很多之前没有任何销售技巧和从业背景的销售员，比如宁波区域的苏斌或更晚入职的罗庆元（2002年杭州区域入职），都感觉培训内容中有关销售技巧的内容不足。不过，几乎所有人对于价值观在“百年大计”中的重要性都没有抵触。事隔多年，他们都会感觉到，价值观的培养比当时销售技巧的培训影响更为深远。

直销起源于美国，最早的萌芽是在20世纪40年代，由犹太人卡撒贝发明，随着信息化社会的迅速发展和人们图方便快捷的购物心理而兴起，现在直销几乎遍及全球所有国家。

阿里巴巴宣称，招募直销员的原则是：企业文化第一，价值观第一，然后才是能力。

按照常理来说，大战在即，阿里巴巴正是用人之时，直销团队招人应该优选那些有销售经验和手中掌握客户的人，但是马云认为价值观比销售经验重要：“你可以带来客户，也可以带走客户，如果你不能接受阿里巴巴的价值观，不能和阿里巴巴的团队配合，即便你能带来100万元的销售收入，阿里巴巴也不要。”当时要想招到能够接受阿里巴巴价值观、有良好创业心态的直销员还是有难度的。2001年阿里巴巴招聘直销员时，由于当时阿里巴巴已经具有一定的知名度，慕名而来的人也不少，但是他们前来应聘的目的各有不同，很多人期望的是很好的环境和高薪。但实际情况是，阿里巴巴的销售环境简陋，工资也不高，这让很多慕名而来的人颇感失望。

只有那些熟悉阿里巴巴历史的人才能理解，为什么那么多中供人一见面最常见的寒暄就是“你是几百大的”。

在“百年大计”，每一位新进员工都能够近距离接触公司的高管，甚至包括马云，因为那是他们的上课任务。没有比以身作则、身先士卒更好的辅导了，所有参与培训的讲师实际上都是公司内部的优秀管理人员或员工——他们并不会因为做这样的事儿就能多拿工资，这是他们应该做的。

新员工们以此可以更快更直接地感受到来自这些高管以及讲师们身上的文化价值观，更好地吸收前辈们的工作经验及技能。30天的同窗共读，使得学员们的感情日益深厚。

单靠这些还不足以让每一位阿里人都能正确理解和认知价值观，于是新员工在被分配到前线市场区域后，首先会有主管、经理以及HR（人力资源）组成的核心管理团队，为他们再次做多元化的辅导和培训。

马云说：“最近这两年我们在培养员工、培训干部上花了大把的钱，有人问是公司先赚钱再培训还是先培训再赚钱？我们提出‘YES’理论，既要赚钱也要培训；问要听话的员工还是要能干的员工？我说YES，他既要听话也要能干；问你们是玩虚的还是玩实的？我说YES，我们既玩虚的也玩实的。我们这样要求员工，他们的素质就会不一样。有人问：制度重要还是人重要？我们说都重要，必须同步进行。如果说公司要以赚钱为目标，那就麻烦了。我们说，为赚钱而赚钱一定会输。我们公司所有的策略、战略都基于价值观。如果我们新来的员工业绩不好，没关系，如果违背我们的价值观去骗客户，好，你就一句话也不要讲了。不要说你，我也要死了。”

在阿里巴巴的销售培训课堂上，马云说：“我们要求销售人员出去时不要盯着客户口袋里的5元钱，你们负责帮客户把口袋里的5元钱变成50元钱，然后再从中拿出5元钱，每一个销售人员都要接受这种培训。如果客户只有5元钱，你把钱拿来，他可能就完了，然后你再去找新的客户，那是骗钱。帮助客户成功是销售人员的使命。”

2000年底，“中国供应商”开始招人组建一支30人的直销团队，后来扩充到80人。直销团队的扩充非常快，在短短几年内，队伍从80人发展到100人、300人、500人……最高峰时总人数曾经达到8000人，到2016年也还有将近3000人的团队。

新军

2016年，曾冬已经在掌管“中国供应商”ICCD部门，也就是中供的“大中台”（B2B事业群商业发展部总经理）。但他此前在阿里巴巴的大部分时间都是在“前线”的。“前线”，是中供内部的一个形象比喻，与“后方”相对应，有着浓浓的火药味儿。

曾冬于2003年进入阿里巴巴。在此之前，他在广州做伊利牛奶的商超主管，负责向整个广州的商场、超市供货，手下大概有30个销售员、90个促销人员，共100多号人。但做了两年后，曾冬感觉到自己的发展明显遇到了天花板，再向上发展很难，一时没想明白，索性离职。休息一段时间，投了三份简历出去。一份投给一家做安全套的公司，一份投给一家挺知名的世界五百强的食品公司，还有一份给了阿里巴巴。

和苏斌初时的感受相似，曾冬觉得，阿里巴巴那时并不很有名，他肯投简历给阿里巴巴，是因为阿里巴巴招聘的岗位职务叫“客户经理”。曾冬以为，“经理”总应该是个重要角色——如果写个“销售代表”，也许就不会投了。

生产安全套的那家公司反馈最早，面试后让曾冬去做个市场调研，每天跑成人用品市场，统计各种品牌市场占有率。跑成人用品市场的时候，阿里巴巴的面试通知也来了。

阿里巴巴的招聘动作真是快。一轮、二轮、三轮面试，两天就做完。这时候，曾冬把安全套那家公司的市场调查报告也做好了，交上去。不巧，那家安全套公司的老板出差，报告没人看，入职事情也就搁置下来。阿里巴巴这边直接通知“可以来上班了”，先到杭州培训。

曾冬后来知道，阿里巴巴当时的情况就像马云说的“只要手脚健全的都可以招进来”。但曾冬觉得，似乎也不尽然。

曾冬参加面试，面试官正是当初在宁波把苏斌招进阿里巴巴的陈庆探。陈庆探喜欢“群面”，七八个人坐在一个会议室，干什么的，收入多少，先报一报。曾冬听其他人一讲，个个高大上，2003 年，很多人月收入七八千元，甚至过万元。曾冬那时收入不过四五千元上下，顿时觉得没了底气。结果收入高的几位都没通过，留下了曾冬。

曾冬相信，当时能留下来，自己之前收入够低是一个因素。当时阿里巴巴中供直销团队的招聘标准就是“苦大仇深”，不招“精英”。

“苦大仇深”的出身，在中供是一句老话。曾冬觉得，早期的中供，很多进来的人，坦率地讲，恐怕不是被阿里巴巴所谓的“使命”或“情怀”吸引进来的，进来的人多数都是农村出来的、有赚钱愿望的、身强力壮的、稍微正能量一点的。

来应聘的人，家境贫寒、经济条件差，奋斗意识、成功欲望就可能特别强，就容易做成事。再有，2005 年之前，中供团队的人，本科生都很少。中供早期最有代表性的明星销售员，几乎都是非本科生，即便是本科生也很少有知名院校的。在中供销售团队中，后来有“211”或“985”院校的毕业生，但也是凤毛麟角。早期最有影响力的两位金牌销售员黄榕光和贺学友都是高中学历。

大部分学历不高的中供销售，不会主动提及自己的学历，但在接受采访时，却也很少讳言自己学历不高或学校较差。那或许是一种难以弥补的遗憾，但是他们的成功已经证明了一切。

谢德忠觉得，中供最早的直销员大都是草根出身，也是因为那时的阿里巴巴吸引不来高学历人才。2001 年那个时候读个本科生还不容易，好不容易读了一个本科，跑到你这里来做直销员，天天这么辛苦地跑用户，谁会愿意来呢？

曾冬还记得陈庆探是怎么“忽悠”他们的。第三轮面试，陈庆探就讲：“我们这里的收入，大概平均提成 15 个点，我们有个销售叫罗建陆，是金牌销售，2002 年还是 2003 年，他有个月做了 83 万元。”他说你可以想想收入有多少钱，一算天文数字，一个月收入就

10万元。一个月赚10万元，一年赚100万元，那时候在广州买一套房子也就二三十万元，一年可以买三套房子了。有这样的榜样，曾冬当时就顾不得招聘的是不是经理的岗位了。

曾冬是“十百大”，在杭州住浙江省地震局招待所，四五个人一个房间。每天晚上，曾冬和同学们就自己给自己报目标：7月份去读“百大”，这一年剩下的三四个月，在区域不要干太多，一个人干300万元、500万元就行了。这个业务太好干了，一个月签100万元，拿个十几万元的工资，“洒洒水啦”。

那时候可以说在“百大”里，天天就做发财梦，能赚多少钱，回去要干多少。

但从“百大”回到“前线”后，大家的梦很快就醒了。当时曾冬那个班有89个人，结果是三个月不到就走了至少30个人。最明显是跟曾冬一起从广州去杭州的9个同学，三个月之后只剩下了3个，9个人走掉了6个。业务太难做，跟曾冬他们在“百大”时的美好设想太不一样。

曾冬那个“百大”班的同学，如今在中供和阿里巴巴做到“省长”级别，也就是大区经理级别的，除了曾冬，还有曾担任浙江大区“省长”的黄辉、中西部大区“省长”侯儒、零售通事业部东大区总经理王德民等。在那届“百大”结束之后，这几位“百大”同窗保持了长期的友谊。

黄辉记得很清楚，那届“百大”开学是在2003年7月28日，夏天在华星时代广场一个没有窗的大会议室，学员一共89个。夏天，没空调，拿几个排风扇往外面吹，往里面吹没用。

“十百大”是“非典”以后扩招的一届，中间有半年左右的时间

“百年大计”没有招人。黄辉还记得进“百大”之前，杭州和宁波公交车上几乎是空的，只零零落落坐了几个人。非典当时其实已经控制住了，但还是有恐慌。商场也没什么人，人群容易集中的地方人反而很少——而“百年大计”具体讲了什么内容，黄辉反而记不大清了。

102 年公司

阿里巴巴的三大愿景中，“建立一家持续发展 102 年的公司”排在首位；另外两条分别是“成为全球最大的电子商务服务提供商”和“打造全球最佳雇主公司”。

持续发展 102 年，在旁人看来，这样一个提出者几乎不可能看到结果的愿景，似乎有些不可思议，而马云却对这个数字念念不忘，执着地不断重复强调，成为一个充满“马云特色”的词语。在阿里巴巴，无人不晓，也没有人不郑重其事地看待这个数字。

阿里巴巴创业初期，马云一开始提出的是“80 年”。为什么是 80 年不是 100 年？马云的解释是：“我认为百年太多了。都提百年，中国人都讲百年。而且你们想，八成中国企业的平均寿命只有六七年，能达到 13 年的很少，18 年的更少，80 年已经是妖怪一样的人了！你干吗一定要活 100 年？我觉得 80 年是一个人的生命周期。任何人有孕育、诞生、成长、成熟、衰退、灭亡的周期。所以我觉得对于我们这些人来讲，要想公司发展 80 年，打一个基础是很重要的。所以问我们这公司成功不成功要 80 年以后，如果死在 80 年以前，那么就不成功，死在 80 年以后，那我们就成功了。”

1999年大年初五，马云趁春节放假大家都回杭州的机会，把他的十几个朋友拉到他家开了一次创业动员会。阿里巴巴副总裁金建杭后来回忆道：“马云主讲，其中讲到三个目标：第一，将来要做持续发展80年的公司；第二，要成为全球十大网站之一；第三，只要是商人一定要用阿里巴巴。这三个目标已经成为公司的远景目标。”

金建杭对着阿里巴巴创业之初的照片说道：“你们看看照片里大家眼神是什么样的，都是迷茫的、空洞的。”之所以迷茫，金建杭分析：“因为我觉得对我们这十多个人来说，提出做80年的公司，这个目标好像跟我们没有关系，离我们那么远！说全球十大网站，打死也没有人相信，就凭十多个人，你要做全球十大网站？人家可都是几十亿美元的投入，所以也觉得路比较远。‘只要是商人就要用阿里巴巴’，这个比较舒服，但也是个永无止境的目标。”

为什么会提出80年的目标，马云还有另外一层用意：

> 我们原先2000年的口号是做80年，这个“80”是定出来的，是我拍脑袋说出来的。1999年的互联网行业，很多老板在公司上市8个月后就跑掉了。全中国人民都在讲互联网可以上市圈钱然后大家撒腿就跑。而我们提出要做80年的企业，反正你们待多久我不担心，我肯定要办80年。直到今天我还在说我不上市，所以很多人，为了上市而来的人，他就撤出去了。所以提出80年就是要让那些心浮气躁的人离开。

在阿里巴巴5周年庆的时候，马云又提出了一个新的目标：阿里巴巴要做102年的公司。

诞生于20世纪最后一年的阿里巴巴，如果做满102年，那么它将横跨三个世纪，阿里巴巴必将是中国最伟大的公司之一。

“至于你能走多远，第一天的梦想很重要，阿里巴巴第一天出来就是要走80年。现在我们又有明确的目标出来，要做102年。这个世纪我们想活100年，下个世纪我们再活2年。在102年之前任何一个时间点失败，就是我没有成功。”

在阿里巴巴5周年庆典上，马云正式确认了“102年”的愿景：“我们的目标使命和价值观，是鼓励我们走下去的动力。我建议大家，从明天开始，把我们的80年改为102年，成为中国最伟大、最独特、横跨三个世纪的公司。公司如果能活102年，就是我们最大的成功。阿里最大的成功不是我们有了诚信通、‘中国供应商’，而是创造了伟大的公司。102年我肯定看不到，到了那时，我137岁。我们可以把自己的孩子、孩子的孩子请到这里来，让他们今生无悔。从华星的挑灯夜战到去年的非典再到今年的停电，我们都坚持过来了。没有‘中国供应商’，没有你们的努力，今天我们就不可能站在这里。”

2006年，马云再次强调了要做102年企业的决心。他说：“很多企业为了赚钱寻找机会，而我们为了102年这个目标，要研究全球具有100多年发展历史的企业及它们的体制与机制的组织力量。体制建设、文化建设、体系建设这种组织力量的建设是阿里巴巴和其他公司最大的区别。我们的主要任务绝对不是什么电子商务B2B，而是财务部门、运营部门、执行层面的制度建设，从员工的招聘、培训、成长到整套体系建设。”

美国畅销书作家加里·胡佛（Gary Hoover）认为，企业家开启成功大门的真正密码，就是看到别人看不到的东西，将洞察力与策略相结合，描绘出企业独一无二的愿景。愿景概括了企业的未来目标、使命及核心价值，是企业哲学中最核心的内容，是企业最终希望实现的图景。一个没有明确目标的企业就是一艘没有舵的航船，是一列失去轨道的火车。愿景可以凝聚人、激励人，可以吸引和留住人才，可以建立起一个共同体，可以在困难时期或者转型时期成为方向舵。

“102 年”，就是一个这样的愿景。

直到 2016 年，马云在湖畔大学授课时仍然会提及“102 年”：

“阿里刚成立的时候，我们提出的愿景也蛮奇怪的，我们说这家企业要活 80 年，这家企业要成为世界十大网站之一。这是我们的两个愿景，愿景不能太多。

“我那时候觉得，人生活 80 年就差不多了，朦朦胧胧觉得企业如人。但后来我们提出活 102 年。我们 1999 年成立，活 102 年就可以横跨三个世纪。现在百年企业已经空化了，都说要打造百年企业，你要真正做到目标明确。

“你没有明确的使命、愿景，今天张三来，你跟着张三去了，明天李四来，跟着李四去。而且你还找了非常好的理由，我们先活下来再说。这个其实是很痛苦的选择，阿里在前面 10 年很痛苦，有很多有诱惑力的选择。我们完全可以做解决方案，去说服一个老板，拿两百万元帮他做，然后吃回扣，完全可以。你是这样做呢，还是老老实实做一个交易平台，点点滴滴地熬下去？这是两条完全不同的路。

“我们说，如果我们做的不是我们要的，不是开心的，那我们可以明天就把公司关了。现在我越来越明白这个道理，如果我做的事情不是我开心的，不是我愿意做的，我自己都看不起的事情，我不可能坚持那么久。”

如此，也就可以理解为什么马云对“102年”这样一个看似“拍脑袋”的概念如此重视，并且以“百年大计”以及一系列的文化培训形式，经年不懈地沉淀。

六脉神剑

2001年就加入阿里巴巴的郭慧雯（英文名Connie）至今还记得，当初入职后不久，在广州的员工就可能冷不丁接到来自杭州的电话。电话可能是彭蕾打来的，也可能是李琪等中供铁军的高管打来的。彭蕾在郭慧雯的入职培训上给她讲过阿里巴巴的文化和价值观，当时讲课的还有孙彤宇。

电话的内容是直接考试，考试结果会记入考核。考试的内容只有一项，就是背诵阿里巴巴的价值观，那个时候叫“独孤九剑”，要一字不差地背下来。

郭慧雯和其他同事的座位前面都贴了“独孤九剑”的内容。到后来，不必看也都能背下来了。

2001年1月13日，星期六，关明生就任阿里巴巴COO的第5天，他向马云建议：我知道我们阿里巴巴有很好的文化，有目标、使命和价值观。那么，我们有没有把它们写下来呢？

关明生回忆，马云想了很久说，“从来没有”。于是当天他们把彭蕾、金建杭、吴炯全部召集到办公室里，五个人一起提炼阿里巴巴最核心、最不能丢的东西——目标、使命和价值观。

当天，大家把创业的所有感受、教训、血泪都写在纸条上，贴了整整一面墙。然后他们从100多条中筛选出了20多条，最后精简到9条。

这就是阿里巴巴价值观最早的“独孤九剑”：创新、激情、开放、教学相长、群策群力、质量、专注、服务与尊重、简易。

关明生说：“阿里巴巴的文化本来存在，我只是帮助把它写下来了。”

马云说：“没有这9条，我们活不下来。有的公司企业文化是尔虞我诈搞办公室政治。我告诉新来的同事，谁违背这9条，立即走人，没有别的话说。只有在这种环境下，我们才能拥有良好的工作气氛。”

当晚，关明生又把这9条价值观进行系统化的梳理，把“独孤九剑”分成创新、系统和简易三条轴线。

一是创新轴线：创新、激情、开放、教学相长。激情是阿里巴巴的核心，开放是阿里巴巴的特色。

二是系统轴线：群策群力、质量、专注、服务与尊重。质量就是客户第一、客户满意。关明生又把它引申为一句话：今天的最高表现是明天的最低要求。专注就是做正确的事，做重要但不紧急的事，做紧急但不重要的事。群策群力就是平凡的人做平凡的事。

而贯穿创新和系统两条轴线的是简易轴线。创新要简易，系统也要简易。简易就是防止内部产生官僚主义作风，防止办公室政治。

“独孤九剑”文字化后，就成为阿里巴巴价值观的第一个正式版本，它不但成为阿里巴巴员工的行为准则，而且一出台就进入了阿里人的绩效考核中。

当时关明生紧抓绩效考核，用价值观培养人才、考核团队。他把员工分为五类。

1. 没有业绩也没有价值观的被比喻为“狗”，这样的员工将被“杀掉”。

2. 业绩好但没有价值观的被比喻为“野狗”，这样的员工如果不能改变价值观也将被清除。

3. 没业绩但有价值观的被比喻为“小白兔”，这样的员工将会得到帮助。

4. 业绩好价值观也好的被称作“明星”，这样的员工将得到尽可能多的机会和最多的股票期权。

5. 业绩一般价值观也一般的被称作“牛”，这样的员工是大多数，他们将得到培养和提高。

阿里巴巴文化的建设从形成到固化，从口口相传到固化为文字，用了整整两年的时间。“独孤九剑”的提出是在2001年2月，从9条到6条，又用了两年。2004年8月，比“独孤九剑”更为精简的“六脉神剑”得以确定。当时，邓康明刚刚来到阿里巴巴，出任阿里巴巴集团副总裁，负责人力资源管理。此时，阿里巴巴已经从18人的创业团队变成300多人的跨国公司。在邓康明的建议下，阿里巴巴将“独孤九剑”简化为六大价值观：客户第一，团队合作，拥抱变化，诚信，激情，敬业。

依照韦尔奇的准则，对于这6条价值观的每一条，阿里巴巴都有相应的细致的描述，使其成为所有员工都能理解并能够遵从的行动指南。比如“客户第一”，其内涵包括：客户是衣食父母；尊重他人，随时随地维护阿里巴巴形象；微笑面对投诉和受到的委屈，积极主动地在工作中为客户解决问题；与客户交流过程中，即使不是自己的责任，也不推诿；站在客户的立场思考问题，在坚持原则的基础上，最终达到客户和公司都满意；具有超前服务意识，防患于未然。

阿里巴巴的价值观，不仅是“百年大计”课堂上讲讲，而是要持续考核的，而且在考核中，价值观与业绩的比重各占50%。这也符合阿里巴巴一向倡导的“虚的东西要做实”。

2016年，马云在一次演讲中这样回顾阿里巴巴的价值观考核：“价值观不是虚无缥缈的东西，是需要考核的，不考核这价值观就没用。企业文化是考核出来的，如果你的企业文化是贴在墙上的，你也不知道怎么考核，全是瞎扯。我们十多年来每个季度都考核价值观，我们的业绩和价值观是一起考核的。每年的年终奖、晋升都要和价值观挂钩。你业绩好，价值观不行，是不能被晋升的。你热爱公司，你因为帮助别人，自己业绩没有完成，那也不行。只有这两个都做好了才行。这是一整套考核机制。”

2006年加入阿里巴巴的何奕之，曾在铁军担任过多个大区总经理职务。他是作为公开外招引进的管理层进入阿里巴巴的，此前有过国企和外企的工作履历。他印象最为深刻的一件事就是，刚进入阿里巴巴时，很少看到像很多企业那样墙上贴满各种企业文化标语、口号。“后来才知道，阿里巴巴的企业文化，都是在日常工作中表现出来的，无处不在，融在骨子里。”何奕之感叹。

价值观是一个团队的灵魂。“百年大计”的“植入”以及日常考核，使中供铁军成为一个有灵魂的团队。

2001 年 10 月，“中供销售”第一期新人入职培训“百年大计”开班，被认为是“中国供应商”直销团队，也就是阿里铁军正式“建军”的日子。自此时起，“中国供应商”已经不是一个单纯的产品，而更多地指代这一支新生的“销售部队”。这支“部队”在“百年大计”之后，有了愿景、使命、价值观和高压线，也就有了对铁军而言至关重要的灵魂。这只阿里铁军摩拳擦掌，随时准备迎接一场真正意义上的销售大战。

第三章

征途：要么死，要么做出成绩来

天下事无所为而成者极少，有所为有所利而成者居半，有所激有所逼而成者居半。天下断无易处之境遇，人间哪有空闲的光阴。

——曾国藩

伟业网络

大炮第一次见到马云时，还不叫“大炮”，人们喊他本名“方永新”。

那天上午，李琪踱到销售经理方永新面前，告诉他，今天有个重要人物来过公司，又说，这个人以后会很厉害，会影响互联网世界。

那一年方永新 26 岁。

方永新和办公室里没出去跑客户的同事们开始议论。很多人并没看见马云，可能是马云从他们面前走过去时他们并没有注意到。马云是一个人来的。一个人来，又一个人走掉。一个“大人物”就这样从他们眼前漏掉了。

第二天，李琪带着方永新来到华星科技大厦 9 楼。他所在的公司——伟业网络被阿里巴巴收购了。伟业网络或许是阿里巴巴收购的第一家公司。创建伟业网络的李琪告诉方永新，阿里巴巴要成立自己的直销部队，已经招了一批做销售的员工。方永新和伟业网络的同事们之前也做销售。现在，如果方永新和他的同事们能留在阿里巴巴，两拨销售人员要并到一处，成为统一的“直销部队”。

方永新在马云的办公室里和马云聊了40分钟。他进入阿里巴巴，第一面试官就是马云。方永新一开始没感受到面前这个人像李琪说的那样了不得，会影响互联网，影响世界，他只是觉得马云是一个很随意很亲和的人，思路很活跃，人很简单，很热情。就这么多。

面试官马云问方永新懂不懂互联网，方永新老老实实承认不懂。

就算说出“不懂”那一刻，方永新也没有特别紧张，虽然他是代表整个伟业网络的销售团队来面试的。

后来，伟业网络这批销售几乎都留在了阿里巴巴。李琪给方永新和其他前伟业网络的同事们撂下了一句话：“你们这帮小子要给我争气，打出伟业的气势。”可能因为这句话的刺激，也可能是现实的“出局”危险，大家都很争气，很努力。

13年后，方永新成为阿里巴巴集团合伙人团队的第三十位成员。在阿里巴巴内部，他“大炮”的名字众人皆知。他自己解释，得到“大炮”之名，就是因为说话直接，这种品质的中供销售很多，比如“黄大炮”（黄国光）。

“中国供应商”的直销团队在2000年底就开始筹建了。在伟业网络整体正式并入铁军之前，已经有了一支小规模的销售团队，从黄页时代的老员工，到新招聘的业务员，来源五花八门。伟业网络这一拨人，此前没有经过专业培训，做销售的路子非常“野”，和之前的那一批销售差别很大。俞头开玩笑，说他们刚进阿里巴巴时，看当时已经在做销售的阿干（干嘉伟）、卢洋（后来担任阿里湖畔学院院长的“鹰王”）觉得很奇怪，怎么这些人那么傻，非得要预约才能上门；而阿干、卢洋他们看伟业网络的销售员，又会觉得怎么来了帮“土匪”，没有预约，天天在外面跑，“满嘴跑火车”，专业技能又不懂。

对于这帮“土匪”，李旭晖说了一句，“他们能打”，算是认可。伟业网络极为强烈的“狼性”和“要性”，与原先干嘉伟和卢洋他们那个团队的乐观开放，成为后来铁军气质的最初本底。

中供铁军能熬过最开始的艰苦岁月，与非常强的凝聚力、很足的“要性”不无关系。曾经担任阿里巴巴集团CEO的陆兆禧、曾经担任阿里巴巴集团COO的李琪、钉钉的负责人陈航、阿里云央企事业部总监张敬，还有已经离开阿里巴巴的俞朝翎、雷雁群、罗建陆……也都是在这次“会师”中成为阿里巴巴一员的。

永康之战

2015 年，中供浙江大区金华区域的一位销售生了一对双胞胎。他给两个孩子起名，一个叫“金华”，一个叫“永康”。

对于很多中供人来说，这个命名意味深长。

“中国供应商”作为直销团队真正的销售大战，最早就是在永康打响的。

早在 2000 年 9 月，阿里巴巴 70 工号员工程钦就已签下“中国供应商”的第一个单子：江苏连云港翠苑食品有限公司。多年以后，程钦还记得，这家公司的老板名字叫刘青春。合作后，这家公司一个月后就成交了 80 万美元，三个月成交了 100 万美元，当年这个公司 80%的客户都是通过阿里巴巴来的。

早期的“中国供应商”成交的单子，很多是通过电话销售实现的。大家都驻在杭州总部，在网上找到一些企业资料，打电话，谈到意向客户再各自出差。全国不分区，谁抓到算谁的。李旭晖来到阿里巴巴之后，一方面落实分区、提成等基本制度，另一方面与李琪一起力推驻点直销模式。

“雷帅”，雷雁群，永康之战的亲历者。2001 年，雷雁群 26 岁，加入中供，工号 400 多，当时在一众销售中年纪算比较小的，马云和李琪叫他“小雷”。后来带了团队，遂升级为“少帅”，或叫“雷帅”，亦有“肤白脸嫩颜值高”的意思。

雷雁群当时刚做销售，考核期快结束时出了单。这时候公司决定要向直销路线走，他和同事罗建陆商量了一下，两个人就去了永康。

选永康，是因为那时与阿里巴巴在一些业务上有较大重合度的“环球资源”网站在永康的业绩做得不错。环球资源也卖“中国供应商”类似的产品，每年销售额达到 1000 万元。永康工厂密集，企业主的创新意识也相对比较好。当时中供在外的联络点都是只驻三五天的，雷雁群和罗建陆说去驻一个月，结果一去三年。

杭州到永康，那时还没有快客，雷雁群和罗建陆坐的是那种半卧铺的大客车，从杭州到永康要四五个小时。

在车站对面，两个人找了一个小旅馆。2001 年 7 月，正是最热的天气，还好这个旅馆有空调。两个人跟旅馆老板杀价，杀了一两个小时。老板要 80 元一天，最后砍到每天 55 元。

当时什么办公设备都没有，出发之前打印了一些企业资料，就是当时的企业名录，然后坐在旅馆打电话。只要客户有意向，雷雁群和罗建陆就立刻出发去拜访，反正车站就在对面，方便。谈完这个意向用户，周边刚好还有许多企业，跑一圈，回来继续打电话。这样的效率，就比在杭州打电话高很多了。

雷雁群和罗建陆两个星期拿了 7 个单子。此前，在电话销售模式下，也有其他销售跑过永康，几乎没出什么单子。那时候在永康，阿里巴巴只有两个客户。

公司针对这件事做了讨论，认为他们的方式提高了效率，到客户中间，增加了和客户的黏度，可以迅速拿到单子。

经验被迅速复制推广。中供的销售们离开杭州，开始到“前线”去。大炮方永新去了义乌，陈海强等去了绍兴。中供销售都开始向下沉。

这种下沉对中供业务的影响是巨大的。中供直销开始力推上门拜访、陌生拜访的方式，也就是“陌拜”。

陌生拜访最早就是从永康开始的。三个月后，雷雁群发现没客户了，能跑到的，很容易找的，全部跑完了。

雷雁群回到杭州，找李琪，问他能不能把当时还没有人跑的诸暨划给自己，因为永康已经没有客户可跑了。李琪对雷雁群说，环球资源在那里做了好几年，它还有新客户可以跑，一年还可以做 1000 万元，你们两个人去了三个月，告诉我这个地方没有客户跑？中国有几个地方可以这样给你们？一个地方如果真的只能签几家客户，那就说明“中国供应商”这个产品是没有市场的。

李琪扔下一句狠话："要么你们两个'死'在那里，要么就做出点成绩来，别指望换地方。"

雷雁群和罗建陆开始陌拜。

后来看，陌拜的效果远超预期。一个电话过去，大多数客户会认为是骚扰，100 通电话过去，如果有 5 个客户有意向，效率是 5%，另外 95%是浪费。拜访就不一样了，销售上门去，至少企业的地点知道了，可能会见到关键人物，可能会跟他聊几分钟，然后把阿里巴巴的情况简单介绍给他，这至少是一个广告。日复一日这样去拜访，会让客户越来越了解阿里巴巴。多次以后，签单的概率就逐步提升。到后面，会发现当地几乎所有客户都知道了阿里巴巴。

雷雁群认为，陌拜模式虽然早就有，但以此作为主要销售模式的企业，当时只有阿里巴巴一家。

陌拜的效果也是惊人的。驻点永康一年之后，"中国供应商"在永康的销售额已经超过了环球资源。罗建陆和雷雁群也先后成为中供著名的王牌销售。

2000 年，阿里巴巴只有两个区域：杭州区域和伟业区域。其中的伟业区域就是以原来的伟业网络团队为主要班底开拓的区域，包括金华、永康等地，这个名字沿用到 2003 年，后与其他区域命名统一为"金华区域"。而到 2001 年底，阿里巴巴在全国的区域已经达到 10 个，包括温州、宁波、广州、深圳、苏州、常州、杭州、青岛、福建、伟业。

"火州"

2001 年，当时还在阿里巴巴上海办事处的吴敏芝并不知道，自己未来会成为温州区域经理。她于 2000 年在上海加入阿里巴巴，除了看好互联网行业的未来，一心想的，其实是可以有机会回到家乡杭州工作。

阿里巴巴的员工更习惯称呼担任阿里巴巴 B2B 事业群掌门人的吴敏芝为"敏芝"。

即便在以说话风格简单直接著称的中供铁军，敏芝的坦荡和直率也令人印象极为深刻。

在不那么公开和正式的场合，她会谈到自己"并不算典型的销售"。她几乎没有独自做过陌拜，事实上，当中供最初要求陌拜时，敏芝甚至觉得这么做有损公司形象而动念离职。中供极为标志性的"队呼"，她也经常让团队中其他男士代替领呼。

敏芝经谢世煌推荐在上海入职时正是 2000 年底，当时在上海的工作，并不定位于销售，不用考勤，上班可以听音乐，没有业绩的考核，有空就穿着套装约别人见面聊一聊。"互联网公司"似乎就是自由开放的代名词，员工可以穿短裤，穿 T 恤，可以穿拖鞋，甚至可以带宠物上班。

可惜好日子没过几天，阿里巴巴随即开始全面收缩，在上海的阿里巴巴员工也被要求卖"中国供应商"产品，增加了业绩考核，而且考核非常严厉，三个季度达不到 4.5 万元业绩，会被直接淘汰（那时还没有"免死金牌"）。

最终，在上海的 8 位员工，只剩下了敏芝。

敏芝自嘲好几次都属于搭末班车的人。开始业绩考核后，本来就要被淘汰了，三个季度的最后一周，离4.5万元的业绩还差4000元，是靠帮一个服装公司做了banner广告（网站页面的横幅广告），拿到4000元钱才留下来。2001年底，她做出了自己最好的一次业绩，而“别人做得不太好”，结果就变成了销售冠军。

后来，当团队要求陌拜，敏芝想离职的时候，李琪和李旭晖把这位新晋的销售冠军叫到办公室，问她想不想去做区域经理。当时阿里巴巴在全国不过几个区域。这个转折与敏芝的销售冠军经历以及入职阿里巴巴前短暂的管理经验关系很大。

敏芝在杭州做了半年区域经理，她的前任干嘉伟升任当时浙江大区的总经理。半年之后，轮岗，她调任温州区域经理。

杭州是阿里巴巴的大本营，而温州是新开区域。担任温州区域经理的经历，为敏芝日后的管理之路打下了很好的基础。她开始习惯在没有资源的情况下独立开拓市场，激发团队潜能。很多年后，她回忆当时的场景，还会想起作为一个区域经理，如何为一件小办公用品去市场比价，买性价比最高的——因为办公经费实在太少，而且也没有行政人员，一切都要自己想办法。

当时的条件差到什么程度？在温州，敏芝有一件自己觉得“做过最丑陋的事情”。某个月，办公室电话费用特别高，疑似有销售在办公室打长途。这笔费用对当时的阿里巴巴而言是很高的。敏芝从电信局把电话单拉出来，让销售一个一个自己“认领”，谁打的，自己付掉就完事儿。既不能让员工觉得可以“揩公司的油”，也要讲清楚为什么，公开透明地来处理，不造成更大压力，让团队也不至于反感。

这些经历养成了敏芝柔中带刚的管理风格。在铁汉柔情的铁军，敏芝一直强调管理要公开透明，要达成共识，还要让被管理的人感受到尊重。“为什么今天中供执行力那么强，很多时候是在背后做了大量工作。一个5秒钟的决策，可能花了5个小时去思考。如果不去做前期的准备工作，一个决策没有人会执行，或者阳奉阴违。执行力强并不是强压去做，没有人愿意被强压，都要把后面的原因说清楚。”

阿里巴巴B2B事业群1688销售服务总经理杨猛是2002年初到温州的，他对敏芝的管理风格的印象是“当面骂，背后夸”，价值观践行比较好，而且对细节特别敏锐，小到员工敲门开门这样的事，她也会发现问题。

当时，后来带队创立淘宝的孙彤宇分管中供宁波、温州等几个区域，每个月都会到一个区域，除了正常的团队沟通，也会请大家吃一次饭，晚上唱个卡拉OK。这些做法对敏芝影响很大，在那种特别苦的情况下，管理者会想很多办法让大家开心，都是很草根的一些做法，但管用。敏芝也会经常张罗大家聚餐，多数情况下AA制，一顿饭就100多元钱，很便宜。敏芝陪访时，会请销售员吃饭，但有时就是几元钱的面条，或者炒一两个菜，十几元钱。那时敏芝的工资也只有4000元，佣金基本上拿不到，都不富裕。

但敏芝也绝不是不温不火的管理者。恰恰相反，她刚到温州时，因为温州团队业绩很一般，敏芝说，不能这样下去，“温州要改成‘火州’”。改名后的“火州区域”果然“火”起来，业绩突飞猛进，敏芝也因此在两年后成为中供三个大区的“省长”之一。

在温州待过的中供销售，对敏芝另一个记忆深刻的印象，是她经常激励团队的一句话："拼搏一年，圆你一辈子的梦想。"有人后来对敏芝表示感谢："还好那时候逼了我一下，拿到了足够多的股票；如果再逼我狠一点，那时候可能就拿2万股的股票了。"

到几年之后，大家才知道，敏芝的这句话确实在很多人身上成为现实。

南下

2002年"五一"节前，之前担任中供培训部经理、"三百大"班主任的卢洋接到李琪的电话，派他去顺德，开辟广州区域。

担任"三百大"班主任时，卢洋根据规定，"开掉"了三四个学员，不巧都是顺德区域选上来的——卢洋当然不知道他很快就要到顺德去。人员出了缺口，李琪给了卢洋一个"特权"，"三百大"班里有其他区域的销售自己愿意和他去广州的，都可以带着。最后有8个人，四男四女，都是来自其他区域的，跟随班主任卢洋南下，卢洋戏称他们是"八旗子弟"。

当时广州周边区域的办公室设在顺德，因为顺德是生产制造基地，办公室在一个小民宅里。卢洋认为，办公室设在如此偏远的地方会限制业务发展，他提出把办事处办公室迁到广州。李琪和李旭晖做了考察，同意办公室迁到广州。中供剑指广州。

2001年加入阿里巴巴的郭慧雯还记得，阿里巴巴广州办事处搬到美国银行中心的时间是2002年7月，当时自己做销售专家，专门陪访。她把装修的事情揽了下来。

郭慧雯早上负责装修，下午陪访。当时的装修费，公司没钱打过来，说必须要有发票才可以打钱。公司都没有装修，哪有发票呢？只有自己想办法。

郭慧雯想来想去，向妈妈开口借了5万元钱。

她妈妈问："你们这是家什么公司啊？"

装修完毕，拿了发票去报销，把钱还给妈妈。因为郭慧雯每天看装修，她的妈妈有时候也会过来帮忙看。到后来新办公室开张的时候，整个开张仪式所需，都是郭慧雯妈妈出手。

当时阿里巴巴在各地的办事处，大部分是租民房，广州办事处升格为写字楼，在美国银行中心占了195平方米的面积，一时惊艳，各地的区域经理飞来广州开会，都要专门参观一下，惊叹一声："好豪华！"

当时广东的王牌销售黄榕光，每天都是先跑步、打羽毛球，然后才去拜访客户。郭慧雯记得，经常看见黄榕光拿着一条毛巾，很早到办公室，因为这里有一个很大的卫生间，要回来洗个澡再去拜访客户。

开拓时期，辛苦自不待言。卢洋带去的"八旗子弟"，很多原来也不是做直销销售出身，有的女孩子，之前还是在四星级、五星级酒店工作，"出入的也都是高大上的场所"，忽然到了工业区，出入要坐"摩的"，甚至会被"摩的"司机"吃豆腐"。有一位女销售，跑一个工业区，一天下来，全被拒绝，路上包被小偷割掉，从客户那里出来又下起了大雨。这位女销售自觉"惨透了"，索性连雨也不避，在雨中悲情暴走。

顺德办公室搬到广州后，仍然留有几个销售在顺德蹲点。其中有一位销售，从前是练皮划艇的，一米八几的个子。因为没出单，囊中羞涩，每天只能买没调料的大包干吃方便面。某日，三个人身上只剩了 100 元钱。卢洋连夜去顺德“送钱”——实际是卢洋自己借钱给他们。

身为区域经理的卢洋也不轻松。当时的区域经理，从买卫生纸这样的行政事务，到布设局域网、杀毒等 IT 工作，样样都是亲力亲为。至于陪访，更不消说。让卢洋欣慰的是，很多人都主动担起了更多责任，比如金牌销售黄榕光，就经常主动陪访，对团队成员的成长助力很大。

不过，越是辛苦，开放、简单、分享的团队文化就愈显珍贵。当时的销售，无论多苦，很少有自己放弃主动走掉的。卢洋带去的 8 个销售，除了一个因为业绩没有达标离开，其他都挺过了最艰苦的那段时间。

14 个月后，卢洋离开广州时，广州区域的业绩已经从全国 10 个区域的“副班长”，跃升到前三位。

当时，负责中供直销团队广东大区的，是陆兆禧。

广东的经济发展水平毋庸置疑，但广东拓荒的过程却意外艰难。在一年多的时间里，广东的市场都打不开，每月的销售额只有几万元——除了永康等区域，整个华东、华南都是如此。

在漫长的拓荒岁月里，陆兆禧率领这支“老广东”班底的销售团队，苦撑苦熬着，一度邻近的分公司都关了，广东仍然坚持着。马云每月都去看望他们，为他们打气。当时陆兆禧有一个梦：把广东一个月的销售额做到 100 万元。当时的 100 万元对他们来说是天文数字，因为他们的起点只有几万元。COO 关明生把它比喻为“吃大象”，如何吃下这100万元的大象，他们想出很多办法分解大象。马云也向陆兆禧承诺，拿下100万元他一定过来和大家一起庆祝。

到2002年12月，整个广东销售额终于突破100万元。那天马云如约而至，整个广东20人的销售团队相聚在一起，摆了两桌酒席。据说，那天席间，马云和陆兆禧都喝醉了。

一发不可收拾。到2004年5月陆兆禧离开广东时，广东每月的销售额已经是1000万元，翻了10倍。当年100万元的“大象”，在几年之后，一个人单月就能轻松吃掉。

赚一元钱

2001年是阿里巴巴创业初期最艰难甚至是最危险的一年。决策层中的所有人都意识到危险的严重性。事关生死，唯有全力以赴。

2001—2003年，整个中供开疆拓土，扩张迅速。永康以及温州、绍兴等地的一些经验，飞速向其他区域推广。

2001年12月，命运的转机开始出现。当月阿里巴巴的会员终于突破100万，当月阿里巴巴的现金流历史上第一次出现盈余！虽然只盈余了几万美元，虽然全年算下来仍然亏损，虽然阿里巴巴的账面上只剩400万美元，只能支撑半年，但几乎所有阿里巴巴的高层都看出这就是曙光，是久久期盼的曙光。

曙光的出现使阿里巴巴人兴奋不已，也使一直在旁边盯着的风险投资公司开始行动，结果导致了阿里巴巴的第三轮融资。2002年2月，在互联网业界依然低迷、纳斯达克股价依然狂跌之时，阿里巴巴完成第三轮融资，日本亚洲投资公司向阿里巴巴注资500万美元，这是极其难得的一种支持。

2002年初的一天，马云和关明生爬上了玉泉山顶喝茶。这一天，他俩的心情格外好，终于可以喘口气了。阿里巴巴的两个高层领导要讨论的是公司的2002年目标。关明生提出：2002年实现全面收支平衡。马云提出：2002年阿里巴巴要赚一元钱！

2002年阿里巴巴要赚一元钱！这句话迅速传达到在一线战斗的销售团队中。为什么要提赚一元钱？销售多卖一元钱很容易，后台节省一元钱也很容易，但全年算账赚一元钱就是盈利，就是历史性的转折和突破。

马云说："为此，我们做了充分的准备，我们对服务与产品进行了全面的调整。加入世贸组织后，中国的服务业将是受冲击最大的行业之一，为此我们的服务要向国际水平的专业化、职业化看齐。"

2002年10月的最后一个星期五，干嘉伟从苏州乘出租车至杭州，带着4万元现金交至阿里巴巴公司财务。就是在那一刻，公司实现了当月的收支平衡。2002年12月，阿里巴巴实现了全年收支平衡。接下来，马云将提出他那些更令人瞠目结舌、眼花缭乱的一系列目标：2003年，每天收入100万元；2004年，每天盈利100万元；2005年，每天缴税100万元。

对于当时仍然寒冷的全世界互联网行业来说，阿里巴巴终于成为一个收支平衡甚至赚钱的企业，谁都知道这个结果有多么珍贵。而这珍贵的"赚一元钱"，为之贡献最多的，是"中国供应商"直销团队。

“中国供应商”为什么会成功？天时、地利、人和。

天时。“中国供应商”启动之后不到一年，中国加入世贸组织，企业进出口经营资格由审批制改为登记与核准制，民营中小企业的迅速崛起，使中国很快成为“世界工厂”。“中国供应商”的启动顺应了中国中小企业第一波出口浪潮，使阿里巴巴真正成为中小企业的出口通道和桥梁。

地利。浙江是中国民营中小企业最发达的地区。阿里巴巴所瞄准的江南五省一市，是中国出口企业最集中的地方，其出口总量占了全国出口总量的70%。“中国供应商”早期会员的41%来自浙江，仅这一个数字就足以说明，杭州为什么会成为阿里巴巴的风水宝地，而永康、金华为什么在一些中供老销售眼中被视为“圣地”。

人和。“中国供应商”之战打响时，经历了“延安整风”“抗大培训”和“大生产运动”、接受了“九大价值观”的“中国供应商”直销团队，已经是一支充满激情、充满凝聚力、拥有使命和价值观的团队。团队的配合、分享和患难与共，保证了“中国供应商”战役的成功。

在未来的一段时间里，“中国供应商”仍将作为阿里巴巴最核心的营收项目，为阿里巴巴在其他领域的开疆拓土提供坚实的支持。2001—2005年的4年间，中供每年的利润都以3倍的速度增长，到2005年底，阿里巴巴三分之二的收入来自“中国供应商”项目。

自此，在阿里巴巴集团，“中国供应商”直销团队被称为“阿里铁军”。这支铁军，也被形容为阿里巴巴集团的“奶牛”。

第四章

非典：邮件里有那么多感叹号

当困难来访时，有些人跟着一飞冲天，

也有些人因之倒地不起。

——列夫·托尔斯泰

隔离

2003 年 5 月初，波特 · 埃里斯曼接到阿里巴巴公关负责人张璞的电话。张璞在电话里通知当时担任阿里巴巴副总裁的波特 · 埃里斯曼："明天别急着上班了。"

波特 · 埃里斯曼没有费多大力气就搞清楚了，不用上班，实际上意味着隔离，首先是波特和其他 6 位同事。

第二天一大早，波特听见公寓门外钻孔的声音，继而传出铁链的叮当声。他被反锁了起来。

对波特 · 埃里斯曼来说，真正的烦恼不仅是被隔离，而是确实有被传染SARS病毒的可能。他已经问明，他们之所以被隔离，是因为一位员工宋小姐被发现可能感染了SARS病毒。

就在十几天前，波特 · 埃里斯曼到广州参加了那一年的广交会，尽管他知道SARS疫情已经相当危险。"中国供应商"对外做出了与客户一起参加广交会的承诺，除了"真正的不可抗力我们不会去之外，能做的我们一定要做到"。那年的广交会与往年无法相比，只有中国的部分参与者，国际买家大多闻SARS色变，避之唯恐不及。波特·埃里斯曼与个别来中国的海外买家聊天时，注意到在他旁边工作的宋小姐与当地顾客聊天，开朗、热情。

广交会后，“中国供应商”的销售额有了新突破，波特·埃里斯曼顺利回到杭州，如释重负。

马云来到他的办公室里。波特·埃里斯曼还记得他“脸上带着顽皮的笑容”，对波特·埃里斯曼说：“因为现在销售额很棒，公司业绩不错，我做了一个决定，相信三年后，人们肯定会说这是个我们做得最聪明的决定。”

马云卖了个关子，没有满足波特·埃里斯曼的好奇心，没告诉他是个什么样的决定。几天后，波特·埃里斯曼接到了那个告诉他不需要上班的电话。

宋小姐，阿里巴巴118号员工，是2003年杭州第四位SARS疑似患者。她和波特·埃里斯曼等共计7位阿里巴巴的员工从广交会回到杭州后，按照公司统一安排在家休息。5月2日，小宋因发烧、咳嗽到浙医二院就诊，接下来的23天里，她成为整个阿里巴巴最为牵挂的人。同时，用小宋自己的话说，她成为“杭州人民家喻户晓的‘宋小姐’”。

5月5日晚上6点，小宋被确认为疑似病人，并被连夜送市六医院治疗。

在一篇文章里，小宋回忆当时的情况，“当被确诊为非典后，从医院的三楼转移到五楼，要经过三个已经确诊的病房，我透过玻璃窗一个个看过去，第一间的人身上插满了管子……”“上到五楼的第一天晚上，第一个房间那位大姐就去世了。”并且，小宋发现自己的手机也坏了，跟外界失去了联系。

波特·埃里斯曼意识到了小宋当时的境况。他回忆："这段时间对公司而言很难熬，但对宋小姐来说，可以说是煎熬。我被锁在宽敞的公寓里，受到作为外国人所获得的格外关照，而小宋被安排在了医院病房内，和其他两位SARS患者共处一室，其中一位的病情正急剧恶化。"

马云想方设法来探望小宋，还对小宋调侃说，要不要在对面的楼房上挂一个横幅，上面写"我们支持你！"他还给小宋送来了手机和CD（唱片）机，还特意嘱咐别人买了一张阿杜《坚持到底》的CD。

马云始终乐观，但他自己的状况也好不到哪里去，确切地说，他也被"隔离"了。事实上，整个阿里巴巴在杭州的400多名员工，都处于自行隔离的状态。

彭蕾回忆说："那天下午，我站在窗户边上，看到这栋大楼里的人纷纷带着电话机、传真机、电脑往外逃，那情景真的像逃难一样。大楼里面其他公司的人对阿里巴巴意见很大。他们认为是我们把非典带了回来，使得他们也被波及，生命安全受到威胁，公司的正常运作也受到很大的影响。这种心情我们真的能理解，所以当时马云也出面去和各个公司的人见面、道歉，解释我们公司会采取的措施，鼓励大家一起面对疫情，争取理解。"

据说，当时马云的压力非常大。作为公司领导，他要承受同一座大楼其他公司的迁怒，甚至有人冲进办公室来砸东西以泄怒。更让他难过的是，如何面对公司员工和他们亲友的指责，"这样的时候，为什么还要派员工去广州？"

阿里巴巴 2 号员工，马云夫人张瑛以“非常时期的非常日记”的形式，记录下了他们俩隔离期间的生活。她和马云看到阿里巴巴内网上的一篇帖子，一位被隔离的员工说“社区里所有的人都在骂他，他该怎么办，真的很痛苦”。两个人睡不着了，“咬牙切齿”，商量来商量去。马云后来从一大堆名片中找到那个员工所在的翠苑街道主任的名片，说明了情况，把那位员工的联系方式告诉了这位主任。这位小伙子的情况随即好了很多。张瑛打开了 CD,《坚持到底》的歌声非常阳光。

“到了下午，有消息传来，我们公司的办公区域也要完全封锁，几乎所有的员工都要被隔离在家。很有意思的是，当时的杭州市领导刚刚来阿里巴巴公司参观过，还发表了讲话，表示在非典这样的疫情出现的时候，正是电子商务能够发挥优势的时候，我们大家还很受鼓舞，结果市长和他的随行人员后来也被要求隔离。于是那天下午，我们也开始大规模收拾东西，把电话、电脑、传真机打包，逃难一样地离开了公司大楼。”

2003 年 5 月 6 日，阿里巴巴杭州公司的非典应急预案出台：自行隔离，全体员工在家办公，“全员进入 SOHO（在家办公）状态”。戴着大口罩的马云向大家宣布了这个消息。大家戴上口罩，抓紧时间打点家里办公所需的一切。短短两个小时内，工程部的技术人员就为员工家里的电脑设置好了工作所需的必备装置。

据关明生回忆，“都被隔离意味着什么呢？就是你要跟你父母、妻子或丈夫、男朋友或女朋友一起被关在家里，家门上再锁上一把大钢锁，钥匙在小区的主管手里，外面的人有防疫站的，也有公安，每天的早饭、午饭、晚饭是送进来的。每天两次有一个穿‘太空衣’的人，背后背着很大的罐子和长长的喷管，进到你家里面，离很远，像喷杀虫剂一样，喷完就走了，很厉害。两个星期，一般的公司要这样的话，基本上就垮了，特别是像阿里巴巴这样的服务性公司。”

SARS就在身边，员工染病，外界压力，无法在办公室办公……

这对一个成立不过四年，刚刚才实现“赚一元钱”的互联网公司，意味着什么？

邮件

在阿里巴巴全员SOHO期间，邮件变得异常重要。它起到的作用，绝不仅仅只是提供了一种联系方式而已。几乎所有阿里巴巴的高层，在这段时间都留下了一封或很多封电子邮件，这些电子邮件有助于后来人了解在那段时间阿里巴巴人做了什么。阿里巴巴人的精神、价值观、内心世界，阿里巴巴人的勇气、意志、境界，全都在信里。

在宣布隔离的当天，马云就给阿里巴巴员工们写了一封道歉信，尽管这件事情本不能算是他的过错。紧接着，在开始全员SOHO之后，阿里巴巴的员工又收到了马云简短的、充满了感叹号的一封邮件。

各位战友：

从今天开始，我们阿里人就像是海军陆战队的士兵一样在各自的家里展开工作了！

小宋的病情和全体阿里人的身体状况牵动了我们阿里人、会员客户、杭城父老兄弟及各方面的心。

从来没有一家公司会遭遇这样的挑战！

从来没有让我们这些年轻人经受如此大的精神压力！

从来没有机会让我们可以如此团结一致面对挑战！

当然，今天我们还有一个最大的令人羡慕的机会：那就是我们不仅可以为自己也为我们国家在特殊情况下必须在家上班积累大量的经验！还填补了世界上近400人在毫无准备的情况下在家上班维护全球最大商业网站的空白和吉尼斯纪录！

看见这两天阿里人的团队精神和为使命拼搏的精神，我想再次和大家说一声：

我们应该为自己骄傲！

我们可以创造奇迹！

我们年轻但能够接受挑战！

保护好身体，只要健康在，阿里人会创造更大奇迹的！

马云

2003年5月7日在家

另一封邮件来自对阿里巴巴价值观建设居功至伟、为中供直销团队注入魂魄的关明生。

Dear All：

当我2001年第一次到阿里巴巴的时候，我就深深地被我们员工表现出的阿里巴巴文化所打动，尽管这些文化并没有被写下来。

正是阿里巴巴的价值观，使我们区别于一般的电子商务公司；正是阿里巴巴的价值观，帮我们追求阿里巴巴的愿景和使命——“让天下没有难做的生意！”我在一些伟大公司的经历告诉我：价值观不是虚幻的，它真实地体现在每个地方。我非常自豪地看到，这一点在阿里巴巴的团队中得到很好的体现。

但是，突如其来发生在杭州的非典状况是我始料不及的。

我们只用了几个小时，而不是几天，就转入了SOHO办公。我们的运营、我们对客户的支持都几乎毫发无损。

我曾被一封邮件感动到落泪，这是我们一位员工的妻子写的，她自己就是阿里巴巴价值观的人格化体现。她没有参加过阿里巴巴的培训，没有参加“百年大计”“百年阿里”或是“百年诚信”，但她的行为是一个真正的阿里巴巴人的行为。我不知道为什么会这样，但她的先生的行为一定鼓舞和影响了她。

我唯一的遗憾是没有和杭州的同事一起隔离，但是通过电话和网络，我依然感到了你们的热忱、你们的精神和阿里巴巴的价值观。我觉得我和所有的阿里巴巴人紧紧地联结在一起，我为你们骄傲，希望很快可以和大家在杭州见面。

能跟大家一起是缘分，能跟大家一起共事是我的福分！

Savio（关明生）

关明生邮件中提到的这位员工妻子的邮件，是这样写的。

阿里巴巴：

10天，我与丈夫24小时厮守在一起，我很幸福，感谢阿里巴巴！

10天，我与阿里那么亲密地接触，我很感动，祝福阿里巴巴！

这10天来，我作为阿里巴巴的家属而被隔离，这10天因为丈夫我走进了阿里巴巴，我从网上认识了更多的阿里人，让我敬佩和感动的阿里人和让我无比感动的阿里精神。

工作已经十多年、年纪已不轻的我再次被深深地打动。当我看到格桑梅朵写给马总的信，当我看到你们的员工相互鼓励的话语，当我看到老公在家认真的工作态度，当我看到“朋友”的flash（二维动画）……我的眼睛一次又一次地湿润了。

早上看了马总的信，我很激动。

一个正在创业的公司哪有不艰难的？一个发展中的国家哪有平坦的道路？人类不就是在一次又一次与各种灾难做斗争中一步一步前进的吗？

叶欣倒下了，邓练贤倒下了……我们畏惧了吗？没有！成千上万的医生、护士写了请战书。一个被感染了，又一个被感染了，我们害怕了吗？没有！成千上万的人民走到了抗非典的第一线。小宋病倒了，阿里巴巴恐惧了吗？没有！我看到了一张张让人着迷的笑脸，我听到了一片片乐观的笑声，我看到了一群积极向上的、充满激情的、团结一致的、智慧的年轻人。有了你们，阿里的未来是辉煌的，我坚信。

如果现在阿里巴巴还需员工去开广交会，我相信马总的桌上会堆满了请战书。前赴后继，才会勇往直前！

人为了活着而活着就没有活着的意义了，生命的意义在于活着的过程，我为我的过程与阿里巴巴有缘而幸福。

祝福小宋，她是一个美丽而勇敢的姑娘，出院的时候我要拥抱她。

祝福阿里巴巴，祝福阿里巴巴人，祝福我丈夫！

我为你们鼓掌！为你们骄傲！

一个阿里巴巴家属

2003 年 5 月 14 日

中供直销团队的直接指挥李琪则给铁军的“前线战友”们写了这样一封邮件：

各位前线的战友：

你们好。到现在为止，一切都还比较顺利（包括我们的她）。这段时间，令我感到非常自豪和感动的是，我们所有的同事在面对危难的时候，选择的不是恐慌、错乱，不是逃避、气馁，而是镇定、坚毅，所有的人都严守岗位，群策群力应对危机，用阿里人特有的价值观和激情、信心来勇敢迎接困难。就连现在身处病榻的她也是表现出无比的乐观、坚定的信心和无畏的勇气。

我深为你们的所作所为自豪！

特别是我看到这几天的order（秩序）和cash（现金流）竟然还和平时一样，真的无尽感叹啊。

特别当广州区域经理告诉我，这个月他们要创出历史新高，真的不知说啥好。

各位前线的战友，你们承受着心理和身体的压力，为了阿里巴巴的明天，在这非常时期，选择了用合同和单子来做出自己的回答，所有的人此时此刻都有着前所未有的信心和勇气，谢谢，真的谢谢你们。

我希望所有的同事，特别现在在10个地区的同事们，特别注意自己的身体，身体第一啊。昨天我们已经给各个区域经理发了一个防止非典的具体措施，请HR协助，请各个区域经理严格执行。

向所有阿里巴巴人致敬，向所有前线的人员致敬，特别向在“重灾区”的广州、深圳全体员工致以我们最崇高的敬意。

让我们共同祝愿小宋战胜病魔，早日康复！祝愿她的家人，祝愿所有阿里人健康平安！

谢谢大家！

李琪

是的，在“重灾区”的广州、深圳，在很多区域，铁军都没有停下开疆拓土的脚步。

进击

何桂蓉看到那把黑黝黝的自制土枪张牙舞爪地指着自己，她抱着包的手剧痛无比，这时她才意识到，又被抢劫了，还是持枪抢劫。

“我是不是有什么特点看起来特别好抢？”说起当年这凶险一幕，她笑问。

就在小宋因为发烧、咳嗽到浙医二院就诊的第二天，中供销售何桂蓉在后来因为成功投资滴滴而名声大噪的主管王刚的带领下，从深圳出发前往汕头。后来她才听说，就在她离开杭州不久，小宋被查出疑似SARS病人，阿里巴巴被集体隔离。她3月底到达杭州参加“八百大”，4月28日回到深圳入职。她的区域经理是陆兆禧，主管是王刚。王刚带她到汕头，让她跑潮阳市场。

2003年初，马云提出的目标是“每天100万元”。即便在SARS疫情逼人的南中国也没有稍息。整个中供，都在为这个目标高歌猛进。

何桂蓉买了地图，每天一早7点多坐车去潮阳，沿着国道大量陌拜，收老板名片。跑了两个月，没出单。

一天，在去汕头汽车站坐开往潮阳大巴车的路上，就在汕头金砂东路大街，还算是在闹市区，因为没经验，何桂蓉的包在手里甩来甩去。忽地一下，何桂蓉发现自己被包扯得摔倒在地。爬起来时，两个飞车仔带着何桂蓉的包已绝尘而去。周围的路人，多数是大爷大妈，很淡定地看着何桂蓉。

何桂蓉手上、腿上都是伤，还好，能返回在汕头的办公室。一进门，何桂蓉对王刚说："我被抢了，什么都没了，证件、钱包、手机，前段时间跑的资料，都没了！"

这时办公室电话响了，是劫匪打来的。王刚接了电话，劫匪问，要不要赎回身份证和资料。何桂蓉觉得当时王刚也挺害怕的，但他还是打了辆车，去把何桂蓉的资料赎回来了。不过，钱包、钱和手机都没了。何桂蓉记得很清楚，那部手机是她刚刚花了两千多元买的，诺基亚 8250，2003 年时最时尚的"蓝色妖姬"款。

遇劫不久，何桂蓉出了第一单，从而避免了使用"免死金牌"。没想到，8 月刚出了一单，又遭劫了。

那天何桂蓉在一个客户那里"磨"到晚上 9 点，没能搞定。天已完全黑了。

那时流行拼车。从潮阳到汕头，三四个人一起打一辆出租，每人 15 元，很划算——大巴车费也要 8 元。

上了辆车，谈好价钱，何桂蓉坐在副驾驶位置。车才启动，前方一辆摩托车冲过来逼停出租车。车手走到副驾驶车窗，说："把你包给我。"

何桂蓉不大理解。她以为是出租车剐蹭了摩托，看着那个人说："为什么要给你包？你应该去和司机谈。"

那人又说了一遍，何桂蓉看着他，没动。

那人突然掏出一个东西，伸进车窗，用力敲了何桂蓉手一下。何桂蓉觉得手立刻肿起来了，定睛一看，指着自己的是把自制的土枪。

劫匪不说话，伸手进来，把何桂蓉抱着的包抓出去。

何桂蓉大脑一片空白，盯着劫匪，只说了一句话："你能不能把客户的名片夹还给我？”

劫匪白白净净，个子不高，也不说话，看了她一会儿，似乎觉得匪夷所思，没理她，扬长而去。

何桂蓉用出租车司机的手机给办公室打了电话。侯儒（现任中供中西部大区总经理）接的电话，何桂蓉开口说了一句“我被抢了，还是被持枪抢劫的”，就“哇”一声大哭起来。

这次劫匪没有来电话，资料最终也都失去了。何桂蓉花了一个月，一家一家客户跑，把丢失的资料补齐。

马云后来听说了这件事。一次到汕头，吃饭的时候，马云还教了何桂蓉几招“防狼术”。他对太极有研究嘛。

有用吗？何桂蓉问。后面真还又碰到几次意图抢劫的，她加了小心，每次都把包紧紧抱在怀里，才得以幸免。“防狼术”没用上。

中供销售员很多人都遇到过被抢、被骗、被狗追甚至被驱赶的经历，特殊的，还有被不诚信客户陷害抓到派出所的。这些情况太普遍了，以至于很多被抢的故事还没来得及传播就被大家淡忘了。

阿里日

2003 年 5 月 24 日，波特 · 埃里斯曼在被关了 7 天后，听到门口传来铁链松开的声音，接着有人敲了敲门。门口闪光灯不断，警察和当地官员前来慰问这个阿里巴巴的外籍员工。

在给母亲报了平安后，埃里斯曼拨通了马云的电话，他听到对面的声音传过来：“我也刚被放出来，他们告诉我基蒂已经恢复健康，明天就可以出院了。”

小宋在就诊23天后，也就是5月25日，终于痊愈，成为杭州首位治愈的非典患者。

“最终是皆大欢喜，我们安然渡过了危机。”波特·埃里斯曼对自己说。

确实是“皆大欢喜”。非典不仅没能击垮阿里巴巴，反而成为一个极为重要的节点。它对阿里巴巴重要到什么程度？2005年之后，每年的5月10日被定为“阿里日”，是整个阿里巴巴的节日。

收获首先来自业务的高歌猛进。

就在2003年5月7日，也就是阿里巴巴杭州全体人员在家办公的第一天，仅仅阿里巴巴中文网站的买卖商机就突破12500条，创了新纪录。整个非典期间，以“中国供应商”为主的每日新增供求信息量比上一年同期迅猛增长3~5倍。在阿里巴巴140万中国会员抽样调查中，在非典时期三个月内达成交易的企业占总数的42%，业绩逆势上扬，每个月的访问量达到1.6亿人次，每天有100多万元的现金收入。

2001—2002年的相当长的时间内，每天在阿里巴巴网站上发布的商业机会数量只有3000条左右。但从2003年3月开始，阿里巴巴每天新增会员3500人，比上一季度增长50%，而大量的老会员也强化了网上贸易的使用频率和程度；每日发布的新增商业机会数达到9000—12000条，比2002年增长了3倍。

“中国供应商”的业绩更是不凡。在非典时期，“中国供应商”客户数比2002年同期增长了两倍，每月有1.85亿人次浏览，240多万个买卖询盘（反馈），来自全球的38万专业买家和190万会员通过阿里巴巴寻找商机，进行各种交易。以2003年4月17日为例，当日阿里巴巴中国站发布的会员企业买、卖、代理、合作等商业机会信息6890条，国际站达2354条，两个网站加起来超过9000条。虽然正常的商务交往均被不同程度地取消，但一大批企业通过阿里巴巴与客户进行了“零接触”洽谈，在非常时期做了非常好的线上生意，如浙江慈溪市海兴轴承有限公司在非典时期就签订了300万元的销售大单。

非典期间，由于人们不能和客户进行面对面的联系，联系几乎完全依靠电子邮件、电话和网上即时通信工具来维持，不少中小型企业和它们的国外客户也被迫采用互联网工具。

在非典阴影的笼罩下，各行各业都受到了不同程度的影响，展会推迟、客商止步、订单取消。传统的商业模式明显处于十分不利的境地。如义乌国际商贸城一个做了11年工艺品出口生意的经销商诉苦说：“平常这时（5月），订单都在四五十万元左右，可上个月还不到20万元。”

情势危急，一些企业盼望能够找到救治良方，而以阿里巴巴为代表的电子商务公司则因势利导，借势造市，既造福于他人，又发展了自己。

当然，机会总是留给有准备的人。对于SARS，马云的判断显然是非常有预见性的。

非典期间，很多人在家里看电视，发现央视上有很多阿里巴巴的广告。在2000年前后，互联网浪潮最火的时候，门户网站在央视投放广告并不稀奇，但是阿里巴巴创立初期，马云曾经主张过市场公关“零预算”，为什么选择这个时候投放广告呢？

就是因为“中国供应商”越来越强的表现给了马云底气。并且，广告不仅在央视做，阿里巴巴在美国CNBC（美国全国广播公司财经频道）——相当于中国的央视二套——包了半年的广告。

马云在2003年接受《财富人生》节目访谈时回答道："那时候不是因为SARS而投广告，是我们预感伊拉克战争要爆发了，估计很多人会看新闻,所以那时我们就投入了广告。没想到战争推后了，但是SARS爆发了!所以是阴差阳错。我们在CNBC上包了半年的广告，因为我觉得SARS给电子商务企业带来的不是机会，而是挑战。赚钱是一辈子的事，但是在危急关头，你要记得为客户着想。SARS期间，中国企业不能出口、不能参展……海外企业也不能到中国来，那时我觉得，哪怕花再多的钱，也要帮助我的客户把产品卖出去！"

还有另外的推力。阿里巴巴的一位高层这样说："在非典以后，我们感到了一种推力。这更多是因为政府在非典期间开始对电子商务进行宣传,因为阿里巴巴在企业内部的一些措施应对得当，我们得到了迅速的发展。但这些都是共性的，阿里巴巴的对手们也都分享到了这种推力。"

用马云自己的话来总结，这是我们平时在网上投入的巨大时间和精力在非常时期得到的回报。

"在非典的时候，所有的交易服务都不受影响，所有流程全部更改。"非典过去几年后，戴珊谈起当时的情景，仍然显得非常自豪，每天早上8点多，大家会打开电脑，"每天该干什么还是干什么，只是不像以前一样面对面，到中饭的时候，就去弄点吃的，下午1点多就会回到电脑前，晚上八九点员工还在一起娱乐"。员工之间的互动和交流，并未因转移到网上而受到影响。

“我们自己，也将对互联网的运用提高到了一个前所未有的高度。为了解除单身员工被隔离时的心理问题，我们甚至利用网络举行过几次公司范围内的卡拉OK比赛！这在正常时候是很难理解的。因为利用电子邮件和网络聊天工具来交流，同事们之间变得更加直接和坦率，效率也随之提高。”马云对这种新的公司内部的交流方式非常重视，他亲自参与其中，和员工进行网络上的即时交流。

那段时间，阿里巴巴的客户会感觉比较奇怪，有时拨打服务电话，会传来老人的声音：“你好，这是阿里巴巴。”——阿里巴巴把服务电话也转到了家里。一位员工甚至再三嘱咐自己的父亲：“爸爸，有电话打进来，你一定要说：‘你好，阿里巴巴。’”

“电话打到阿里巴巴去的时候会发生什么事？都自动转到所有的同事家里了。特别是很多女同事一接，‘你好，阿里巴巴’，我们当时把这叫作‘天使般的声音’。”关明生后来形容说。非典隔离时期，马云被关在家里，身在香港的关明生也把自己关在家里，两个人每天疯狂打电话，一天打几百个。“打给我们的同事，有一张名单，拼命打。每个同事接电话的时候都是‘你好，阿里巴巴’，非常兴奋的声音，很高兴。”

非典是一次挑战，但如马云后来所说，“这是一件好事，非典成为凝聚人心的时刻”。他说这是一场灾难，对于全中国人来说都是如此，但是也正因为如此，对于全中国人来说，都是一次凝聚人心的机会。他说当时已经有几百人的阿里巴巴从一个小型的公司重新回到了一个团队的时代，灾难使得可能存在的办公室政治的萌芽、人事之间必然出现的隔阂，因为被动的隔离、因为距离上的隔离，反而消弭于无形了。

在关明生看来，这一场前所未有的危机，成了验证阿里巴巴价值观的最好时刻。当然，他认为阿里人交出了合格甚至优秀的答卷。在杭州的后台员工在隔离中经受了考验，在前线的中供铁军直销团队也经受住考验，并且迸发出巨大的战力。2003 年是“中国供应商”的业绩开始爆棚的一年，在这一年，很多后来在“中国供应商”历史上鼎鼎大名的人物开始站上舞台，比如黄榕光、贺学友等等。

而非典还有另外一个看起来很偶然的结果。据一位阿里员工回忆，在此前，虽然阿里巴巴一直认为股东的优先度会低于客户和员工，但客户和员工并没有做出排序。在非典之后，“客户第一，员工第二，股东第三”终于定型。

淘宝诞生

作为阿里巴巴创业早期的“十八罗汉”之一，孙彤宇也是阿里铁军最早的领导者之一。他做过销售的培训，给“百年大计”学员讲过课。在阿里铁军的架构中，李琪是COO，孙彤宇偏后台，李旭晖偏前台。

但在 2003 年 4 月，孙彤宇从铁军的视线里消失了。

当然，下面的故事大众早已耳熟能详，孙彤宇带领着 8 个人，在湖畔花园二次创业，打造出了淘宝。同年，支付宝也“出世”了。

2003 年 4 月 16 日，马云把师昱峰、姜鹏等 7 人叫到办公室，郑重地对他们说：“我想派你们去做一个C2C（消费者对消费者电子商务）的新项目，这个项目目前还处于绝密状态，全公司的人都不知道阿里巴巴会进入C2C领域。公司派你们去做这个项目，要求你们不许告诉身边的任何人，哪怕是女朋友，哪怕是爸爸妈妈，否则，我们将会开除你们。如果你们愿意的话，这里有一个合同，全是英文版的，你们马上签字。”

这7个人也没经过什么思考，一起回答马云：可以。他们在一分钟内就签字了。尔后，他们和各自的经理说有另外的项目做，当天下午7个人就搬到了湖畔花园。

这次马云点的帅是孙彤宇。

曾经有采访者问孙彤宇，为什么会选择你去做淘宝总经理？孙彤宇回答：“选择我也许因为我当时比较闲。”

2002年12月，阿里巴巴成立了投资部，做过产品、运营、销售的孙彤宇忽然对投资感起兴趣来，其实当时的孙彤宇并不懂投资，但马云还是让孙彤宇当了投资部高级经理。投资部成立后，阿里巴巴却暂时拿不出钱来投资，于是大将孙彤宇就空闲起来。

当然，马云选择孙彤宇绝非单单因为他暂时有点空闲。

受命之时，马云单刀直入地问孙彤宇：“什么时候超过易趣？”孙彤宇鼓足勇气回答：“给我三年时间！”请注意，马云这里让孙彤宇超越的是易趣而不是那个巨无霸eBay（易贝）。

其实，即便是三年，超越易趣也是个很狂妄的目标。孙彤宇鼓足勇气说出给我三年时间时，底气并不很足。

但后来不到两年这个目标就达到了。

孙彤宇带队一行8人于4月16日进驻湖畔花园。还是三年前创办阿里巴巴的那套房子，师昱峰等几个工程师用的甚至还是当年那间屋子。后来的实践证明，淘宝的打造称得上高效精彩，基本上没有犯错误。

项目启动后，开始并没有名字。工程师们全力设计的就是一个C2C网站。淘宝网的名字是一个叫阿科的员工起的，灵感还是出自金庸的小说，出自那个一呼百应的韦小宝，还有小宝和7个老婆开店的故事。

从4月16日到5月10日这20多天，淘宝还是封闭打造的。项目启动时，马云给了孙彤宇一个月的时间。当淘宝设计高速运转起来时，5月8日，从天而降的非典造成阿里巴巴员工被迫全部隔离。好在淘宝本身早已自动隔离20多天了。5月10日，经过24天彻夜奋战，淘宝终于提前6天推出。当天晚上8点淘宝网站推出时，马云、孙彤宇等人在空中举了一下杯，庆祝成功。这时除了淘宝一班人马外，知道此事的只有公司高层的六七个人，连正在与非典做殊死搏斗的数百名阿里巴巴员工都蒙在鼓里。

5月10日，淘宝网的保密并没有解除。淘宝网本身既已推出就得开始征集商品和客户，已无密可保，但淘宝与阿里巴巴的关系依然是绝对机密。

5月10日，淘宝诞生的当日，阿里巴巴开始招募“淘宝先锋”——在淘宝网站开通的第一个月内通过身份认证的淘宝人。淘宝先锋的招募很顺利，卖家很容易就来了，商品增长也很快，几天以后，淘宝网上的商品就突破了1000种。

从5月10日到7月10日，在两个月的时间里，淘宝成长得很快。淘宝正式推出的时机成熟了。

马云说：“6月下旬，公司有人给我写了一封信：马总，你注意到了吗？有一个网站叫淘宝网，虽然很小，但是很可怕。我看了也不说。过两天又有人写信来，说有一个网站出来你要小心，我还是没有说什么。到了6月底公司内网有文章出来，说大家注意，我们现在出现一个竞争者，它的构思、想法都跟我们一样。大家就在想这个人肯定是阿里巴巴出去的。最后有人说，大家注意到没有，我们公司少了七八个人，突然失踪了。还有人说我知道，但我不说。我们知道这就像一个对手，如果你发现这个对手的思想、想法、出发点跟你一样的时候，真的是让人觉得很可怕。到7月10日我宣布，阿里巴巴投资一个亿做淘宝，那时所有的员工都说，原来是我们自己人。”

淘宝只用了6个月就在全球排名前100，9个月排名前50，12个月排名前20。2005年初，做了不到两年的淘宝的会员数突破600万，此时做了5年的eBay易趣的会员数是1000万。但除了这一个指标，其他三个指标：商品量、浏览量、成交额，淘宝全部超过eBay易趣。

淘宝，就这样横空出世。

对阿里巴巴来说，淘宝和随之发展的支付宝的出现，使未来阿里巴巴商业帝国的框架变得基本清晰，阿里巴巴的业务链条更为丰富完整。阿里巴巴正式向互联网霸主的征途进发。

而对建立两年、正意气风发的阿里铁军来说，新生的淘宝以及后来的“淘系”，是一个气质略有差异的“兄弟”。在整个阿里巴巴，当然有着统一的企业文化，但不同部门的气质还是有一些不同的。曾经在中供有过销售经验的孙彤宇，在淘宝也建立了具有鲜明特色的企业文化形式，包括后来被推广到整个阿里巴巴的“倒立文化”与“花名文化”。淘宝和支付宝，就像“小二”这个名字一样，平和谦卑，但并不“苦大仇深”。

在有淘宝之前，虽然不能说阿里巴巴就是中供（阿里巴巴还推出了“诚信通”等产品），但中供确实在阿里巴巴是一个“当家长子”的地位，中供的现金流，就像奶牛一样哺养着其他兄弟姐妹。这种状况还将持续多年，但淘宝和支付宝终将成长为更有力的巨人。

当然，在那个时候，阿里铁军的“战士们”没有时间考虑这个，一向简单、直接，以没有办公室政治为傲的铁军，还将继续迎来自己的荣光与风雨。

第五章

铸锻：最后一天，罗庆元说，我要免死金牌

将平凡变成非凡靠的是“持续”。不选择捷径，一步步一天天拼命、认真、踏实地工作，积以时日，梦想变为现实，事业获得成功，这就是非凡的凡人。说持续重要，并不是说反复做相同的事情，持续与重复是两回事。持续不是漫不经心地去重复与昨天一样的事情，而是今天胜过昨天，明天胜过今天，哪怕是微不足道的进步。

——稻盛和夫

免死金牌

罗庆元为人戆直，身材敦实，说话慢，边说边把左手里的白色耳机线一圈一圈缠绕在四根手指上，再一圈圈解开，典型的技术宅男的风格。这不奇怪，在进入阿里巴巴之前，他就是技术出身。

他从前想必话也很少，好几位老中供提到他时都一副忍俊不禁的表情：啊？原来采访了“罗闷”啊。

“闷”到什么程度？“三百大”毕业时，他因为太“闷”，连给客户打电话预约拜访的模拟演练都无法通过，险些不能从“百大”毕业。

“三百大”从2002年春节后开始培训。之前的“二百大”招了很多应届大学毕业生，结果人员流失得厉害——从“二百大”后，阿里巴巴很少再招应届毕业生，“不靠谱”。“三百大”起，只要脑子比较灵光，又愿意干，大多可以通过面试。

班主任是卢洋。结业时，这届“百大”有三分之一的人跟随卢洋去了广东。卢洋当时以广州区域经理的身份前往广东深耕市场。

罗庆元中专学的计算机专业，毕业后，做了一段技术方面的工作，攒下2万元存款。中供面试的时候，都会问有没有这样一笔存款，因为开始阶段完全可能0单，没有存款，很难熬过最困难的阶段。

有存款也不一定能熬过去。“三百大”的同学，在三个月内有近40%离职。离职的原因各种各样，归根结底是工作太辛苦，完成考核太难，收入太少，对阿里巴巴的未来没有信心。在20世纪初那几年，互联网远未深入人心，很多人都把阿里巴巴或互联网企业当成骗子，又或者是传销公司，更滑稽的是被当作小城市卖快餐、开网吧的。搞笑的是在某个城市确实可能有一个叫“阿里巴巴”的快餐店或者网吧。

考核极其严格。在三个月内，需要完成至少一单，不少于某个数额，如6万元。没有这一单，就不能“活下来”。2002年后，每个人多了一次拿“免死金牌”的机会，再做三个月。

离职的人，很多都是背景不错，或者在“百大”期间表现优秀的。这些人选择余地比较大。在罗庆元记忆中，留下来的销售员很少是培训的时候表现特别优秀的。罗庆元觉得，像自己这种，就是“傻乎乎”的，根本没想过要走。

罗庆元入职后留在杭州区域。当时，阿探（陈庆探）是阿里巴巴浙江大区的“省长”，敏芝则是杭州区域经理——不久，她从这个位置调往温州区域。

“百大”毕业那一天要集体演练业务，罗庆元发现，自己没办法给客户打电话预约，因为“怕”。

卢洋说，这怎么能行呢？要不先到区域经理敏芝那里重新考一下。

别人在演练，在照“毕业合影”，罗庆元和区域经理吴敏芝在对练电话预约。仍旧说得不好。

吴敏芝说，你这样，真怕你活不下来。

罗庆元说，我都已经培训了一个月，就让我去试试吧。

罗庆元被安排到嘉兴的海宁。后来他才知道，在此之前，前前后后去过海宁的人已经有十几个，不是撤回来，就是没有完成考核“死掉”。海宁这块市场非常大，但是培育很差。

罗庆元到海宁时，只有一个销售员在那里，之前已经出过单，还用过一次免死金牌，但三个月之后还是被淘汰了。

不久，“四百大”又来了一个新人，跟罗庆元一起跑嘉兴市场，过了一段时间也被淘汰了。

“百大”课程主要是价值观培训，罗庆元没觉得自己学到了足够多的销售技能。没有目的，没有客户，不知道怎么跑，也没人带……在杭州，第一天上班时，他不敢出门，闷在办公室里晃。贺学友，当时杭州区域甚至是全国最王牌的销售，回来看到他，狠狠拍了一下罗庆元的肩膀：小伙子，赶快出去跑客户，留在家里干什么？

工资只有800元底薪，手里有2万元存款。罗庆元在海宁租了一间房子，买了一辆二手摩托车，没有牌照，一共花了3000多元。

罗庆元骑着摩托车到处跑，开始“扫街”，在一个做袜子的公司门口足足站了十多分钟。一咬牙，想，做业务的么，死也要死在这条船上。

还好，没什么阻碍，老板也愿意聊。

出来后，罗庆元觉得，原来陌拜也就这么回事。

但陌拜真正要转为成交，还是很难的。

第一天扫工业园区，进了一个生产羊毛衫的企业，管外贸的副总听说过阿里巴巴。入职三个月的最后一天，7 月 31 日，这家客户成了罗庆元第一单客户，大单，6 万元。

这个时间点很重要，因为再晚一天，罗庆元就会因为三个月没有业绩被淘汰。但如果再早一个月，结果也不会好太多，因为从 7 月开始，就是第二个自然季度的业绩考核，如果没有单子，季度尾照样被淘汰，而罗庆元一直到 9 月 30 日，仍然没有再开张。

罗庆元是 2002 年 5 月入职的，也就是说，他“运气”地用 7 月 31 日的人生第一单，应付了入职的季度考核和接下来的第三季度考核。

但下一个季度紧接着就来了。12 月的最后一天，罗庆元的业绩仍然没有达标。有一个老客户多次答应签单，但始终反复，就是不出钱。罗庆元找到他，告诉他自己可能会被淘汰。老板说：要不你到我公司来吧？

看罗庆元无精打采，老板动了恻隐之心，当场打了一个电话，原来杭州市区有一个人欠这位老板 4 万元。电话里，对方一口答应下来，叫罗庆元回杭州当面拿钱。

回到杭州，这个电话再没有打通过。天已经黑了。2002 年的最后一天，罗庆元给当时的浙江大区总经理陈庆探打了电话，说：我要免死金牌。

在谈起那个被命运扼住咽喉般的时刻，罗庆元始终平淡。这位看起来应该在绝望边缘的人，说自己当时其实毫不绝望。他自己也很奇怪为什么会一直相信，相信未来的前景。

在那些走上“中供销售”的人中，罗庆元还是幸运的。在入职几年后，他不仅没有被淘汰，而且成为中供为数不多的几位大区总经理之一。但他始终对最开始那段“悬崖边缘”的日子念念不忘。在采访中，他几次提及那些在他之前而没有那么幸运的前线销售，尽管他们的中供职场生涯可能不超过三个月。他们也经过了“百大”培训，有自己的阿里巴巴工号，也被问过有没有几万元存款，也可能曾经租下了一个小房子，或买下了一辆没有牌照的小摩托车。他们的每一次约访，都为后面的成交累积了一层基础。

他们只是没有坚持下来而已。

“我真的非常、非常感谢他们，我后来的一切都是在他们的肩膀上取得的。”这句话，罗庆元说了几遍，很慢，很认真。

主管制

罗庆元的命运转折点始自中供开始实行“主管制”。在 2003 年初，用免死金牌自救的罗庆元，看不出有迅速扭转“难开张”局面的可能。

2003 年 1 月，关明生开了一个圆桌会议。在那次会议上，他提出，每个区域只有一个区域经理，新销售没有人带，甚至没人陪访，都是自生自灭，希望公司想办法解决。

2003 年春节后，中供开始试行主管制，一个主管带一个团队，

10个人，相当于一个小分队，其中新人负责找客户，一个“厉害的人”负责close（最终成交）。

罗庆元的第一个主管只带了很短时间，陪访了一次。周俊巍是他第二个主管。

周俊巍，阿里工号164，网站策划出身的销售，最早也曾经三个月只做过两单，后来在与李琪谈话后，在杭州做到全国业绩冠军，随即主动请缨做主管，带领上海团队做到全国冠军。

周俊巍很霸气地对罗庆元说：“我是你主管，未来你要每个月做金牌销售。”“金牌”业绩门槛是当月销售额达到10万元，对罗庆元来说，相当于他过去一年的业绩。

罗庆元的特点是做事不计成本，有一股透着狠的韧劲儿。既然“能力差”，他就包了一辆出租车，带着周俊巍陪访，第一天就签了三单——相当于他过去三个季度的单数。

回到办公室，周俊巍踢了罗庆元一脚：“这种客户，拿着合同直接去签就是了。”

那个月，罗庆元做到全国第二名，当月业绩19万元。从此，在他的销售生涯中，每个月都是“金牌”，没有掉过一次。

以后罗庆元次次包出租。开始是主管说，第二个阶段是自己主说，主管配合，到第三个阶段时，罗庆元已经不再需要主管。

对铁军销售来说，主管制的作用是非常巨大的。据李旭晖回忆，“一开始的目的有点像是师徒制，师傅带徒弟的想法，就是希望让专家来辅导新进的销售员工，让他们成长得更快，徒弟签单了，师傅收一点辅导费，就是给专家一些提成。这个师徒制有点特别，师徒制好像也是李琪想出来的。”专家（师徒）制后来发展成为主管制。

就在罗庆元因为主管制而迎来自己在铁军命运转折点那个月之后不久，陈国环也开始了自己的主管生涯。陈后来成为赶集网、瓜子二手车COO。

在进入阿里巴巴之前，陈国环据称有一份法官工作。在同事的描述中，陈国环的主管策略和周俊巍一样，是最简单也最有效的：首先是销售员去扫客户，达到一定火候，主管出马收单。像周俊巍和陈国环这样特别强势的主管，需要他们出马的，往往是最难拿下的客户。

陈国环当主管的第一个月，正是SARS肆虐的时候。在很多公司业务停摆的情况下，陈国环逆流而上，主管组当月业绩100多万元，在全国领跑。据俞头回忆，陈国环在2004年只做了9个月主管，主管组业绩便排到全国第二。

能做到这样，除了个人拼命、团队管理得力，也需要一些“知识含量”。陈国环有一个被大家津津乐道的案例。一个大单客户，销售跑了很多次都啃不下来。陈国环到了，开口不说互联网，不说中供产品，甚至也不说客户经营状况，直接说老板“五行缺金”，得做跟金有关的业务……

如此一番，竟然打动老板，单子签下来了。

这一案例多少有些剑走偏锋。在多数情况下，主管们需要动用各种跨界的知识，从心理学到成功学，来评估、打动那些难啃的客户，并且常常有效。像陈国环，对《易经》这类就颇有心得，才会有前述“算命签单”。而这对销售的示范作用是非常明显的，也就是所谓“你说我听，我说你听，你做我看，我做你看”。

有情有义

王德民用力擦了一把汗，但是没用，汗水立刻继续喷涌。8月的北仑港阳光白亮，倾泻而下，像要把人浇筑在空空荡荡的水泥路面上。

他有些后悔。这样的太阳，原本应该早些结束北仑港这边的陌拜，到市区扫楼的。北仑港这种大工业港，都是新修的台资企业园区，到处是大片大片的空地，到中午连个乘凉的地方都没有。市区扫楼，至少有些办公室还有空调。

王德民伸手摸向包后方，拿出大水杯，拧开盖子后，猛灌了一口。凉意扑面而来，紧接着是一股浓重的麦芽与酒精的味道。

酒精的味道过浓了，王德民心想。没有那么好喝，但是立刻就有了力量。水杯刚好装下了一瓶宁波本地的双K啤酒。瓶子商标那两个并排的大写的“K”，像两个大踏步向前赶路的销售。他们是不是也一个月走坏了四双皮鞋，用坏了两个背包？他们是不是也要在烈日下奔走，很晚才赶回宿舍？

一瓶双K啤酒，2003年，是1.5元，一瓶娃哈哈，也要1.5元。既然都是解渴，王德民又爱喝酒，为什么不买一瓶啤酒呢？

多年以后，王德民回忆起在北仑港“喝着啤酒拜访客户”的一幕，仍然忍不住大笑：“买几瓶？只敢买一瓶。那种双K啤酒是很低端的一种产品，就农民工喝，酒精度很高的，像我这种可以喝一斤白酒的人，喝上四瓶也会头晕，很厉害。”

2016年，王德民满四十岁。四十不惑，王德民的脸上，总是带着笑。

王德民进入阿里巴巴时是2003年7月，在宁波入职，当时宁波成立分公司也没多久。在中供，王德民做了三年半的销售、三年半的主管、五年的区域经理，前后换了四个区域，离开中供前往零售通事业部之前，他是中供浙江大区的副总经理。

1999年，王德民大学毕业，没有回安徽黄山的老家，在上海混了一年，2000年到了杭州。家里供他上学，欠了万把元钱，王德民的一点志向，就是找个工作把债还了，另外，“改变自己的命运”。

王德民个子瘦高，眼镜度数不低，理工男造型。他确实也学的计算机专业，也真是理工男性格，不喜欢和陌生人打交道。这对一个销售来说，变成必须粉碎的障碍。

他一开始卖电脑硬件，做了一两年，和一个朋友一起去做一个和基因相关的公司。当时王德民刚刚在杭州失恋，受了很大打击，杭州变成了一个伤感的城市，他要离开杭州，去哪儿都成，有人告诉他，阿里巴巴在招人。

在杭州卖电脑时，王德民的公司就在华星科技大厦。那时候阿里巴巴太没有名气了。王德民所在的公司和阿里巴巴租了同一个仓库，王德民看见仓库里摆着一些纸杯，上面印着“阿里巴巴”，问同事“这是干吗的公司？”同事说“这是楼上一家网络公司”。

面试官是李旭晖，流程很简单，回去的路上就收到面试通过的消息。李旭晖问王德民，敢不敢挑战10万年薪？王德民想，为什么不敢？当时，2003年，中供的销售中，跟马云打赌输了跳西湖的贺学友，已经做到每个月收入三五万元。王德民觉得，这是个天文数字。

“十百大”培训结束到宁波时，王德民身上只有120元，这是他全部的身家。一个早他半年入职的同事与他合租了一间房子，前半年，帮他代交了全部房租。

前三个月是考核期，前三个月出不了单就会被淘汰，但也可以因为一些特殊表现使用一次免死金牌。到第三个月的28日，王德民签了一份4万元的合同，但公司考核是看现金，要到账，光合同不管用。客户是个小工厂，给的转账支票，7天才能到账，7天后肯定出了三个月了。

王德民使用了免死金牌。

王德民记得很清楚，当时求生的欲望非常强烈，三个月实习下来，他已经又欠朋友一万元了。28日签的这个客户，是他把所有的客户都盘点了才找到的，在王德民看来还不是真正的A类客户，而是一线生机。他在公司里见到的是“少厂主”，大学刚毕业，对互联网产品懂一点，所以尽管他姐姐和爸爸都反对，还是签了。后来那个“少厂主”对王德民说，他姐回头还骂他的，问题是签也签了，支票被王德民带走了，也没法反悔——王德民说，如果那个姐姐在，这个单子说不定就签不成。

活下来，慢慢就好一些了。第一年还是没钱赚。2003年结束，就要回家过年了，真的是没钱，他去找同“百大”又同区域的黄辉借钱。

黄辉和王德民，因为租房租不起，有段时间，两个大男人挤一张1米2的床，“睡了好几个月”。两个大老爷们儿，睡同一个被窝。那床被子，到今天王德民还保存着，很薄，薄到只能做空调被。

黄辉回忆，当时王德民开口，“兄弟，过年了，借点钱呗，回家过年”。黄辉说“好吧”，但黄辉也没钱，却不好说没钱，就把工资卡给了王德民，把密码说了，叫他自己取。王德民出去又回来，没好意思取，“卡里只有800多元钱，还给你吧”。最后，王德民还是问其他同事借了1000元回家过的年。

到2004年11月份、12月份，王德民连续两个月的业绩做得很不错，11月份做了大概30多万元，12月份做了47万元，连续两个金牌。这样，11月份就赚了大概两三万元，12月份又赚了5万元，王德民就买了一台笔记本电脑，IBM的T40，12000元，也是下血本了，有一种一夜暴富的心态。当时，他已经与当初导致他进入阿里巴巴的前女友复合，1月份回家结婚。

当年回家的时候，阿里巴巴已经有点名气了——因为非典。村里平时村民抽烟都是两元钱，好烟就5元钱一包。过年的时候，村里的小店会进一条中华，还是硬中华，主要都是王德民买。有一年王德民爱人生儿子，过年没回家，这条烟就卖不出去了。后来他知道这件事，对店主说：“不好意思，我全部买下来。”同事知道这件事，说王德民这是“首富回家”，因为王德民家是皖南山区，在阿里巴巴内网上给他的标签就变成了“皖南首富”。

早期中供的艰苦，让人印象深刻，几乎每个区域都有刻骨铭心的记忆和故事。中供销售团队的衣食住行，在最开始那些年，充满了“苦大仇深”的意味，特别是中国企业对互联网商务没有认可度的那几年，简直可以说“防火防盗防阿里”。“没有最苦，只有更苦”，在《Dream Maker》中，对于细节也有提及：深夜回到出租屋，两毛钱打一壶热水，一半泡脚，一半泡面，是许多中供销售的生活常态。无论在哪个区域，都有“换一双鞋就从出租屋模式自动转换到办公室模式”，近乎大通铺式的居住条件。也有很多销售的公文包是硬壳的，因为他们见到的不是门卫，而是狗，需要用硬壳的公文包挡一挡。被抢劫、被驱赶的案例，在每个区域都有。大炮说，只有做过阿里的销售，才能体会到什么是真正的销售，懂得什么叫情义，什么叫自我成长。

这么说不是没有道理的。当时的穷和艰苦，不能说没有一定的特殊性，在今天，并不一定还那么普遍——简单说，那时很多人要靠脚步丈量一个又一个工业园区，经常会把鞋走破。现在，很多销售已经有了自己的车。

这种艰苦的日子，使团队的情感链接变得更加真挚紧密，使记忆变得更加深刻。而在今天，工作场景的变化和物质条件的提高，令人赞叹的成功，又使对比显得十分显著。这种感觉，对很多中供销售来说，恰与老红军回忆“小米加步枪”的历史非常近似。

Review：丑话当先

曾任阿里巴巴B2B事业群“大政委”的张菲菲还记得当年在浙江大区当“大政委”时，与俞头俞朝翎搭档时发生的一幕。

当时，每次“省长”和“大政委”到各区域出差，总是“联袂出行”。俞头的习惯是提前一个晚上到区域，当晚的日程是和“大政委”一起拉着区域经理一对一地聊。这样的晚饭，到最后一定都是凉得一塌糊涂了，还没怎么动筷子。

有一次，和一个女区域经理Review（回顾，总结），俞头的话说得很直接，很难听，“你就是想成就你自己”“你就是没有利他，没装着别人”。

那次Review从晚上8点开始，该说的都说了，这位女区域经理就是不理解。然而，话必须说透，不然不能出门，于是一直聊到第二天凌晨3点，总算到位。张菲菲之前曾经有过白天Review 8个小时的纪录，但这次才真正感受到Review的“力量”。

同样是和俞头，工号3132的中供销售杨正义曾记下这么一次Review的过程。

> 2005年2月份我正式上岗，第一次正式的Review在6月份。那个时候我是“小个体户”（指18个月以内没有主管直接挂在区域经理名下的销售）。作为一个在江湖上摸爬滚打了三四年的老销售，自然觉得所谓Review就跟以前的述职一样，说说业绩，谈谈计划，表表决心，30分钟就OK。就像这样——
>
> 俞头：聊聊你这小半年的感受吧！我：……总体上我觉得公司的氛围很好，个人的成长空间也很大，目前的业绩只能说60~65分，继续努力，争取下个季度再上一个台阶……俞头点头微笑：兆头不错啊，该表扬鼓励一下，然后提两点不足，就顺利结束了。
>
> 然而，真实的情况是，这10分钟仅仅是开了个头……
>
> 俞头：我们再来谈谈价值观吧！关于客户第一，你是怎么理解的？
>
> 我：客户第一啊，就是做什么事情都要考虑客户的利益，客

户是衣食父母。

俞头：那你觉得你这几个月做了哪些事情是基于客户第一这条去做的呢？

我：……

俞头：客户第一应该这样解读，哪些事情是你的本职工作，你的本职工作是不是得到了客户认可？做到了，只能说是符合期望的，或者说，勉强符合期望，怎么才能把这一点做到超出期望呢？比如……

我点头，其实有点茫然。

俞头：现在我们来谈谈团队合作。关于这一点，你觉得这几个月做得怎么样？

我从郁闷中走出来：我觉得挺好！我从合肥过来才一个月，就和义乌这边的同事打成一片了。

俞头：那你说说看，你跟哪些人很熟？哪些人不太熟？你帮助别人做过什么，别人帮你做过什么？

我：……

空调开得很低，我却背心全都是汗。从来没有那么认真地审视自己，从来没有那么认真地感受别人。这是我第一次知道Review，也是我自认为阿里生涯真正开始的第一天。

Review体系对阿里铁军的影响，比大部分人所见的更深。一位曾经的铁军区域经理这样回忆：

有一个叫作“区域经理”的Review体系，其中一个叫

“3M体系”，即make strategy 、make team、make number，就是策略、团队、结果。策略、团队，一个是对事儿，一个是对人，如何去平衡？

区域经理开始的时候，被老板们玩得团团转。Review的时候，他拿起员工名单，心想：我的业绩做得很好，我开开心心进去，估计老板要问一问业绩是怎么做得这么好的。然而老板突然拿出一个名单，问员工的具体情况，这个员工怎么样了？上个月他说的家里的问题今天解决了没有？那个员工最近的心态怎么样？感觉他们两个业绩有点不稳定，到底心态出了什么问题？……

他把人的问题往死里问，我们平常作为管理人员，是不关心员工，不关注人的，这些我一个都回答不出来，而且即使你想编，当时我们销售的头儿是学计算机出身的，他的逻辑思维非常强。我们有句话叫“你挑战极限”，也就是说你只要是撒谎，一定是会露出逻辑破绽的。而且一旦你是撒谎，你会被他整死，那个时候团队的东西被他问得死去活来。第二个月我把团队的事情都搞清楚了，一上来他又开始问策略的问题了，你就不知道他这次到底是想问策略还是想问团队，你只有做到一件事才能够挡得住他们的问题，就是两者你得平衡，你都得关注。

上文中这位学计算机出身的销售的头，很可能指的就是李琪。

铁军的Review如何开始？李旭晖回忆道：

“Review本身来讲是一个很正常的东西，每个公司都在做，但中供的Review受李琪个人风格影响是非常明显的。最开始是公司CFO（首席财务官）在数字上进行Review，每个月我跟关明生都要参与，CFO是从财务的角度，关明生从管理的角度。后来慢慢转向团队，一开始是数字，2003年开始，策略、团队都要看。”

中供Review体系的特点是“丑话当先”。李旭晖记得大概是2002年关明生提出来的，李琪进行了改良，叫“真话当先”。这也符合李琪的个性，可以发挥得淋漓尽致，所以他会在很多场合强调要讲透。

雷雁群曾经回忆一次与李琪的Review。当时他担任宁波区域经理，五六个月了，业绩始终没有增长，只排到全国第四。后来在海南开会，李琪和敏芝来参加雷雁群的Review。雷雁群试图“讲一些道理”，其实就是辩解，说“宁波没有大家想象的完美，里面还是有一些问题，还需要一点时间”。李琪对雷雁群说了一句很重的话:“这个市场的问题谁也解决不了，就靠经理自己解决，如果经理对市场已经没有信心的话，我们就换一个更有信心的来做。”

铁军气质

铁军团队的气质，是简单、直接、真实。铁军话语的气质，一是有些“粗”，二是有些“土”。

早期的老中供销售，在不那么正式的场合，说着说着，有时很自然溜达出一两句“粗口”，自然到很难说这是“草根”出身导致的习惯。

阿里巴巴本身有自己的“土话”传统。不过，铁军的“土话”更加蔚为大观，更加淋漓尽致，更加自成体系。话语场景包罗万象，诸如：“又猛又持久，很傻很天真。”“没过程的结果是垃圾，没结果的过程是放屁。”“今天最高的表现，是明天最低的要求。”“对得起好的人，对不起不好的人。”“简单的事情重复做，重复的事情用心做。”“愿赌服输。”“定目标，追结果，拿过程。”“正确地做事，做正确的事。”……

铁军甚至有一个《102 句铁军土话》的结集，对每句土话的来历、含义一一进行了说明。

再如经典的“SO WHAT !!!（那又怎样）”这是铁军当年很流行的一句话。碰到挫折和暂时的失败，铁军人会豪情地说一声“SO WHAT”，还要大声喊出来。

比如“梦想不足以让你到达远方，但是到达远方的人一定有梦想！”这句“土话”便出自马云之口。马云当时说：“喜欢阿里同事有梦想，阿里巴巴员工的梦想是什么？梦想别太大，别去讲为什么奋斗终生，那没意义。年轻人的梦想，我想有点钱，我想买个房子、买辆车，我想讨老婆，我想嫁人，我想生孩子，太好的梦想，这是实实在在的。”

一个团队的气质，总是与它早期指挥官的气质非常相近。

说到对铁军的影响，马云自然排在首位。很多铁军销售将马云看作铁军的“第一销售”。马云给了铁军生命。

甚至在一些很小的细节上，马云也会对铁军的销售言传身教。中供明星销售文波记得,有一段时间，马云常和中供的明星销售一起打牌,“三扣一”这一类的，或下四国军棋。文波印象特别深的是，马云会通过打牌来看人，看人的团队合作精神，看人的判断能力，看人的状态，功利心强不强，也会聊一些工作细节。到今天，文波在很多管理上仍然效仿马云当时的一些做法。

另外一个对铁军影响很大的是关明生。他对价值观的坚持，使铁军有了魂魄。

而对铁军的气质，特别是“话语文化”影响最大的，应该就是李琪。那句“没过程的结果是垃圾，没结果的过程是放屁”就是出自李琪之口。

波特·埃里斯曼曾经这样形容他曾经的上司李琪：“他个子不高，长得粗壮，戴着大号的黑框眼镜，看起来有些像Run-DMC（美国黑人说唱乐队）的中国成员。他声音低沉、沙哑，他尖锐，开着稍微有些粗俗的玩笑，开会时逗得员工前仰后合，但他性格的另一面则异常强硬。和马云开明、和气的风格不同，李琪关注并且只看重行动和结果，过程漂不漂亮对他来说没什么意义。”

李琪似乎很善于用一些看起来不那么高大上的玩笑来调节气氛。广东的黄榕光至今仍记得，当年李琪在会上打趣他不知道怎么使用ATM（自动取款机）的场面。当下属做事与期望相距太远，李琪有时会批评得很直接。阿里巴巴B2B事业群1688销售服务总经理杨猛至今记得，当年做销售时，在一次会上，李琪把杨猛的会议记录本拿去翻了几页，勃然大怒，直接把笔记本掷向杨猛：“这记的是什么东西？”

不过，曾经担任中供总经理的吕广渝认为，其实“简单粗暴”的语言风格只是表象。这种话语风格，很大程度上是李琪有意为之的。他对业务本质的理解很透彻，相信在互联网行业早期，首先要解决的是从游击队到正规军的问题，队伍的执行力、整齐划一、没有杂音，就非常重要。不使用一些“简单”的手段，完全靠制度流程，也没办法往前走。

结合当时团队的特色来看，早期中供销售多数都出身草根，“太文明”的语言和方式，真不一定是最容易沟通的语言和方式。吕广渝认为，从这一点，李琪的话语风格是基于他对人心和人性的认知的。

对于组织建设，每次经理晋升谈话，李琪都要亲自参与，亲自参与的过程当中他讲得非常简短，可能只有5分钟，但是一定要把这个人叫过来面对面交流：“你晋升了，说明你过去做得不错；反正我丑话跟你说清楚，干得好就干，干不好还要再下去，这是第一个观点。第二个是什么？我们的纪律性、我们的价值观，反正你现在做经理了，你就要拉得下脸来执行这些东西，如果你自己执行不了，要么是员工下，要么是你下。”

李琪在管理上的强势似乎显而易见。他会在下属刚刚分享经验后，直接在台上宣布对他进行处罚。

曾经有一个区域经理由M2被降到M1的故事，在中供广为人知。[①]

某区域经理甲准备提拔一个主管乙，但乙的背景他其实是知道的，按当时中供的老规则，他已经两次被降级，不可能再晋升做主

---

① 阿里巴巴的管理层从M1至M9分为9个层级，M1层级最低，为主管，M2为经理。职称都归纳在P序列，从最低级P1到最高级P4。——编者注

管。但甲仍去找乙谈，说你业绩做得其实还是蛮好的，我是没什么问题，我再去问一下公司，我问一下（上级）丙，再问一下总公司的意见。甲问过丙，丙也找李琪确认了一下，李琪当时把丙臭骂了一通，说“这种事情你不需要向我来申请，制度是什么样就是什么样，除非制度改变，否则按制度执行”。

丙回去对甲讲了这句话。区域经理甲找乙去谈，说：我跟公司申请了，个人是觉得没什么大的问题，但确实公司制度是不允许的，公司老板我问了，也不同意。

乙有些不满，写了一封邮件到公共信箱，当然也会转给李琪。之后有一次开区域经理会议，在西湖旁边一个餐厅吃饭，饭后，李琪把甲和丙留下，三个人就在酒店门口草坪上，李琪非常直接地问甲，有没有说过那种把责任上交的话，甲承认了。李琪直接说，好，知道了，对你做出一个决定，从M2降到M1，工资也下降一个档次，丙一年之后对你做评价，如果评价里面你没有改进，你就降职，做销售去，如果说评价过关了，那一年之后恢复你的工资。一年之后，甲才恢复了职级。

对于类似的“责任上交”，李琪处罚过不止一个人，这种严厉的管理，让组织的每个层级都不得不担负起应有的管理职责。

不过，李琪其实很低调，不大喜欢在聚光灯下表达。对于下属的工作，他介入也不是很深。据吕广渝回忆，那时经常很久都接不到李琪的电话——一旦接到，可能就是工作有问题了。

李琪对原则非常坚持。他曾说过一句话：“公司不是为了赚钱而搞几个口号出来，这些东西如果我们都做不到，怎么要求别人？这些价值观是从领导层的行为准则里抽出来的，我们大家首先都要是这样的人。”

敏芝印象中的李琪，是一个“活得很真实很自在的一个人，人又聪明”。李琪很清楚自己的聪明，他曾经说过一句话：“我去做任何事情都可以做得很好，我去做厨师也能做得很好。”但李琪的管理风格并不是一味强势，他不怕得罪人，原则性很强，可很多事情也会技巧地处理，不会那么死板，并且会想很多方法达到目的。对铁军的很多人，李琪是一个让人“又有点怕，又很尊重，又很喜欢他”的人。这种特点鲜明的管理风格，也影响了中供很多管理层。

第六章

狭路：赵伟一看，他也没三头六臂

知人者智，自知者明。胜人者有力，

自胜者强。知足者富。强行者有志。

——老子

狭路相逢

很多年后，雷雁群回忆起那个狭路相逢的场景，依然如在眼前。

在永康，雷雁群去陌拜一个做电工工具的客户。老板办公室里有两个人，除了老板，另外一个人穿得很齐整，神态自若，和老板很熟的样子，看起来像销售经理。

雷雁群按照事先准备的说词，向两个人介绍了阿里巴巴以及“中国供应商”，老板和那位“销售经理”耐心听完。介绍结束，“销售经理”开口了，对雷雁群的介绍提出了很多反对意见。

他说：“阿里巴巴的询盘量比较低，网站不是很正规，因为阿里巴巴的网站偏活跃一点，上面都是小客户，成交量很低，过来也是小单子。阿里巴巴相当于一个快捷酒店，两三星级的，住着会掉价。”

“环球资源才是五星级酒店。”这位销售经理最后说。

雷雁群有点蒙。这些反对意见说得很专业，之前，他从来没有在客户这里遇到这么专业的批评。有些确实没错，比如网页设计，雷雁群知道，环球资源的网站页面设计是欧美风格，白底，干干净净，不像阿里巴巴的网页风格，色彩向来都很丰富，也有人说“花里胡哨”的。

雷雁群迅速开始组织防守反击。

他说起曾经看到的一个数据，环球资源的成交率也是非常低的，它的大客户，有效果的大概只有10%。然后雷雁群跟他分析了环球资源和阿里巴巴的区别，其实环球资源是以展会和杂志为主，互联网只是做个补充，阿里巴巴是做互联网的，互联网一定会替代展会和杂志，这是一个历史趋势。雷雁群说，环球资源以展会和杂志为主，虽然有一定的积累，但效率不够。互联网才是未来的主流，未来所有的东西都会到互联网上去。

雷雁群说，当时自己其实并不确定这个回答是不是那么正确，但是在客户这里遇到了这么明确的贬抑的看法，而且这么专业直接，你不做一个回应说不过去。

和客户聊到快结束的时候，客户终于讲了一句：“这位是环球资源的某某。”

雷雁群想，终于碰到了。

后来成为五矿阿里钢铁平台CEO的赵伟，2003年时在温州做销售，也有与雷雁群类似的场景。他“撞见”的据说是环球资源销售团队中的第三号人物。客户很郑重地介绍这位环球资源的销售多么厉害，赵伟一看，“长得也就这样，挺普通的，挺瘦的，小平头，说话有点小文绉绉的，也没三头六臂”。

黄辉记得，同在宁波的一个“百大”女同学打电话过来诉苦，说被客户的业务经理赶出来了，挡着她，不让见老板。几个人火了。“她在梅林，我、甘才艳、王德民三个人全部杀过去了，点名要见领导……我们长得也不像好人，那个业务经理也吓到了。后来，知道是业务经理想与环球资源成交，这个单子挺大，要签20来万元的合同。最终，这个业务经理还是分了一半业务给‘中国供应商’。”

对初期的“中国供应商”直销团队来说，战争总有对手，在前线，他们最常遇见的对手就是环球资源。

在早期，环球资源是劲敌。大炮说，至少在他刚开始从事销售时，“看到环球资源，感觉就是肯定搞不过它，因为它那个东西很专业，客户就说，‘你看看你，看看别人，人家穿着西装，你们没有的，人家拿出来一台电脑，你们没有的，人家有专门的sale case（销售案例）的册子，你们没有的，你们只有一张纸抖一抖。’”

从客户那里回来，雷雁群就和团队成员仔细分析环球资源和阿里巴巴的区别，他们发现，市场的机会还是很大的。当时，环球资源做大单，最低的8万~10万元，高的100万元。2001年的100万元是什么概念？作为一个工厂，现在拿100万元出来做推广也蛮多的。环球资源把价格拉得比较高，而当时“中国供应商”的产品价格是3万多元。价格上的差异留下了很大的生存空间。

赵伟说：“那时候算无知者无畏，整天就是研究说词，研究怎么去攻下这个客户。我们问客户：‘你用环球资源这么多年来，前面的感觉和今天的感觉怎么样，未来的感觉会怎么样？’有针对性地去打。我们一个很大的快感也来自拿下环球资源的客户，把这个当本事的。”

大炮则牢记马云的一句话：文化的东西要做实，理念的东西、信任的东西要把它变现，要参与进去，要到细节里面去，而不是简单地相信。大炮和客户走得很近，经常到客户那里去，帮客户修电脑、杀毒，想方设法跟进，天天拜访。大炮刚去义乌时，住在幼儿园楼上，和老师认识了，后来老师介绍了一些做生意的家长，有些成了中供的客户。

陌拜的作用确实不小。环球资源强调预约，强调客户的认知，分析需要多久之后再去跟进。“我们哪管那个，今天跟了半个晚上，明天路过，上去打个招呼，过两天又来了，你根本提防不了，我就在你面前突然出现了。土归土，但我们这些人都很朴素，很朴实，很多时候我们是用勤奋打动客户。”赵伟说。

环球资源

阿里铁军的前线销售遭遇的环球资源，是中供直销团队最早面对的对手之一，某种程度上，在相当长时间里，是主要的对手。

在这个世纪初期，互联网浪潮蓬勃兴起的时候，在互联网这片蔚蓝的海洋中，绝不仅仅阿里巴巴一艘船在航行。

美国加州的一家公司创办了 B2B 模式的美商网，并从 IDG（美国国际数据集团）那里获得了风险投资。差不多在一年之内，美商网就募集到 4000 多万美元。“在北京，美商网创始人曾宣称自己与中国的信息产业部有特殊关系。”邓肯 · 克拉克在他的《马云和他的 102 年梦想》中这样写道。就在 1999 年 4 月刚刚成立时，该公司即对外宣称自己是“中国首家政府扶持的企业间电子商务互联网门户网站”。

在接下来的几个月时间里，美商网在中国境内共开设了 9 个办事处，招聘的职员超过了 250 名，并相继与邓白氏公司和西联汇款等一系列著名企业签署了合作协议。

中国政府所扶持的 B2B 网站也在快速发展着，包括马云曾经帮助建立的 Chinamarket.com。邻近的江苏省也不甘落后，推出了自己的网站，叫“中国制造网”（Made-in-China.com）。“中国制造网”直到最近仍然作为“中国供应商”显眼而威胁不大的对手存在，比很多其他的竞争对手活得更长。

2000 年起，美商网在中国北京、上海、深圳、杭州等地相继举办大规模的电子商务暨贸易洽谈会，将日本松下、佳能等知名品牌请到中国，与 3000 多家中国内地优秀供应商进行面对面的洽谈，落实总计 50 亿美元的订单。

为吸引买家，实现国际采购商与中国供应商沟通对接，美商网还开发出适合中国对外贸易的电子平台“贸易先锋”，帮助供应商按照国际市场的需要，展现自身的产品和实力，并在美商网支持下，通过在线与离线相结合，简化商务谈判流程，提高成交率。

美商网的注册海外买家超过两万余家，在中国内地辐射联系的生产商、供应商多达 4.3 万家。美商网的“买家带卖家”战略，引起国际电子商务业界的广泛关注。

然而，由于长时间不盈利，美商网高层多次换血，最终宣布关闭。

美商网曾经是 B2B 电子商务领域的“一哥”，它的兴起与倒闭成为 21 世纪初中国电商界的重要话题。美商网为阿里巴巴培养了很多员工，有人甚至说是美商网造就了阿里的今天。

不过，“中国供应商”当时最大的对手并不是那些打着新兴经济旗号的公司，而是一家老牌的贸易杂志出版商——环球资源。这是一家有着30多年历史的老牌公司。

1971年，韩礼士和他的伙伴们推出第一份贸易资讯报告时，他就将其定位成一个B2B服务提供商。1995年，环球资源推出B2B电子商务网站。2002年，环球资源推出贸易展览会。

在2000年，马云第一次登上《福布斯》封面的时候，在当期内容中，与阿里巴巴并列全球B2B业务最佳网站的，就是环球资源。

环球资源的老板韩礼士，生于美国内布拉斯加州，1965年起移居亚洲。他深居简出，习惯住在他的游艇上。那艘艇长160英尺（约合49米），常年驻锚于菲律宾。他最早成立的公司叫作“亚洲资源媒体集团”，主要工作就是编制贸易目录。这种厚实的目录里面收录了各种亚洲厂商的广告，商品门类包罗万象，有电子产品、计算机产品、手表、玩具、运动器材等，然后他们再将这种目录寄给沃尔玛这样的西方买家。“亚洲资源媒体集团”这个名字后来成为阿里巴巴内部一些销售给环球资源起了“鸭子”这个绰号的由头。

每年该杂志都能促成数亿美元的订单。由于不愿意让获利丰厚的线下业务受到影响，韩礼士在筹划互联网业务的时候也有些畏首畏尾，他对B2B网站深感不屑：“供应商和买家还是喜欢用传真机的，因为既便宜又方便。”但在马云看来，环球资源的模式还是传统经济那一套，根本没体会到在线贸易的本质特点：“它其实是一家出版企业（而不是互联网企业）。”

韩礼士回敬道，阿里巴巴其实只有“一英里宽，半英寸深”。

当中供销售与从衣着到专业程度都更“高”一筹的环球资源销售狭路相逢时，反而被激发了斗志。当然，他们听从了老板的指引，尽管是必须要打败的对手，但他们并没有把他们当成敌人。“从不把竞争对手当成敌人，也从不带着仇恨去竞争”，使得他们能专注于业务的较量本身。

曾经，阿里巴巴的客户特别喜欢将阿里巴巴与慧聪网、环球资源网等网站进行比较，马云也因此经常面对客户的诘问。在不断地解答中，马云向阿里巴巴的客户及大众传达了阿里巴巴最独特的东西，正如他所说：“没有竞争对手是很孤独的。”在竞争面前，马云喜欢跳出思维的框架，换一种思维方式来看待竞争。而对待竞争对手，马云也曾经说过：“在路上，越走越孤独，因为路上的行人越来越少。企业做得越大，其实就越寂寞。”

分享

战友们：

这里有一个典型案例和大家分享一下。

公司在永康有一家供应商客户叫永康鑫煜不锈钢制品有限公司，是2001年2月签约的，当时和环球资源竞争得很厉害，这家客户后来转给了伟业的罗建陆继续跟进。但他在永康拜访客户时，经常听环球资源的客户经理说“阿里巴巴没效果的，不信你们去问一下鑫煜……”。罗建陆自己也给那家客户打过电话，客户在电话里对效果也是不置可否，所以他心里对这家客户很害怕，不敢再上门。

这种情况持续了有大半年，这期间因为这家客户的原因，永康的几个同事还经常嘀咕“永康市场很难跑，环球资源在那里太强了，我们的效果……”。除了这些隐性的影响，还直接导致了一家客户没有和我们签约，一家客户签约后迟迟不愿意付款！

2002 年 1 月 17 日，阿探在永康时听说这家客户的情况后，叫罗建陆陪他一起去一趟，结果出乎所有人的意料，这家客户的效果很好，不仅有许多反馈，而且有成交！后来这位客户自己说“效果还不错，但不希望有很多竞争对手都上去和他竞争，所以别人问他效果时他就……”。而且对环球资源而言，当时输给我们就非常沮丧（这家客户他们以前跟了 2 年），现在有这个机会还不好好利用添油加醋一番？

结果是：永康鑫煜非常爽快地和我们续了约并表示了歉意，罗建陆拿着这份续签的合同到处叫嚣：“阿里巴巴在永康的续签率是 100%，环球资源敢这样说吗？”于是，一家签约后心存疑虑、迟迟不付款的客户立马把钱付给了我们！

最后想说的是，以后大家碰到这类情况时千万不要被一些表面现象所迷惑，尤其是关于效果方面的，这样的案例太多了。不管怎么样，努力去关心我们的客户，理解他们，这会帮助我们得到其他的合同！如果大家有一些很头痛的客户，立即行动起来，回访他们，也许你的难言之隐会一访了之！

这是周岚的分享，她是中供最早期的销售之一。可以看到，在当时，铁军的动员是非常彻底的。

阿里销售的运作机制，也尽最大可能辅助销售人员完成高效任务。

从销售与客户的初步接洽到签订合同、回款，阿里将整个销售过程划分成十分精细的流程，销售人员只需按照步骤操作即可。首先，阿里CRM（客户关系管理）系统将线索池中的销售线索分给销售后，若特定时间内销售并未跟进，线索则会被收回并分配给其他同事。这无形之中给一线销售施加压力，拿到线索后，必须尽快跟进——要么转换为客户，要么关掉销售线索。其次，为保证线索分配合理性，管理层每天通过CRM为每个销售人员分得30~50个客户。若销售人员认为某条销售线索有更高的成单概率，可放进自己的“个人池”，但同时需要从自己客户私池里退回相应数量的客户线索。

这样做的好处，一是让销售人员集中精力到所分配的客户身上，集中攻破最可能成单的潜在客户，提高成单概率；二是让没有任何资源积累的销售新人可以从销售线索池中提取线索，杜绝“销售大侠”大包大揽，而新人销售无处着手的现象。

铁军销售与其他公司销售最大的区别还在于更加依靠团队和组织的力量。

7点钟创始人、CEO朱磊，2004年入职阿里巴巴，曾担任阿里巴巴深圳分公司、阿里巴巴北京分公司总经理。他这样描述当时铁军销售的日常情况：

> 我们的员工一般是8点钟到公司或者办事处，把客户资料打印出来，排好当天路线。到9点钟，在别人刚刚到公司上

班、泡一杯茶的时候，我们的员工已经把所有的东西都准备好出发了。中供销售的工作在上午9点到下午6点间是与办公室无关的，都用来拜访客户。

午饭时间，在城市市场还好，在一些偏远的市场，比如永康这种地方，有很多工厂企业就在田间，所以每个人包里就背着矿泉水，带着面包，以防那儿没有吃饭的地方。有的时候可能在饭馆里面稍微坐一会儿，眯一会儿，下午继续拜访。晚上6点回到公司，团队凑到一起分享：白天遇到一些什么类型的客户？什么样的客户有怎样的反馈意见？怎么样处理比较好？大家交流学习，再一起团建，比如说一起吃晚饭。之后再写日报，把东西写出来，录入系统。然后再开始收集第二天要用的客户资料，基本上到晚上10点才会结束。之后，很多员工带着电脑回家，洗完澡，躺在床上，再收集一点资料，打算第二天尽可能多拜访几家。这就是一整天。

阿里巴巴“独孤九剑”里有教学相长和群策群力，“六脉神剑”里有客户第一、团队精神和诚信，所有这些都是销售团队的灵魂。和同事配合，讲究团队精神，老帮新，经验、资源分享，对同事坦诚，对客户诚信——这些已经成为铁军的传统。

阿里巴巴的销售之间，老帮新司空见惯，主管帮员工、上级帮下级更是常见，不但传经验教技巧，而且给资源、带你上门，这也是文化的力量。经验、资源、信息能做到无偿共享，仅此就与很多公司形成了巨大反差。在很多公司的销售团队，老销售欺负新销售，“老人”霸占、垄断资源是常态。

李旭晖记得，他刚来的时候，马云在阿里巴巴“遵义会议”上问了一句话：“这个团队要怎么提高？”李旭晖回答说，根本的一个问题是，团队要快速复制，就要建立分享机制。当时很多人觉得这怎么可能，但后来证明，这种分享可以做到，而且一直传承下来。

分享最早是从杭州和金华团队开始的。杭州团队的分享机制，源自当时锁定了竞争对手环球资源，因为它的客户比较好签，在分享中就会有一些反对意见。比如到环球资源客户那里，人家有杂志，有光盘，有展览，效果很好，你阿里巴巴有什么东西？类似这种问题，先带回来，再讨论，分享打法。到后来，就演变成每天工作回来总结分享。

分享是销售最好的学习方式，也是最有助于团队成长的方式。提升是从面对反对意见开始的，反对意见不解决，销售自己对公司、对产品都没信心，碰到问题都不知道怎么回答。

李旭晖认为当时杭州和金华区域有非常好的团队气氛，促进了分享机制的形成。“很傻很天真，又相对比较单纯，分享观念当然可以接受。大家都分享，你不做就很奇怪了，作为文化就容易传承下来”。

“指哪儿打哪儿”

狭路相逢勇者胜，军纪严明者胜。铁军以执行力强闻名。超强执行力的一个体现是“指哪儿打哪儿”，这就不能不提到铁军另一个有军队文化特征的传统：区域调动。

自铁军建立之日起，区域经理以上层级的管理人员全国范围内调动，就作为一个基本经验被总结、沉淀下来。区域销售主管和经理的调动极为频繁，少则几月，多则一年，平均半年调动一次。

李旭晖曾这样形容区域调动："现在的大区经理都是从一线销售走过来的。调动让他们重新归零，重新开发新市场，随时整装待发，一声令下就出发。从上海调广州，从厦门调青岛，从宁波调深圳——频繁调动，每次调动都牵扯到家属和人脉关系，每个人都是两三年调了五六个地方。调令下来很仓促，反应时间有限，这些区域经理听到调动，基本上一天之内搞定。他们接到调令的第一句话就是：什么时候出发？"

阿里巴巴的销售都是从零做起的。多少心血，多少付出，好不容易才打下一块"地盘"，客户有了，人脉有了，资源有了，队伍有了，但一道调令，很快把你调到一个新区域，一块未开垦的处女地，一切都得从头开始，有的撇家舍业，有的举家迁移，但他们居然毫无怨言，居然不计较利益，这就是文化的力量。

区域经理负责一方销售，以销售行当的性质，一个区域主管做得太久，出现问题的可能性和诱惑当然都会加大。但对阿里巴巴来说，"轮调"制度更多的是为了培养和锻炼管理者。

中供强调提供给管理人员不同的工作应用场景，不断更换自己的工作地点。线下业务的特点就是没有标准化。每个城市，每个区块，人、商业环境和业务的形态，本地化之后都有很多不一样的地方。不断调动，其实是在不断磨炼人的心智。因为调动的时候，会突然从一个熟悉的环境调动到一个不熟悉的环境，那时候面对的挑战就很多。

大炮方永新在义乌几年，“被迫”调动到北京担任区域经理。“到北京去了以后，才发现自己的成长很快。突然明白，很多时候多调动一下，多看看不同的岗位，不同的视角，其实成长是无形的。”

现任中供浙江大区总经理郭坤坤做区域经理的时候，平均一年调动一次区域。他去过萧山、金华，也去过上海。上海和金华就是迥然不同的市场。上海是高度商业化的一个城市，又是高度理智的城市，而金华是中供扎根扎得最深的区域，和客户之间的互动最频繁，最有味道。把区域经理从金华调到上海，就要面对很多挑战，销售策略和风格会发生很大变化。在上海套用金华的销售方法，会很累，还不一定玩得转。

而刚刚从中供转到村淘的张斌，2016年，他到中供刚满10年，其间已经换了11个城市。到村淘后，他来到杭州，这是他在阿里巴巴的第十二个城市。

从中供转到零售通的王德民，此前做区域经理五年，换过四个区域，基本也是一年换一个区域。从金华区域调到宁波区域那次，已经到12月31日，年底“大仗”已经打完，兄弟们都很关心“老大”会不会走。王德民说：“应该不会，挺安全。今天已经31号，至今俞头也没给我打电话。”俞头那时候是浙江大区的“省长”。晚上聚餐，庆祝“继续共同战斗”，喝酒到晚上10点，俞头电话来了：“准备好，去宁波。”在外面接完电话，王德民进去：“兄弟们，再喝几杯告别酒吧，我要去宁波了。”

中供“北大省长”（北方大区总经理）王秀娟说，在中供“选择管理这条路，还要管理好家人的期望值，（因为）必然不会让你永远在一个城市，不会那么安逸，一定会有调动，一定会有很多这样的问题，双方达成共识了，事情来的时候，就不会觉得挺突然。家里人对我的工作非常支持，就没有那么多的牵绊了”。

现任中供华南大区“副省长”谢德忠，是2007年4月1日晋升为区域经理的，随即从福建去武汉开拓新区，在武汉待了五六个月，2007年9月份又调回福州，2008年9月份再调到南昌，2010年1月份调到广西，2010年10月份再度调回武汉，2013年1月又调回南昌，直到调到广州工作。

2007年4月，谢德忠到武汉开发市场的时候，老婆已经怀孕四个多月，大儿子是8月5日在武汉出生的。8月29日，谢德忠接到公司电话，要把他调回福州，处理一个重要事件，9月1日上岗。那时候，谢德忠妻子月子没过完，还躺在床上。

这么多年，每次调动，谢德忠都是“一部车带着老婆和娃”，所有家当就在车里面。谢德忠的大儿子在三个地方读的幼儿园：在江西读的小班，广西读了中班，在湖北读大班。

生老大的时候，谢德忠在武汉买了一套二手小房子，住了半年，要调走了，觉得不可能再回武汉长住，不久就出手卖掉了，因为谢德忠夫妇不是武汉人，阿里巴巴也很少这种先例，从一个区域调走之后再调回来——没想到，两年之后，谢德忠真的又被调回武汉了。

家人随军“南征北战”的日子非常辛苦，但谢德忠完全理解：“这就是阿里一个非常重要的文化特色。今天很多公司的一个管理层调动，下面的人全部会换一遍。但今天去中供全国所有团队，会发现团队的味道都是一样的。管理者调动只会带来不同的管理风格，带来新经验、新方法，文化方面不需要更多的适应过程。正是因为有意识的调动，才让这个团队活力十足，管理者本身也会有很大的收获。今天说句实在话，如果两年里我一个位置也没动过的话，可能我自己也要离开了。”

当然，在中供的人员调动上，也会尽可能照顾到一些具体的困难。有些真的为了家庭，选择了相对安逸和稳定的生活，不愿调动。虽然公司对他们不会有特别的处理，但成长性确实会差很多。如长期在宁波区域不动的苏斌就是如此。中供一贯的理念是给人提供舞台，包括在不同区域磨炼提升的舞台。这种执行力，并不是靠强压获得的。

完胜

“环球资源和阿里巴巴，就目前这个战果，如果全部影响因素为 100 分，那么，行业大势/战略、文化/战术、人，这三个方面，你愿意为每个影响因素赋予多少分？”

“我的感觉，应该是 10，30，60。”

金品喝了一口茶，沉吟良久，给出了这个答案。

金品在阿里巴巴的工号是 348 号，是中供最早的一批销售之一。1998 年 3 月到 2000 年底，他是环球资源的销售。加入中供后，他一度又回到环球资源，并二进宫回到中供。对于与环球资源的那场遭遇战，他比大多数人更有切身的感受。

赢家是阿里铁军，这个答案没有悬念。

问题是，阿里铁军凭什么赢?

有很多因素，比如阿里铁军超强的执行力、凝聚力，分享机制带来的快速进步，以及“苦大仇深”的起点给销售们带来的对成功和财富的渴望。

这些当然都可以作为某种解释，但也不能够说明一切。

在采访中，他们都更愿意提及当年与这个看起来一度难以逾越的对手的差异：对方强调必须穿西装打领带，拜见客户必须预约，甚至出行有车……就像“小米加步枪”的“土气”与“武装到牙齿”的“洋气”，双方反差很大。

但是，金品对这个说法持保留意见，他没觉得在这方面差异有那么大。据在温州区域做过销售的杨猛回忆，2002 年初刚到温州，他们也都按照要求“西装革履”，后来发现，在“长三角”一带，老板们都比较朴实，穿西装打领带反而容易被当作骗子，后来区域内打了招呼，拜访客户不再着正装。

像这样对客户偏好的细节把握还很多。杨猛回忆，当时在温州的中供销售，口袋里都有一包中华烟，自己舍不得抽，给老板递的，因为温州老板只抽中华烟。在广州，牌子则变成了双喜。温州老板喝啤酒当时只喝百威，皮带都是鳄鱼牌的，中供的销售也都去搞了一条……

滴滴出行CEO程维也认为，可能在一些区域，因为客户与市场环境的影响，中供有意穿得比较“土”，不能一概而论，比如程维曾经待过的北京区域、上海区域，要求还是比较正规的。

甚至环球资源也有类似阿里巴巴“百大”的培训，为期两周，只不过“企业文化和价值观没有写下来”。

金品认为，环球资源的另一个致命弱点是管理层没完全本土化，高层都是欧美的，高管大部分都是中国台湾、香港的，这对环球资源有很大影响。同时，中供的技能培训见效很快，“客户第一”做到极致，要结果的能力极强。

在网上，也有帖子说：与环球资源比较，阿里最大的优势是它的网站流量，它是三个平台中的NO.1。2014年阿里巴巴上市带来的效应，在短期内冲击了竞争对手环球资源和中国制造网。阿里巴巴的整体搜索流量在近十年来远远超过了环球资源，呈现稳步增长的趋势，其中在2009年和2010年增幅明显，之后回归稳步增长。从网站日流量、客户的平均停留时间、在网页的平均浏览页数、网站平均跳出率来看，阿里巴巴也优于环球资源。

在所有B2B服务提供商中，环球资源和阿里巴巴一度是最具可比性的两家公司。尽管2006年时两家公司的销售额和盈利还相差无几，但一个阿里巴巴销售说，从2007年开始，忽然之间发现，自己已经很久没有关注环球资源这个老对手了。2007年阿里巴巴B2B刚上市时，在媒体上还可以见到“环球资源酝酿反扑”之类的报道。但在很多中供销售心中，后面的大部分“战争”都是与自己作战，那个强劲的对手已经无法构成致命威胁。

2017年5月23日，美国上市公司环球资源签署协议，合并成为Expo Holdings全资子公司，Expo Holdings是全球顶级资产管理机构黑石集团旗下公司。这是那场早已结束的“战争”最后的尾声。

第七章

明星：关明生给百万俱乐部成员都写了诗

历史上任何伟大的成就都可以称为热情的胜利。没有热情，不可能成就任何伟业，面对无论多么艰难的挑战，热情都赋予它新的含义。没有热情，我注定要在平庸中度过一生；而有了热情，我将会创造奇迹。

——奥格·曼狄诺

黄榕光

2016年6月11日是黄榕光的生日。黄榕光在珠江上租了一条游轮，客人有一百来位，大部分是在中供工作10年以上的老同事、老兄弟，包括俞头、雷雁群、孙利军、郭卓琼……

珠江游轮上的高潮，是集体观看马云专门为黄榕光生日录制的一段视频。这段视频马云用“钉钉”发给了黄榕光。在近3分钟的祝福中，马云说了很多带感的话。

在中供，大家喊黄榕光“老黄”。他确实老。他加入阿里巴巴时已经35岁，当时阿里巴巴只有马云年纪比他更大。他从一个普通销售做起，最终成为中供的传奇人物，在退休后仍能得到马云的生日祝福。

黄榕光进入阿里巴巴遇到的第一个领导，是他“6岁玩到大的玩伴”陆兆禧，时任阿里巴巴华南大区总经理。他们在广州曾经住同一栋房子，所谓“七十二家房客”，黄榕光家住前面，陆兆禧家住后面，直到陆兆禧读大学才分开。

陆兆禧于1999年加入阿里巴巴集团，受命组建广东销售大区。他把黄榕光拉入团队，2001年1月29日，黄榕光正式入职。

中供直销团队正式组建后，直销大战打响。2002年8月22日是黄榕光妻子的生日，那一天，黄榕光率先实现了年销售额过百万元，中供的“百万俱乐部”有了第一个成员。接下来，是王刚、罗建陆、贺学友……

来阿里巴巴之前，黄榕光开过一个小工厂。黄榕光解释，可能因为有这个经历，他和老板接触时更容易沟通。毕竟中供早期招的多是应届毕业生，年纪轻，社会阅历有限，和企业客户接触有些困难。

老黄做销售从来都“理直气壮”，因为“对客户有帮助有好处”。每次去拜访客户，老黄都用心研究客户的企业，分析企业的状态，提意见，客户都很希望老黄上门。很多销售见老板很难，但老黄很容易。

人熟了，又信任，老板们也都愿意把朋友介绍给老黄。老黄跑业务的模式也变得不一样了——他的方法不是单纯去跑业务，而是把客户变成自己的销售，所有的客户都是客户介绍的，做得自然轻松。

2000年到2001年前期，销售主要靠打电话。当年单个销售人员的全年业绩也就是三五万元，做到6万元就可以成为金牌销售，比如业绩最好的朱国红、周岚、程钦等人。在中国黄页时期就追随马云的周岚后来回忆：“2000年底，公司有了盈利的模式，开辟了‘中国供应商销售团队’，我被调入销售部门，最后有幸摘取了第一年的全国销售冠军。”周岚后来被调回后台，做马云和关明生的秘书，2003 年成为淘宝最早的 8 个创业团队成员之一。

2002 年初，阿里巴巴在招商宾馆举行Kick off（项目启动）会，上台领奖的三位都是女孩子。不止一位后来的金牌销售说，当时觉得“受到了刺激”，其中一位后来的传奇销售当场就和另一位同事击掌为誓：“明年一定不是女孩子上台。”

中供销售“百万俱乐部”横空出世，对急欲“赚一元钱”的阿里巴巴来说，无疑是振奋人心的。一向以喜欢写打油诗抒情明志、激励队员的关明生，当面为老黄赋诗一首：

夏末秋初胜未分，各地群雄竞争临。
日进一石黄夫子，百万会员第一人。

黄榕光虽然学历不高，可也不含糊，读到关明生的“赠诗”半小时后，就回了一首打油诗：

南粤大炮轰轰响，无数老板直叫爽；
阿里春风吹过处，报关出货收钱忙。
顶级团队巧布阵，前锋同仁齐拍掌；
若问全年Top奖，独领风骚定属黄。

自此后，每有一位“百万俱乐部成员”诞生，关明生都要赋打油诗一首，最后居然成集。

第一个“百万俱乐部”的成员，提成总是少不了的。每次老黄去杭州，马云都说：“老黄，财神来了，要请吃饭。”2002 年，黄榕光在杭州请马云、关明生、李琪等一起吃了个饭，一桌 30 多个菜，只花了 1000 多元，老黄感叹：“那时杭州消费水平真的很低。”

但有意思的是，作为第一个“百万俱乐部“成员，黄榕光却从没有拿过全国销售第一，多年里在第二和第三名间徘徊。彭蕾问过他：“老黄，你为什么没有做第一呢？”老黄的解释是，他“不是纯粹为了第一而做第一”，最重要的是客户，他要对客户负责，不会让客户花冤枉钱。他的客户数够多，如果他要他们签大单，肯定是全国第一了，但他觉得，如果对这个客户来说，签相对小的单效果是一样的，为什么要让他签过大的单？

在中供，不止一个人受益于黄榕光的陪访，包括后来担任中供大中台总经理的曾冬，和新一代销售传奇封晓红等，都分别谈到当年刚入行时老黄陪访的经历。2001 年就加入铁军的郭慧雯记得，当时她做主管，团队的人比较新，月初的时候，老黄是陪新人拜访客户，月底，整个团队的新人就去帮老黄收款，因为黄榕光的客户太多了。团队的新人都叫黄榕光“祖师爷”，因为郭慧雯是师傅，黄榕光算是“师傅的师傅”。

和其他“售而优则管”的金牌销售一样，黄榕光最终还是走上了管理的道路。马云也对他说过：“老黄，你要转岗了。你整天做，把前三名都霸占了，要给年轻人机会。”遗憾的是，黄榕光对自己的管理生涯打分不高。老黄总结了几条原因，比如天分、学历、语言能力限制、年龄，还有自己并不是那种极为勤奋的人……

2013 年，也是在阿里巴巴做了 12 年后，黄榕光退休。之前马云说：“黄榕光，45 岁退休好啦。”黄榕光熬到 47 岁才退休。退休的时候，马云请老黄吃了一餐饭。老黄说：“我要走了，我再这样下去，我也没什么成长了，对我带的团队也没什么帮助，而且有点累了。”

退休的老黄休息了一段时间，环游世界，后来忽然感觉很闷。他想起俞头对他说过，退休后前三个月还有人跟你玩，三个月后就没人跟你玩了。

闷得无聊，看到O2O（线上到线下电子商务）还火着，老黄也去搞投资，自己感觉提升挺大。他做的最新的公司也是与阿里巴巴合作，叫“橙就”。

橙色是不会变的。

金牌

有“战争”就有英雄。“中国供应商”销售英雄的出现，与中供独特的激励体制不无关系。

李琪曾经说：“销售理念天下都一样，提成制度和主管制度是阿里巴巴独有的。我们很少分析竞争对手，我们是自己想出来的。他们的销售和我们的销售有很大不一样，是两个方向，文化不一样。”

中供的直销管理，是把提成制度和主管制度套在一起。销售人员的工资由底薪和提成构成，底薪很少，提成的比例为9%~15%。阿里巴巴的提成制度很独特，它不是当月兑现。当月拿到的只是“期权”，兑现要拖后一个月，不允许把单子凑到一个月，当月的好坏决定上个月的提成比例，因而销售人员要想拿到提成，不得不每月都要做好。阿里巴巴最著名的口号“今天最高的表现是明天最低的要求”，就是阿里巴巴提成制度的写照。

采用这样独特的提成方法，一是为了保证公司营业额平稳发展，防止大起大落，二是激励销售人员再接再厉，不断进取，而不是得过且过。

阿里巴巴严格实行“不给客户回扣”的政策。政策出台之后就变成“天条”“高压线”，不允许有任何例外，宁肯生意不做，回扣任何时候任何场合都不能给。这一政策，最初是马云一力坚持的。“阿里巴巴做了两个铁规定：第一，永远不给客户回扣，谁给回扣一经查出立即开除，否则会让客户对阿里巴巴失去信任。中小企业经理的钱挣来并不容易，你再培养下边的员工拿回扣，你不是在害他吗？培养他企业内部的腐败。第二，不许说竞争对手坏话。现在看来取得的效果不错。”

说到阿里巴巴销售方法的独特，李琪曾举过一个例子：“开了20多个培训班,学员来自各个公司，问他们有没有见过阿里巴巴这种销售方法的，只有一人举手，说他原来的公司有这样的销售方法。再了解，结果是马云告诉他们老板的。”

这种激励体系的具体体现，就是中供直销团队的金牌制度。每个月直到全年，每个区域、大区、全国，都会确定一条金牌的门槛，越过门槛才会有相应的荣誉和奖励——包括股票。铁军早期那些最著名的明星销售，就是在这样激烈的竞争中脱颖而出的。

从第一年开始，竞争就充满了硝烟味儿。

在2002年，一个销售业绩最大的体现，就是看他能否进入“百万俱乐部”，即全年业绩过百万。2002年的最后两个月，当时最早进入“百万俱乐部”的黄榕光，以及其后实现年销售额过百万的王刚、罗建陆占据了全年的前三名，而随即杀入“百万俱乐部”的传奇销售贺学友紧追其后，大有后来居上之势。此前的前三名罗建陆、黄榕光、王刚感到了压力，竭尽全力，最终保住了前三位，贺学友当年只能屈居第四。当然，在随后而来的非典一年中，贺学友几乎没有给其他竞争对手机会。

业绩全国前三很重要，因为在最早期的阿里巴巴，除了非常高的提成，前三名还额外有一笔相当高的期权奖励，最高10万股，如果拿到今天，市值已经上亿。当然，在当时，很多销售虽然对阿里巴巴充满信任，却未必想得到这笔股票会值这么多。

2002年，罗建陆、黄榕光和王刚包揽了销售全国前三。2003年，杭州区域的贺学友、金华区域的雷雁群、广州区域的黄榕光是前三。2004年和2005年，宁波区域的邵军望异军突起，连续两年拔得头筹，来自金华的文波与黄榕光各自拿了一个亚军和季军。2006年，同样来自金华的大圣修成正果，夺得头名，黄榕光继续“千年老二”，与大圣同一区域的文波抢得探花。这一年也是金华区域业绩最为夺目的时期。2007年，文波终于翻身，成为冠军，来自温州的张平和宁波的苏斌分享了二、三名。文波也成为黄榕光之外另一个状态持久、稳定的明星销售。

2007年，阿里巴巴实行“新续分开”，曾经的明星销售，那一年开始大多已经转为管理岗，或者转到阿里巴巴其他部门。那些闪耀一时的销售明星，如夜空星斗一样，斗转星移，逐渐脱离了聚光灯的中心。等到后期销售管理制度重新调整，封晓红等新生代王牌销售开始引领风潮。其时激励制度、区域格局已经变化甚大，第一代销售明星逐渐成为历史。

角逐

在追逐金牌的过程中，很难说得上绝对的公平——因为起点就是不公平的。不一样的区域，经济发展程度不同，产业模式不同，市场需求不同，甚至社会文化、销售范围都不同，怎么可能有绝对的公平？

不过，在铁军，由于异常开放的分享文化和心态，竞争多少显得比较“纯粹”。甚至很多“竞争对手”间不仅会分享经验和资源，还会相互鼓劲。当然，较量毕竟是较量，有时一些小小的“战术”也是要的。

2003 年的销售冠军贺学友曾经这样记述 2002 年那场激烈的竞争:“很开心的是，那个时候和几个冠军的交流还是比较多的，大家时常会交流一些心得和工作的方法。其中记得交流最多的是深圳的王刚、广州的老黄、永康的罗建陆……到 11 月底的时候，我的总业绩和第一名老黄相差大约 30 多万元，我终于决定尝试一下冲刺年度冠军。12 月上半月，当时我们基本是四足鼎立，我的眼光盯住的是当时第一个进入“百万俱乐部”的老黄，并没有关注当时业绩差不多的罗建陆，那段时间我们四个人基本上每天都通电话。老黄、王刚和我都是很坦率地交流，只有罗建陆一直在‘忽悠’我，说他没有可能冲刺第一名，第一名肯定是我的，因为那个月我的业绩在月初的时候是很猛的，被他忽悠之后有点得意。没有想到这个家伙厚积薄发，在永康做了一场小型的以商会友活动，那场活动最后的结果是 8 个客户全部和他签单，当月他的业绩竟然做到了破天荒的 82 万元，让我们所有的人都惊呆了！最后他成功超越我们所有人拿下年度冠军的奖杯！从这次拼搏的事件中，让我学习到以后应该怎么去对待竞争对手！虽然那年我以第四名的身份进入公司的百万销售俱乐部，虽然很遗憾没有进入全国前三名，但是我还是觉得非常开心。因为前面的三个人来公司都比我早一年。我是一个新人，而且销售业绩是下半年回到杭州后才开始大幅提升的，上半年基本上是在浑浑噩噩中度过的！”

中供后来并不乏销售英雄之间的竞争，但像 2002 年那样群星闪耀、荡气回肠、惊心动魄、慷慨豪迈，又充满喜剧色彩，却不多见。

2002 年，罗建陆最终成为销售冠军，除了他本人在销售技巧上的提升以及彻底的投入（罗建陆在中供最知名的逸事，是坐在马桶上仍然不忘想问题；来不及签单的时候，甚至让出租车司机帮他去拿合同），更得益于永康这个“风水宝地”的经营，也得益于李旭晖对陌拜、“持续有效拜访”的坚持和要求。

李旭晖说，那时候华东（杭州）是主战区，印象最深的原金华团队最像销售团队，杭州是最欢乐的一个团队，深圳是最闷的、最认真的。那时候我跟大家说，开心是根本，一定要开心地做。

李旭晖要求销售有持续的拜访量积累，要保证每天有效拜访，他相信半年到一年，这个积累一定会产生一个月十单八单的业绩。当时俞头当金华区域的经理，李旭晖感觉“他们并不是完全买账，但也不是不买账”。等到罗建陆不到一年就破百万元大关的时候，大家对中供自己的销售模式已经心悦诚服。

在贺学友以第四名的身份一路杀来，来势汹汹，威胁到黄榕光、王刚、罗建陆时，第二个进入“百万俱乐部”的是来自“最闷的、最认真的”深圳团队的王刚。虽然能与贺学友“很坦率地交流”，但在关明生“关切”地询问时，他也“恶狠狠”地撂下了一句话：“So what？！”

“最后，我们前三名成功‘卫冕’，贺学友没有挤进前三名。”王刚淡淡地说。

两次采访，颇显儒雅的王刚都穿着一身中式休闲装，这种风格与贺学友的穿着风格很接近。在这些离开中供和阿里巴巴多年的铁军人身上，通过很多细节可以看出阿里巴巴甚至马云本人留下的影响的痕迹。

“这些年来，可能做梦梦见马云的次数都在 50 次以上，各种场景都有，被骂，被表扬……”王刚很认真地说。

2003 年，淘宝刚创立，没有商品，马云把自己在达沃斯论坛上带回来的一只瑞士纪念表拿出来在淘宝拍卖，王刚用 14880 元把表拍了下来，戴了 10 年。

王刚甚至记得与马云每一次见面的细节。第一次见面就显出王刚行事风格的“与众不同”。王刚的精明显而易见。他此前在中供的多位同事始终认为他的商业嗅觉和敏锐度“无与伦比”“非常聪明”，但与大部分中供销售的主流风格不太一样。王刚自己也认为，相比之下，他更像一个“猎手”型销售，成就靠的是自己的“聪明与技巧”，虽然并不是不勤奋，但有“不听话”、散漫的时候。

第一次见马云是在 2001 年广州的一次论坛上，马云来讲销售。当时王刚入职不久，除了第一个月有所斩获，后面业绩很不理想。王刚在会场“挑战”了马云。在更早的一个会议上，他还当众“挑战”了关明生。马云问了他的身份，又问了他的销售业绩。王刚说，马云当时认为，他是一条既无能力也不听话的“野狗”，几乎将他扫地出门。

2002 年初的年会，是金牌制度初推的时候，此前的 2001 年 12 月和 2002 年 1 月，王刚和老黄都拿了金牌。王刚回忆，会上让老黄上去分享，老黄上去“只顾哈哈笑”，王刚觉得，凭什么我也拿到金牌却不能上台讲？他给陆兆禧发了一个短信，老陆请示李琪后，答应了。王刚上台去，10 分钟，面对中供的三四百人讲了一个销售公式。

也许这就是王刚，积极主动，不放过任何机会，不肯在一个地方做到“死”，但对自己也有极为清醒的认识。

那次年会结束，王刚遇见马云，和马云打赌，如果能连拿三块月度金牌（每月业绩上 10 万元），马云就请他吃饭。当年 3、4、5 月，王刚拿了三块月度金牌。6 月底，马云真的去深圳请王刚吃了饭——那是王刚第一次吃日本料理。

2008 年，王刚成为北方大区总经理。此前，他在阿里巴巴内部换过几个不同部门。当时在北方大区的，还有大炮方永新和表哥余涌。后两位先后担任北京区域经理和天津区域经理。在此期间，大炮离开北方大区，前往新开的中西部大区担任“大政委”，接替他的是此前北京区域的一个主管、80 后程维。这段关系，为王刚离开阿里巴巴后一笔极为成功的投资埋下了伏笔。

2012 年，王刚从阿里巴巴辞职，离开之前，写了 500 个字的短信给马云。

从此是另一段人生。

转岗

对于任何一个销售团队特别是直销团队，明星、榜样和成功故事都是不可或缺的。对于阿里铁军来说，在这一点上做得尤为极致。用阿里巴巴集团副总裁、中供掌门表哥的话说，刚开始时，无论是销售的套路，还是文化、激励机制，中供与其他同期的销售团队虽然有区别，但区别未必有那么大，不同的是，由于价值观的引领和执行力的强势，中供把所有这些都做到了极致，做到了其他对手无法模仿。

不过，即便对于这些曾经无比荣耀，几乎无所不能的明星销售，也还是会遇到纠结的时候。

比如，当一个明星销售要去做主管的时候。

除了区域调动，岗位变化也需要执行力。阿里早期的期权奖励还是很可观的，在 2003 年，当年的业绩做到 100 万元，期权奖励是两万股股票，以今天的价格算，差不多是千万美元级别的财富。但据朱磊回忆，当时不少人的这笔股票都损失掉了，因为 2003 年公司成长很快，很多销售在业绩做到超过 90 万元的时候，公司需要把他提升为主管，直接就通知：明天赶到杭州去参加培训吧。很多员工都纠结过，但还是坚定地执行了，“无怨无悔，因为这家公司给我们的东西太多了，除了股票，有关于成长的各方面的东西给得太多了，这就是我们铁的纪律。这个纪律无关乎你的地域，无关乎你的职位，无关乎你的收入，无关乎你的股票，什么都无关，只有一个，就是执行，就是纪律。”

也会有不那么“积极”的明星销售——中供做全国前三名次数

最多的销售之一文波，比他晚到阿里的都做了主管，他还是“安心”做他的明星销售。提成当然更多，股票当然也会多拿，但已经离开阿里巴巴的文波自己觉得，“很后悔那个时候出来（做主管）晚了，要是出来早一点，可能我的事业就不是这样……我不是羡慕别人现在干得怎么样，而是觉得要是我有现在这样的视野，能成就的人就会更多”。

虽然收入很可能降低，但做主管乃至区域经理，却又未必比做销售轻松。

杨猛于 2002 年到温州，2003 年主管制实行不久就被提拔为主管。做了主管才发现，主管比销售辛苦多了。做销售可以偷懒，做主管不可能，因为提成主管的，都是当初做业务最好的销售，能力强，每天多少双销售“饿狼”般的眼睛盯着主管，给主管“安排”陪访日程。除了陪访，还要开会培训销售，每天背着投影仪，随时准备在各种场合给销售或客户分享。晚上，别的销售都打呼噜了，做主管的杨猛要加班到凌晨 2 点，而他做销售的时候，晚上顶多十一二点就睡了。他戏称：没做销售时是“小白脸”，做了销售是“黑脸”，做了主管变“青脸”，等做到区域经理，“脸色都变紫了”。

杨猛在温州做了一年半主管，业绩和带团队都不错，前往台州做区域经理。杨猛说，那是他在阿里“最灰暗也最苦的日子”。台州区域当时业绩在全国倒数第二，没人愿意去，当时的区域经理都是目标考核制，杨猛开始几乎没完成过目标，底薪扣完，每个月收入只有 5000 多元，而他在杭州的房子月供就要 7000 多元。他不敢租好房子，也买不起销售敢买的好点的手机。

更难以承受的是压力大。当时的COO李琪管理严格，“骂人像刀子”，文案做不好要罚钱，有错字也要罚钱，一个字100元，都从工资里扣，杨猛记得有一次自己因为各种问题被扣了2000元钱。自己压力大，压力就向下传导，整个区域都做不开，形成恶性循环。有一次，杨猛先是晚上做准备去青岛面见李琪Review的PPT（演示软件），做到凌晨五六点，然后直接去机场，而从青岛回来还有连续两个论坛，自己要上台主持……巨大压力之下，一向开朗的东北人杨猛忽然有一种绝望感，“想跳楼”，赶紧到大厅里平复下来。那次在青岛，杨猛第一次喝芝华士，与当时的宁波区域经理雷雁群跑步时，忽然失去意识摔倒，几乎毁容。

即便做区域经理这么苦，杨猛仍然没有后悔，因为当时全国只有十几个区域，区域经理“是很光荣的”。甚至当有机会可以离开台州回温州时，杨猛还是选择了留在“噩梦般的台州”，必须把台州区域业绩带好才肯走。当他离开台州时，台州的业绩已经可以与温州PK（挑战）了。

然而，对那些愿意走上管理岗位的销售明星，他们还面临着新的问题：明星销售未必就能做好团队管理者——这和中供最好的管理者未必出自最牛的销售是同一个命题的两面。

王刚2003年就在汕头当上了主管。然而，他有很长一段时间停留在主管这个层级，当初和他一起成为明星销售的罗建陆当了区域经理，连自己做主管时带的销售杨子江都做了区域经理，王刚还在做主管，压力可想而知。但王刚也多了很多时间来反思自己的不足。

铁军最早期的明星销售往往陷入怪圈——不一定做得好团队主管。王刚对此的总结是，一个团队，可以分为四个象限：一是明星象限，二是新手，三是有能力没积极性的（R2），四是没能力有积极性的（R3）。一般主管能做的，是进行销售技术的培训，这是给新手的支持。但是一个团队能不能非常强取决于R2和R3，特别是R2，也就是可以变成明星团队的那一个象限。这个象限的团队成员只要稍作提升，就可以达到近似于明星销售的业绩。对他们来说，不是强烈自驱动类型的，因此需要尊重，需要激励，需要肯定，但是偏偏这不是明星销售的特长。那时候的明星销售，都是强烈自驱动类型的，“老子天下第一”，以己度人，最难说出口的就是夸奖别人的话。

西湖赌约

好几位金牌销售在谈到贺学友的时候都感叹他的气场强大。只有在真正面对这个人的时候，才会理解他们为什么都有这样的感觉。

贺学友穿着一身很休闲很东方的布衫，身材结实，骨节粗大，眼神略显疲惫，偶尔凌厉。

在西溪湿地附近一家咖啡馆听他讲过去，讲他年轻时在安徽安庆老家的乡村高中毕业后种地的故事。1990年，他是村里唯一订了两份杂志的人：一本《当代青年》，一本《农村百事通》。他跟杂志学做农活，成了一把好手。

讲他一个人到南京的白云亭批发市场去做蔬菜生意，亏得精光，欠了一屁股债，贩卖的藜蒿最后只能直接倒进长江里去。

讲他来阿里巴巴之前，曾经做过的18种工作……

讲他来阿里巴巴之后，在东莞做区域经理时，开着新买的宝马去见客户，在高架上疑似被当地敲诈团伙追逐，侥幸脱险。贺学友说，他们三个人，只要不拿枪，以我的体力，随便干三个人是没有问题的。

他对自己似乎总是充满了自信。他自信地谈起自己见到那些别人见了多少会有些拘谨的大客户，自己是多么强势，绝不会见客户第三次，绝不容许客户毁约（因为有被毁了一个大单的教训），诸如此类。他同样自信地讲道，假如自己没有离开中供，“可能是‘副省长’或‘省长’”，但也说，“大区总经理就是我的天花板了”。

一个这样自信的人，通常不会暴露出自己的迷茫与困惑，可是他不。他说起自己低潮的时候，像说别人的事情一样坦然。

贺学友于2009年离开中供去了淘宝，一年后又彻底离开了阿里巴巴。在那段时间，他才发现自己已经太适应中供那种简单直接的工作氛围。

然后，“玩了三四年，玩腻了。曾经有一段时间，自己也很迷茫，不知道人生意义是什么。当你迷茫的时候，你会觉得多少人梦寐以求的是睡到自然醒，真的有一天睡到自然醒的时候，其实不是那样子。你会觉得人生一点价值都没有，行尸走肉……我想去哪儿，买个机票就走了，那又怎么样呢？我是一个很不安分的人，那种每天吃完饭之后没啥事的生活，是我打死也不想要的，真是生不如死的感觉。我所追求的，是心灵要自由，每天很忙碌地去做一件事情，沉浸在工作的状态中。我觉得这是最幸福的事情”。

很难想象，一个性格刚烈而铁血的铁军明星销售，会有这样细腻丰富的人生感触。

贺学友绝不像一个有勇无谋的人，尽管他说自己的管理类型是“简单粗暴型”，带团队的战斗力是“超强”。关明生对他的评价：“是一员大将，但不是元帅。”他的冲动更像是来自生命力本身。

在交流中，他绝不失分寸。很多年前，就有关于他的一篇文章在网上流传,标题是“阿里巴巴中供传奇销售贺学友”。同样，“贺学友跳西湖”的故事对阿里巴巴，至少对中供人来说，也是耳熟能详了。

贺学友是这样记述他的这段传奇的：

“2002 年的颁奖会上，我被公司请到台上做分享，面对台下全体销售和员工，我激动而又自信地向所有人做了一个承诺：我贺学友 2003 年的目标是全国销售冠军，如果 2003 年做不到全国第一，第一，我对不起台下所有关心我的人，第二，我对不起自己和自己的小团队！

“2003 年 2 月，在诚信通年度Kick off联欢会上，我在黄龙饭店的大厅里碰到马总。我问马总，如果 2003 年我做到 1440 万元你会怎么看？马总诧异地看着我说：‘我不要求你做到 1440 万元，你做到 365 万元就可以，一天一万元。’当时在我的脑海中只有 1440 万元的目标和概念，从未把马总说的 365 万元当回事，未做任何思考就和马总说，这个目标一点问题都没有。马总接着说，光做到这个目标还不行，同时续签率也要做到。我说做到多少？他想了想说，那就 80%吧！我觉得这不太行得通，因为我知道，　年前进来的一些客户，外贸基础比较差，其实有一些客户已经有些迹象不太可能续签了。但是为了赢得马总的赌注（其实说这些话时我还不知道赌注是什么，只是有冲动想和马总打一个赌），我说那这样吧，365 万元到账业绩，70%续签率怎么样？

“马总摇头表示不妥，他想了想说（不知出于什么原因）：‘这样吧，78%续签率+365万元到账业绩。’我对马总说：‘我答应，如果我完成目标，你要在全世界任何一个城市单独请我吃饭；如果目标没有达成，算我输了，我脱光衣服跳西湖，时间由你定。’”

为了赢得这场和马云的赌局，贺学友给自己制订了极为详尽的执行计划。当时贺学友的主管周俊巍、大区经理陈庆探，也尽可能对贺学友予以支持。

在那一年里，贺学友家的工作台前、床前、厕所里，全部都是“年度1000万”的奋战目标和当月奋战目标。同时，在每个目标旁还贴着一句激励的标语，无时无刻不在激励着自己：YES，I CAN!（是的，我能行！）月度目标细分到每一周，周目标细分到每一天，而且目标倒计时表也贴在墙上。为了让自己每天保持亢奋的状态，贺学友还去参加各种激励培训，并买了一个小录音机，每天早晨起床第一件事就是伸手把录音机打开，听激励培训的录音带，让自己立即亢奋起来，从睁开眼到一跃跳起只用不到1秒钟的时间，从不赖床超过一秒钟。为了达成目标，贺学友还成为中供最早买车的销售，4月18日，开回了一辆20多万元的日产蓝鸟。

从3月份50万元的起点开始冲刺，到8月份，贺学友已经一举突破和马云打赌的365万元的赌注，到年底一举突破630万元的总业绩，其中12月份单月再次创下新高115万元。在2003年，100万元还是很多销售全年可望而不可即的目标，贺学友在一个月就拿下了。

然而，续签率差一点，没达到78%，贺学友输了。

2004年2月7日，那个冬天很冷。当晚是卢洋的婚礼。喜宴上，贺学友给马云敬酒，马云说，老贺，你续签率没有达到，输给我了，西湖还是要跳的，要不今天晚上就实现这个诺言？

新郎卢洋这样记述那天的故事："喝完酒，大家都挺开心的，刚好趁这天去跳西湖。那时候正好有摄像机。当时探照灯打着。要跳西湖了，有类似保安一样的人在阻挠，我们说在拍电视，没事儿。跳的时候，还让他的两个经理陪同，经理脱得只剩下一条短裤。这个视频被拍下来了，在内部广泛流传。"

三人上岸后，马云在人群中讲了一段话："今天这个日子值得纪念，它已成为阿里巴巴历史上非常重要的事件。第一，体现了诚信，承诺了就要兑现，该奖的奖，该罚的罚。第二，体现了团队精神，贺学友的两个经理都来陪绑。续签是我们的生命，希望以后不再看到这种事。我非常钦佩贺学友……"

说完这段故事，贺学友忽然大笑："这一顿饭，我还没让马总请呢。"

第八章

PK：荡气回肠的战场，酣畅淋漓的战斗

没有一定的目标，智慧就会丧失；哪儿都是目标，哪儿就都没有目标。

——米歇尔·埃康·蒙田

“百团大战”

2007 年 6 月，担任中供东二区（当年中供设置的“中区”区划，相当于后来的“大区”，下辖杭州等区域）总经理的俞头，迎来了自己进入中供以后“最严峻”的一次挑战。

挑战来自当年金华区域的“小兄弟”雷雁群。绰号“雷帅”的雷雁群虽然年纪不大，却已经是东一区（下辖宁波、台州、温州等三个区域）总经理。东一区点名要在年底与东二区“单挑”，或者说PK。究竟谁更强，要在业绩上见真章了。

“百团大战”时在绍兴区域的陈海强，现在担任中供人员与组织发展部负责人，他介绍当时的情况是，“每年 3、6、9、12 月是中供的大战月份。大区与大区，主管与主管，小到个人与个人，轮番各种PK”。

俞头当然不会被吓倒，慨然应战。东二区那时有全国数一数二的王牌销售和主管团队。他认真地做了准备，找区域经理们开了作战会议，按部就班安排下去。俞头的战术是“一步一步走，不要被别人打乱节奏”。

半个月后，俞头忽然发现东一区的业绩“蹭蹭蹭往前走”，想赶，已经来不及了。

到今天，俞朝翎仍会对十年前输掉的这次PK耿耿于怀：“PK输了的人（当然要）请客吃饭，这不是最重要的，重要的是面子上挂不住。”

那次PK，也被称为中供的“百团大战”，也是中供最具影响力的PK之一。

“百团大战”时，东一区那边发生了什么？

甘才燕当时是东一区新晋主管，主管生涯不过三个月。对于“百团大战”，她记忆犹新：

“突然有一天不知怎么回事，说是东一区要与东二区 PK，公司还专门成立了一个邮件组：D1 PK D2（东一区PK东二区）！

“公司销售策划部门还为此专门发了封邮件：‘东一与东二打起来了？’伴随这封邮件而来的首先是两大区域之间掀起了口水战，当初我带领的‘宝马战队’也不知怎的，被推到了风口浪尖，什么‘拆宝马、砸宝马’等口水汹涌而来！有‘同盟军’支持的，有对手互相叫嚣‘辱骂’的。也许是因为当初太年轻不识大局，也许当初是因为太深爱自己的团队，就像一个年轻的母亲，看到自己年幼的孩子在外受侮辱一样，我内心火了，狠狠回了一封‘不体面’的邮件。当初我带领的团队才 8 个人，好几个还是刚来的新人，对手 14 个人，而且还是浙江曾经很有名的团队。我在内心发了誓，没有给自己任何输的退路，整个团队加我 9 个人，那真的是不能仅用‘疯狂’来形容。每一天所有人的每一个细胞都在战斗，每个人不是在签单就是在签单的路上，每个组员死盯一到两个对手，死死咬住！

“有时候女人真的狠起来，一定会比男人狠N倍。最终结果，我的‘宝马团队’以超对手业绩50%、总额80万元结束了这场PK，到最后一个星期，对手其实已经放弃了。因为怕继续PK下去会影响两大区域战友的情绪，雷帅与俞头早早就关闭了D1 PK D2的邮件组！

“现在的我，真的很感谢那一场战斗，感谢我的对手，感谢所有参与这场PK的人！老刘说，和平年代没有有硝烟的战场，直销就是我们的战场！用方杰的话说，任何PK参与者都必须入戏，否则你就是个逃兵，就是最失败的人！感谢直销，带给我和平年代没法带给我的战斗血液！”

雷雁群至今还记得，在那场“百团大战”开战之前，有人提议“杀只鸡”，雷雁群与“大政委”商量后，买了一只鸡，在现场杀了，给大家“打鸡血”。摆好酒坛、酒碗，每个人上台报目标，用鸡血把目标写在白布上。酒干了，碗砸了，战斗的气氛上来了。

这只鸡，很可能是铁军PK史上第一只被杀的鸡。“打鸡血”以及类似的各种生猛的动员形式，随着PK文化的无远弗届，迅速在很多区域“普及”开了，甚至某种程度上成为PK文化的“标志性仪式”。

启动会

时至今日，已经没有人能准确地说出“PK”一词是通过哪个事件以何种形式进入铁军的日常语汇及工作场景中来的，但从多方求证的结果来看，基本可以肯定，“PK”一词进入铁军，与它进入大部分国人生活的时间和渠道差不多，都是在2005—2006年湖南卫视的“超女”让“PK”尽人皆知的时候。

在有PK之名前，其实早有PK之实。早期的全国三佳争夺战，以至于马云和贺学友的打赌，都与后期的PK形神俱似。不过，在正式以“PK”来命名这种动员文化后，团队动员、潜力挖掘的办法与时俱进了。

早期的PK，其实并不是个人对个人的PK。在甘才燕的印象里，中供最早稍具规模与影响力的PK应该是在2006年8月才有的，当时，雷雁群还是宁波区域经理，执导了一场“诺曼底登陆战役”。所有的主管、经理、HR都穿着军装，PK的目标是宁波区域的业绩“登陆目标”，也就是一个数字。当时甘才燕刚生完孩子，还在家坐月子，看到宁波区域战斗的邮件满天飞，求战心切。雷雁群还为此给甘才燕回了封邮件，让她好好养身体。

2006年12月，甘才燕回到区域，宁波的几个团队开始各挑四个骨干进行一对一PK，各自取名“四大金刚”“四大杀手”“F4”等等，甘才燕觉得，那时真“P”得昏天黑地。刚回到工作岗位的甘才燕，全部只签老客户，居然也创了自己销售生涯的新高。

“中国供应商”的区域架构，在2003年之前，只分区域，2000年只有杭州、伟业两个区域；2001年和2002年，划分为温州、宁波、广州、深圳、苏州、常州、杭州、青岛、福建、伟业；到2003年，增加到伟业、上海、温州、台州、宁波、广州、深圳、苏州、常州、杭州、青岛、厦门12个区域；2004年划分为三个大区、13个区域。三个大区是浙江、广东、江苏，大区总经理最初分别是吴敏芝、戴珊和吕广渝。

2005年增加到14个区域，2006年增加到16个区域，又从2006年9月，也就是“百团大战”结束后不久，开始演变成六大区：浙江大区、广东大区、沪鲁皖大区、闽汕大区、北京大区、成都大区，直到2008年中西部大区成立，最后演变成沿用至今的七大区。七个大区的格局在多年里没有大的变化，但区域数持续扩增，到2010年，区域数已经扩增到72个。

而在各个区域、各个主管组，包括团队内的每个人都在进行着不同主题的PK。PK的规则灵活多样，PK的激励除了奖金以外，更多的是精神上的鼓励和荣誉的获得。前线不断PK，后台时时发布战报，HR发的战报是真实的，自己发的战报“根据需要”或多或少。虚虚实实的战报，主要目的是激发一线“战士们”的斗志。

每个季度末都有大PK会战，更是激烈。每个区域的启动会，都热火朝天。

中供销售叶松杰在《我的启动会生涯》中，记录了当年启动会的场景：“最初的启动会议，一个区域十几二十人拖板凳坐在一起，某人起来说个笑话，然后经理发言，并推举这一周签单的人，最后大家一起呼个队呼，结束。从2005年开始，办公室已逐渐无法容纳所有人，来自联络点的同学都一起过来了，就开始在外面找场地。从那时起，主管会议有了对大周会启动的议程，这一次大周会是搞笑路线还是分享路线，大家一起想办法想思路。那个时期的大周会是让大家都有很大收获。”

PK伴随着中供发展的成长史，从2007年起，区域启动会议逐渐增加了PK内容，启动会议也从培养销售能力与演练逐渐变成模板化销售说词，在大周会上的启动以激情、血性、执行力为核心。每季度一场小战役，每一年一场大战役，成为约定俗成的主题，启动会议成为激情宣泄的舞台。

叶松杰印象最深的启动会，出现在东一区一次中区启动会上，除了正常的报目标、下军令状、分享外，团队还做了半天的阳光伙伴等活动，手携手肩并肩闯关、拔河比赛，让大家感受到什么是团队。启动会常用的工具还有：锣鼓、红头绳、战争视频，这一类一般出现在PK月（3、6、9、12 月）；对个人的故事采访、家人的录音、感人的视频，这些一般出现在需要宣扬团队感和目标驱动时用，比如母亲节、父亲节、春节后大周会等。听说过但没见过的特别启动方法有：喝酒、杀鸡、划破手指滴血酒……

“战队”

时势造英雄。当PK在中供蔚然成风，个人英雄与团队英雄都开始不断涌现。由于中供始终重视组织与团队，因此出现了一大批“传奇团队”。

孙利军的“大圣战队”是中供赫赫有名的战队之一。

2007 年，刚刚升为主管的前销售冠军大圣，又带领大圣战队一举夺下年度主管团队的第一，2008 年，新晋区域经理的大圣又带领杭州区域豪夺全国区域业绩的第一（2009 年全国第二），在三个不同层级实现了传奇的三连冠。

但即便是大圣，也有仰视的团队，那就是中供历史上鼎鼎有名的无锡悍马团队。大圣当主管时，除了一两个月，一年内其他月份悍马团队都是全国第一，“没人能撼动得了悍马”。后来悍马几乎所有的员工都做了管理者。悍马曾经是完全军事化管理，用大圣的话说，“一个傻子进去，每个月也能像机器一样转出来，至少做到30万元业绩。”

当时，大圣是专门去悍马团队“参观学习”过的，感触非常强烈。“在悍马，全标准化，所有的员工必须配车，并且不许买车，必须雇面包车，有司机；第二，没有预约好不允许出门，晚上不允许睡觉。拜访回来之后，吃饭时间是规定好的，吃完饭之后，就像放风一样，只有半个小时可以去逛超市。”

这个战队最初的主管竟然是个女同学。曾经在悍马团队的销售徐兆栋形容悍马最初的主管张薇“外表柔弱，内心坚强，用严格管理来代表她对兄弟们的爱”。

如果说中供铁军的魂是团队，那团队核心就是执行力和团队优良传统的传承（分享）。徐兆栋回忆，所有的内容会在小组会议上讨论，大家一起执行。为了打大量的电话，团队每个人都有车载转换器（插在点烟器上直接转化成交流电，方便手机电板充电。因为电话太多，两个电板替换也不够用）。徐兆栋60%的客户是用电话开发出来的，能做到这点的动力是每天都会发客户资料给主管，日清日毕，主管会检查，时间长了就成为习惯。

徐兆栋说，在悍马团队，除了主管，“老人”必须要带个新人，俗称师徒。那时候的师傅，恨不得把自己所有会的三脚猫功夫都教给徒弟。久而久之，团队的关系非常融洽，而且互相学得也特别快。

这样的执行力，这样的分享氛围，造就了悍马团队的骄人业绩。有一个月，所在大区业绩和所在区域经济发展都一般的悍马团队，一个主管组竟然干掉了广东的中山区域。

大圣战队并没有完全复制悍马团队“彻底军事化管理”的风格。大圣在反复学习后提出了“和文化”管理模式，把主要精力专注于搭平台，围绕员工的成长、成就、开心三个方向去做。大圣战队每天会有奖罚处置，做得好的人，每天晚上站到桌子上分享，让他感受到成就感。分享之后，每天会有总结；每个星期天晚上，所有员工都聚集在一起开周会。在这个过程中，让他们有总结，有收获。每个星期都会排“361”，在团队里，谁是3，谁是6，谁是1，员工自己相互打分，得分为3的人会分享他这一周的收获、规划、思考，得分为1的人会谈谈自己的感受，这一周下来他为什么成为团队的1，是心态的原因还是家庭的原因，等等。

那时，大圣战队每逢新人来，老员工就睡地上，床让给新人。所有的新人来，三个月内，老员工是不允许新人交伙食费的——只有有资格成为大圣战队一员的时候，才有资格交伙食费，这三个月的伙食费全部由老员工平摊。

大圣带团队的时候是2007年1月，早在2005—2006年，团队成员月收入都已经在3万~10万元，收入已经很不错，但大圣仍然要求，只要进入大圣战队，不管你有多牛，包括当时最著名的明星销售之一文波，4个老员工、6个新人，所有人必须吃在一起，住在一起，所有人都是高低铺。大圣找了三个保姆，一个是烧饭的，一个是搞卫生的，一个是洗衣服的，目的是为了所有人像一家人一样在一起。

晚上10点钟之前，所有的工作必须做完，做不完的也必须停下来，但要接受“体罚”。在中供著名的内部纪录片《燃情岁月》

里，可以看到员工集体做俯卧撑的镜头，目的就是“今日事今日毕”，没做好，就接受“体罚”。

团队每个星期有一天叫娱乐日，一般是星期二或星期三。这一天下午两点之后就不允许工作了，4点钟之前完成所有第二天的预约和工作的整理。下午4点到晚上11点，团队成员会一起去包“迪厅”，或一起游泳。那时，基本上星期天下午所有人都到办公室了，都觉得在家里没有跟团队在一起快乐。

南北PK

2007年底，贺学友在东莞做区域经理时，正逢中供历史上规模最大、最激烈的一次PK，号称“南北大战”，其规模甚至远超“百团大战”。这次PK，也把中供PK文化带到了一个登峰造极的高度。

对垒双方，一边是广东和福建两个大区，另一边是浙江大区。浙江当时如日中天，需要闽粤两个大区合力才足以形成PK之势。

贺学友担任区域经理的广东东莞，实力比对位PK的浙江嘉兴要差，但是“硬生生在月中就把对方干掉了”。

贺学友还记得，当时提前开启动会，一场启动会开了5个小时。启动的时候喝“鸡血酒”，摔碗，看《亮剑》，都是整套。买了很多酒，买了土碗、大桶、一只公鸡。有的团队主管头上写着“东莞必胜”，红色的带子，黑色字。每个人都要站到台上喝鸡血。“干倒杭嘉湖”的横幅拉起来。PK过程中，谁出单，马上发“战报”，用手机短信发，“战报”的标准格式是“干掉杭嘉湖，我们又贡献了

××业绩"，一周做一次总结。

当时浙江大区的总经理是何奕之。作为外部引进的管理层，何奕之一开始对铁军生猛的启动会略感陌生，但很快就习惯了这种动员方式。在大区PK时，他上台杀鸡，但因为"不熟悉"，没有完成"杀鸡流程"，换了另外一位铁军销售动手。当时B2B的CEO卫哲以及邓康明听说从外企来到中供的何奕之会动手杀鸡，均大感诧异。

2007年大PK，浙江vs闽粤的同时，宁波vs深圳，最终浙江和宁波完胜。

宁波当时的区域经理是刘自成，中供内部都喊他"老刘"。今天在杭州西溪湿地无界茶室"隐居"的刘自成，虽然穿着休闲，但从他的脸上仍能看出当年中供悍将的风采。刘自成出身"五百大"，"毕业"后分到温州。进入阿里巴巴之前，刘自成自己和朋友一起成立了一家贸易公司，2001年，在温州有一个外贸客户见面会，刘自成在会上听了马云的演讲，成为阿里巴巴的免费会员，也在上面获得了公司的第一笔订单，所以对阿里巴巴的平台以及中小企业的需求很了解。刘自成进入阿里巴巴，最开始的目的是"卧底学习"，想为自己创业积累一些资源和外贸经验，不期望赚多少钱，没想到最后干脆放弃了自己的公司，全心投入了阿里巴巴，直到2012年才离开。

2005年，当时的区域经理周俊巍带领宁波区域突破了1000万元业绩，也是全国第一个破千万的区域。2006年，雷雁群接任宁波区域经理，因受"诺曼底登陆战役"的启发，初创并引领了PK文化的流行。2007年1月，刘自成从杭州区域调任宁波。2007年底前，宁波区域在12个月里做了7个月的全国第一，但单月业绩还没有突破2000万元。

在年底最后一个月的南北PK开始前，刘自成提出了一个“放卫星”的指标：宁波区域要在单月直接突破3000万元，近乎翻番。换言之，这次PK，宁波不仅是南北PK的一个局部战区，要和广东的深圳区域PK，还要和自己提出的一个极限目标PK。

这个目标让很多人感到震惊。刘自成做了一个预估，当时宁波区域所有的人，即便按照每个人历史上业绩的最高点来估算，总数也不过2500万元。3000万元，几乎是一个不可能完成的任务。此前，广州区域在2006年才成为中供第一个突破2000万元的区域。

几乎是破釜沉舟也未必能完成的任务。

当时干嘉伟负责中供后台，劝刘自成：“老刘，你不能疯了，做不到会伤士气的。”刘自成毫无退意：“我一定可以做到，我有绝对的信心。”

刘自成说，自己的信心源于对团队的了解，也来自对自己业务打法的了解。

刘自成在PK前的三个月就开始了12月战局的策划。为了这次PK，启动会就开了三次。第一次在10月1日，会议结尾的时候，刘自成宣布：“大家这个月除了做好业绩，最核心的一条是做好客户积累，我们12月份要冲刺3000万元。”那是第一次提出3000万元的目标，所有人都在下面哈哈大笑，说：“老刘，你疯了。”

11月1日，第二次启动会召开，快结束时，刘自成重申了12月3000万元的目标，并且具体要求了11月的新客户积累要做哪些事情。刘自成把客户分为A、B、C三类，A类客户是当月可以签单，B类客户是三个月可以签单，C类客户就是需要培养的客户。

第二次提到3000万元，大家还将信将疑。但到了12月1日启动会的时候，刘自成在现场所有的横幅上、所有人的桌子的纸上都写下了“3000万”。这时候，大家终于知道，3000万元是当真了，不是喊喊的。

员工被分为几个层次：第一,百万军团，这些人曾经的业绩最高突破过50万元；第二，50万军团；第三，30万军团，这是最低标准。每个军团工作的细节、方案，都列得一清二楚。刘自成做了一个小卡片，一张卡片三折，一式两份。第一折是销售的照片、名字、工号；第二折是当月目标、每一周的目标；第三折，当月要做哪五件事情。刘自成要求，一份放在销售自己的钱包里，跑累了，每天拿出来看一下，第二份存档。

接下来，是每个人的客户分类，续签客户要做多少个，A、B、C类客户是多少，平均单个客户的金额要做到多少……全部细化到每个人，严格按照这个要求去做。开完大周会，第一梯队开会，第二梯队开会，第三梯队开会，所有的业绩指标全部布置下去。刘自成要做的，就是每天跟各主管的交流、碰撞。

截至12月31日，宁波区域当月签单数额达到3200万元。

刘自成回忆，PK战役结束之前一个星期，自己已经知道肯定要被调走。12月底，刘自成和主管们吃了一个“辞别饭”，酒杯一举，所有人都哭了。

刘自成把这次PK称为“荡气回肠的战场，酣畅淋漓的战斗”。“什么叫荡气回肠？就像打仗一样，子弹打光，手雷打光，可能连刺刀都用光了，所有的武器，能使用的都使完了，但这场战争的最后，要赢，才叫荡气回肠，不然只能叫悲壮。什么叫酣畅淋漓，跑1万米的人都知道，3000米是个坎儿，5000米是个坎儿，8000米是个坎儿，过了8000米就一定能跑1万米，当你跑过1万米终点的时候，累得眼珠子都不想动，躺在地上，但你能感受到每个毛细血管张开的那种感觉，那就叫酣畅淋漓，叫极致。”

“‘天知道’的业绩，每个人超越极限，爆发潜力，就没有什么做不到的事情。”

要到好几年之后，才有其他区域再上一层楼，突破区域单月4000万元的业绩。

PK文化

中供是少有的既能保持开放，对外界一切“有用”的东西都能迅速“拿来”，也是少有的始终保持一种自省，时刻Review、时刻不忘在晴天修天花板的组织。不过，很少有人想到，在2007年前后，PK文化在中供登峰造极的时候，最早试图开始对PK文化进行反思的，是带领区域完成了“天知道的业绩”的刘自成。

在带领宁波区域取得3000万元业绩后，刘自成调离宁波，去了广东大区。离开宁波时，他专门写了一封邮件给区域内的销售。因为是开放邮件，其他区域经理都可以看得到。邮件的主题是“论血性”。

铁军是铁汉柔情，讲铁军必讲血性。刘自成曾经查找过“血性”一词在中供最早的出处，起点是2005年，一个金华的主管在宁波做了一场分享，讲到了团队的“血性”。

2007年的大PK，刘自成觉得PK得有些“过度”了。

在那封邮件中，刘自成提出了一个观点，认为“公司最大的内耗之一就是PK，看似业绩增长了，其实是在内耗，包括团队精神”。他希望能因此让大家去思考和讨论，应该如何正确理解血性和PK文化。

刘自成说，宁波做到3000万元业绩，没有喝过血酒，也没有扎过红头巾，都是靠方法，刘自成称之为“策略、目标、方法的匹配”，“三方面完美结合才能赢。只靠PK就能把业绩做出来，还需要策略干什么？还需要目标干什么？还需要方法干什么？PK，应该是对自己的激发，就是把每个人的潜能激发出来。要PK的，是你的内心，是你自己，而不是找一个竞争对手天天喊，这样PK本身就是变味的。”

曾担任中供全国总经理的吕广渝，对于这个问题的回答是，PK这种形式本身没有问题，销售业务本身就像打仗，打仗最重要的是节奏。PK可以不断拉节奏，是一种经典的“术”，是有价值的。

对于PK文化具体的形式，中供管理层也一直在探索、总结。

现任中供中西部大区总经理的侯儒，曾经回顾过他担任主管时的一场经典PK。2014年，侯儒担任深圳龙岗区区域经理，龙岗区域之前最高纪录是12月单月2300万元。同样是12月，侯儒提出了4000万元的单月目标。在客户没有变，员工人数比以前还少的情况下，业绩能比以前增一倍，很多人认为是不可能的。

因为有在宝安做经理、带领团队突破当时最高纪录4430万元的经验，侯儒内心非常笃定。第一步，团队达成共识，上下同欲。

此前，阿里巴巴的启动会议是一对多启动，喝点酒，“打鸡血”，扎红头巾，开始冲业绩，放在现在，已经行不通了。在今天，采用铁血启动，每个人都疯狂喊目标，“又哭又叫”的方式，对很多销售来说，只能启动表面，启动内心的作用不大，只是表面应付配合。启动内心的动作，还是要根据内在需求。阿里巴巴的员工一定有团队责任感，有爱心，他会为家庭，为自己的目标，为自己的理想努力，比如说关于青春、关于梦想、关于团队的责任感，关于兄弟，关于江湖情，员工内心都有。这些内在的东西，是容易被激发的。只是今天需要采用的，是一对一沟通，达成深度共识。

侯儒让每一个主管跟自己的员工沟通，要挑战完成 100 万元。当时龙岗历史上只有五人次完成过 100 万元的业绩，对之前完成过 100 万元的人，请他完成 200 万元，之前没有完成过 100 万元的人，要努力完成 100 万元。侯儒要求每个主管要针对每个人的不同诉求，一对一沟通三轮。对于 100 万元，有的员工觉得是当下收入，可以让生活富足；有的员工觉得来阿里巴巴五年了，这 100 万元是对个人价值和能力的证明；有的人会认为是对主管或经理个人领导力的回馈；有人认为是对区域和公司的责任……管理者要通过不同的方式，把每个人内心的扳机扣动起来。

激发之后，就是讲方法，如何完成 100 万元？侯儒解释，100 万就等于 1 万 × 100 元，一个客户谈 100 万元，也就是 2 个客户谈 50 万元，三个客户谈 30 几万元。让销售把目标转移到客户身上，这个客户可以谈 30 万元，那个客户可以谈 40 万元，加在一起 70 万元，再找一个客户谈 30 万元，就有 100 万元了。

第三个步骤就是如果确定 30 万元为主打方案，或者 20 万元为主打方案，就要分析用什么样的组合完成 20 万元和 30 万元、40 万元的主打目标。比如说 20 万元用什么样的促销方案和产品组合，要盘点客户，主管要帮助销售盘点客户。

员工被激发了，方法也到位了，但现实还是会出现很多状况，这需要区域经理对现状的控制。比如第一轮 7 日内完成 1200 万元，平均分配下来就需要每个员工签三单，每单 8 万元，区域就给 79600 元产品送 36000 元的大促销，每个员工签三单，1200 万元完成了，员工心里就有底了。接下来大单做第二轮。到第三轮，区域确实完成了 2500 万元，破了以前的纪录，开始冲刺 4000 万元目标，此时发现收款出了问题。这时有的员工就要二次启动，“打鸡血”，激发他的力量，把榜单拿出来分享。

那一个月，龙岗区域签单接近 4000 万元，最后收款 3400 多万元。到 2015 年、2016 年，这个区域单月直接过了 4000 万元。

PK 文化，在不断形成新的方法论，也在不断充实新的形式。侯儒认为，要让员工不断挑战新的目标，但这个过程中除了有激情，有要性精神以外，更多的是方法和策略的分析，除了心态以外，还要有面对心态的方法和思维，并转换给客户。

第九章

上市："把股票放到外婆家箱子底下"

领导力的内涵或许可以概括为两个方面：第一，真实和信任；第二，不断地探求真实，不懈地建立信任。

——杰克·韦尔奇

突击上市

2007 年 11 月 6 日，阿里巴巴的 B2B 业务在香港上市。

上市第一天，阿里巴巴宣布发行价为 13.5 港元，总融资额 15 亿美元。阿里巴巴股票香港公开发售部分共有 56.62 万人申请，分为 A、B 两组。其中 A 组有 55.55 万人，为申购金额 500 万港元以下的投资者，B 组 1.07 万人，为申购金额 500 万港元以上的投资者。此次阿里巴巴上市共募集资金 4475.18 亿港元，超过了当年 5 月刚刚上市的百丽国际的 4463.5 亿港元，成为香港有史以来融资规模最大的一次。而以一星期拆息 3.02 厘计算，阿里巴巴仅融资所获的利息就达到 3.7 亿港元。

对于阿里巴巴 B2B 业务的成功上市，马云认为，成绩是阿里巴巴整个团队的功劳。阿里巴巴团队为此做出了很大的贡献，付出了 8 年的艰辛。马云认为，这一切是因为自己的时机很好，有时候运气很重要。阿里巴巴公司是一家运气很好的公司。

马云曾在阿里巴巴创立之初说过要在三年之内冲到纳斯达

克。但是直到2006年，虽然阿里巴巴已经走在了整个行业的前列，虽然国内很多网络公司都已纷纷上市，马云却一直以“阿里巴巴的潜力才刚刚释放，整体规模还没有达到预期的目标”为由拒绝上市。2003年，马云说，阿里巴巴公司不会在国际上丢脸，他自己本人希望大家早些上市，但阿里巴巴在那时没有打算上市，阿里巴巴太年轻，才4岁，员工平均年龄只有27岁，对这样一个年轻公司的上市，马云没有太大把握，而且阿里巴巴当时盈利非常好。

为什么2007年阿里巴巴又决定上市了呢？马云说：“今天阿里巴巴市场占有率越来越大，淘宝占有率越来越大，支付宝占有率也越来越大。”信息流、物流、资金流已初步发展了，阿里巴巴过上了好日子，马云才决定上市。

2008年3月17日，马云在深圳网商论坛上发表演讲时说：“我自己觉得，最近一下子名气大了起来，别人一下子觉得阿里巴巴这么厉害，马云这么厉害，特别是上市以后，人们看我的眼光不对劲儿了。媒体也跟着起哄，我们可能会自己忘掉自己。因为我们年轻，我们是平凡人，会忘记自己。我在创业的时候，不断地提醒大家我们是谁，我们从哪里来。很多人忘记了自己，找不到自己。11月5日阿里巴巴B2B上市，那天以后大家觉得阿里巴巴真的伟大，怎么会有这么高的市值！我觉得11月5日跟11月6日都是一样的，也没有觉得自己有怎样的变化，但是别人看我时觉得我变化了，我牛了，我厉害了。”

2008年1月27日，在上海市政协会议上，时任上海市委书记俞正声在发言中问道：“为什么像马云这样的人，在我们这儿没有成长？可能我们多少有一点儿问题。"接下来，时任广东省委书记汪洋率队到杭州去访问阿里巴巴。其他地方为什么没有产生马云，成为2008年最发人深省的追问之一。

自此，马云已经成了公众眼中的一个符号，关于他的图书源源不断地出现在书店里，各种媒体都开始近乎狂热地想要采访到他。

马云正告外界说自己并没有传说中的那样"牛"，阿里巴巴不过是一家高速发展的小公司，只是具有很强的社会影响力。如果将阿里巴巴定位为跨国公司或非常厉害的公司，那阿里巴巴今后的道路会越走越狭窄。很显然，马云并没有被上市所带来的成绩和辉煌冲昏头脑，从下海之初便一步一个坎儿走过来的马云，此刻和公司初创时期一样，更多的是在预见未来将会发生的灾难，以及发生灾难后的处理方法。他在这次演讲中十分清醒地说："在别人看来很好，你看来很好的时候，往往是灾难来的时候，任何企业和个人也是这样的，当发现问题的时候，已经是很晚了。一个公司的领导者，一定要明白，什么东西会变成癌症，所以要不断地体检，不断地反思。别人说你的脸怎么长得这么怪，因为我想的东西比较怪。我天天想，什么东西会导致公司得癌症，什么会得感冒。员工多了以后，麻烦也多了很多……"

这次上市时机的争取，后来看是非常正确的。如果阿里巴巴再晚几个月，基本就不可能上市。

在2007中国企业领袖年会上，马云也曾坦言，阿里巴巴B2B业务上市的一个重要原因，是因为上市能够融到钱，为"过冬"做准备。马云所指的"冬天"是指互联网的泡沫。马云曾亲眼目睹了

2000 年互联网行业从繁荣到泡沫的顷刻转变。在马云看来，2007 年股市的繁荣并不是真的繁荣，在繁荣的表象之下孕育的是衰败的趋势。阿里巴巴在 2007 年初本来并没有准备上市，但在年中却加速上市，因为预感到“冬天”的来临。

马云说：“这证明我们当年的判断没有错，B2B 不仅能成为一种商业模式，而且是代表未来趋势的一种商业模式。我认为单独上市与集团上市还是有区别的，尤其是中国电子商务才刚刚开始，需要三年甚至五年的基础建设。如果整个集团集体上市，无论是资本市场的压力，还是员工的动力，包括考虑整个环境的因素，我认为对整个电子商务市场的发展都是不利的。B2B 上市以后，其他公司也能有比较好的发展空间和资本空间。就在几年前，我们也不想上市，但我们认为现在是一个很好的时机。抓住很好的机会上市，对整个中国电子商务或者中国互联网市场都能产生比较大的影响，或者有很好的提升。”

阿里巴巴其他后来高增长的业务资产，比如淘宝和支付宝，并没有参加这次 IPO（首次公开募股）。很大程度上，这次 IPO 是为了筹集资金来支持淘宝和支付宝的“跑马圈地”。

邓肯·克拉克引述卫哲后来的回忆，“淘宝当时还在继续烧钱”，雅虎在 2005 年投的钱，“可能还剩下 3 亿~4 亿美元，但那还是不够的，我们还是不知道如何让淘宝赚钱”。邓肯·克拉克说：“从香港筹集的 17 亿美元中，只有 3 亿美元划拨给 B2B 部门。集团拿走了剩下的 14 亿美元，使储备金几乎达到了 18 亿美元。”这足够帮助淘宝和支付宝支撑很长一段时间。

也有分析人士认为，马云选择在 2008 年北京奥运会前上市，在奥运会前后这一段时间全球资本市场都会大好，很多企业都想赶在这一时机上市，这样很有可能提高市场估值。

命运这次再次青睐了有准备的人。由于2007年对上市融资机会的把握，马云在2008年金融危机来临之前，已经准备了应对互联网泡沫的充足的现金储备。

另一方面，IPO可以使阿里巴巴体恤一下员工了。“B2B业务已经持续了8年，马云清楚需要给员工套现一些股票的机会。”邓肯·克拉克写道，卫哲记得马云曾这样对员工说：“你需要买房，你需要买车，你不能等到卖了股票才结婚，才生孩子。卖了股票并不等于你不喜欢公司。我鼓励大家卖掉一些股票，去过你想要的生活，给家庭一点回报。因为你们干得太苦了，疏远了家庭，他们需要回报。”

股票

是的，中供铁军，这些用脚步丈量中国经济版图的人，这些曾经为了节省10元甚至几元钱，可以多挤几小时公交车的人，这些无力回家过年只能向银行卡里只有几百元存款的兄弟求助的人，这些可以两个男人挤在一张床上“取暖过冬”的人，这些听命调动难以与家人厮守的人，终于有机会在财富上看见“足够大”的回报。

吴敏芝在温州担任区域经理时，经常用来激励团队成员的那句话，“拼搏一年，圆你一辈子的梦想”，忽然就成了现实。

从阿里巴巴上市那一刻起，马云及其团队在阿里巴巴所拥有的财富也开始渐渐变得清晰。

中国互联网有史以来最大的“富人帮”也由此诞生。马云直接持有上市公司股份的价值超过25亿港元，一些高管成为千万乃至数亿级别的超级富豪。有媒体按当时的平均价格计算，结论是阿里巴巴的每个员工都成了百万富翁，有超过1000人成了实际意义上的百万富翁。

此前8年，马云一直称自己是“丐帮帮主”。那时，阿里巴巴还没有上市，当百度等互联网上市公司员工以百万论身价时，阿里巴巴的员工只有羡慕的份儿。“百度上市之后，我就一直期望自己的公司能够早日上市，因为相对于百度，我们的员工在阿里巴巴有着更多的股份。”一位阿里巴巴的员工这样说。

这一天终于来了。

很多人都记得当时马云说的这句话，“把股票放到外婆家箱子底下”。但是，除了一些“先知先觉”的人，不是每个人都能够认真地思考这两句话，也不是所有的人都那么认真或者那么相信——也许是真的不在意。

一个著名的段子来自大炮方永新，这个段子是真实的。大概是2005年前后，大炮已经成为阿里巴巴“五年陈”的时候，公司发了一笔股票期权。大炮发挥了他的“大炮”本色，对马云打趣：“马总，还是给现金更实惠。”

马云：“这个给你的东西挺值钱。”

“值多少钱？”

“你把这个东西放到外婆家箱子底下，放10年，先把它忘掉。”

在2006年前后，一个全国销售冠军，年底除了提成，还可以拿到约10万股的阿里巴巴股票期权，其中有B2B上市的，也有阿里巴巴集团原始股。这样的一笔激励，如果按期行权，并且一直没有套现，如今已经价值可观。

曾经担任阿里巴巴南京区域经理的杨猛讲过一个故事，大概在2004年，南京区域有一个主管，年底最后一单，他拿到4万元的一个单子，汇票已经拿到手里了，送到财务，就完成了那一笔业务，就可以多拿7000股（原始股）。他呢？没去送，觉得无所谓，泡澡去了。按照今天的价格算，这一个澡泡掉了天价……后来大家提起这件事，说这位主管“洗了个天价的澡”。

罗庆元则不一样。从进入阿里巴巴第一天开始，他就真的坚信阿里巴巴的股票会“值钱”，因此，每个月的最后一天、每年的最后一天，都会竭尽全力。2004年，如果业绩冲到250万元，就可以拿到25 000股股票，当年最后一天为了冲这个业绩，确保拿到股票，罗庆元开坏了两个轮胎。

当然，面对财富带来的命运转折，也有许多人并不那么“欢快”。有些员工因为“太早”看到股票价值，很早就套现了。也有些员工因为积蓄有限，无力缴纳“行权”费用，并且看淡股票价值，就在行权前将股票以比较低的价格“转让”给了他人。还有员工在B2B上市后炒股被套，不得不出卖阿里巴巴原始股补齐亏空……

巨大的财富是令人眩晕的。中供早期的一个鲜明特色，就是“苦大仇深”。如今，随着公司上市，很多人特别是早期加入中供的明星销售们，已经实现或者“看得见”财务自由。使命感和价值观能不能产生足够的驱动力，使这些曾经“没有不能吃的苦”的铁军士兵继续保持斗志？

对此，马云显然是有所思考的。他对媒体说："这是他们的付出所得。当时我请了好多人，别人没来，他们来了，也许他们能力不如你，但这是运气，也是选择。"

至于在获得财富之后是走是留，马云说："他要走是他的权利，他要走，你留不下他，是阿里的无能。所以我保持开放心态。……我相信95%以上的阿里人要离开公司都会参与阿里生态的建设。对于人员的流失，我们认为是壮大了阿里的生态系统，帮助了别人，我觉得很好。好多年前我讲过，希望二三十年以后，中国500强中有200位CEO是从阿里出去的。这是很多年前吹的牛，到现在我们依旧认为阿里对中国的贡献是我们训练出来的那些人。"

卫哲时代

与阿里巴巴上市几乎同时发生的，是管理层的变化。

在阿里巴巴上市之前一年的2006年11月，卫哲正式加盟阿里巴巴，出任阿里巴巴集团资深副总裁兼阿里巴巴B2B业务CEO。

中供当时具体主管内部业务的是李旭晖，"前线"主要由吕广渝负责。在更早的2005年1月，原来一直主管中供销售团队的李琪升任为阿里巴巴集团COO。

与之前几年由李琪主导、李旭晖等辅助这一持续多年的管理架构相比，2006—2010年是中供的管理机构变动最大的几年。2007年7月，李旭晖离开阿里巴巴，戴珊回到中供负责全局。其间，中供实行不久的"中区制度"改成"大区制度"。那一年，敏芝在管理浙江大区一个多月后转交给何奕之负责。

2008年三四月，戴珊产假离岗，阿里巴巴集团的邓康明成为“超级大政委”，代管中供日常业务，后期，身为B2B业务CEO的卫哲有时也会直接介入一些中供的管理。

这种状况持续到2009年8月前后，李旭晖回归中供，重新负责中供日常管理，此后才稍微稳定了一段时间。

阿里巴巴最重要的人事变动，还是卫哲的加盟。

马云比卫哲大6岁。卫哲于1993年从上海外国语大学毕业后的第一份工作是翻译兼秘书。1993—2001年，卫哲完成了从普通职员、主管、部门经理、总监、副总裁到总裁的华丽转身，走了一条让众多年轻人无法企及的辉煌的职业发展道路。2002年，年仅31岁的卫哲从世界500强企业、欧洲排名第一的百安居财务总监一下子跳到CEO，成为世界500强企业中最年轻的中国总裁，在业界享有盛名。卫哲在担任百安居CEO的4年里，将百安居店面从5家扩张到50家，使百安居一跃成为中国最大的建材零售连锁超市。如此不俗业绩将卫哲推上“2004年度中国七大零售人物”和“2005年度中国零售业十大风云人物”的榜单，在业界称得上是有魄力、有影响的少壮派。

熟识卫哲的人士说，2001年前后，正是卫哲的职场生涯“乘火箭上升的时候”。那一年，哈佛商学院组织了一场中国企业家的组团演讲活动，卫哲作为中国第一代职业经理人的代表，受邀作为演讲嘉宾讲解中国家居零售行业的发展状况。同被邀请的嘉宾中还有马云。

那时，阿里巴巴刚创办两年，员工规模不到100人。不过，阿里巴巴已经获得了高盛和软银2500万美元的风险投资，马云本人也刚获得“世界经济论坛”评选出的“2001年全球100位未来领袖”的美誉。

那次演讲，马云给卫哲留下了很深刻的印象。据卫哲说，他向来对自己的演讲能力极为自信，但那一次在哈佛商学院，他演讲时是座无虚席，而马云演讲时则过道上都挤满了人，马云的自信和幽默赢得了阵阵掌声和笑声。那一次演讲回国后，卫哲与马云成了好朋友。巧合的是，卫哲痴迷金庸的程度绝不亚于马云。据他自己所说，大学毕业后第一个月的工资，除了给女朋友买了些礼物外，剩下的就买了一套金庸小说。

2005年，卫哲将自己作为中国第一代职业经理人的经历和经验梳理总结，出版了《金领：21世纪职业生涯完胜之道》一书。那时，他想找马云为该书作序，没想到马云一口答应。而当时，正是阿里巴巴与雅虎洽谈联姻的关键时期。

有媒体报道，“马云自结识卫哲后，就一直向卫哲频频抛出橄榄枝，卫哲没有拒绝，但也没答应，两人一边做生意，一边交朋友，一边打太极”。马云曾说，卫哲从2003年就开始对他的邀约实施“软抵抗”。而卫哲则表示是在暗中观察阿里巴巴整整达6年之久，“这符合我的风格，我职业选择比较谨慎，每次跳槽都是如此，我去百安居前也观察了4年。当时我在普华永道，百安居正是我的客户”。

2006年，卫哲终于决心加盟阿里巴巴。11月份，卫哲宣布辞去百安居中国区CEO职务，担任阿里巴巴B2B业务部门总裁兼集团执行副总裁。

卫哲加盟阿里巴巴不久，在一次公开场合，马云对媒体说："这挖人就像拔牙，猛地一拔，被拔者与拔牙者都很痛苦，而且还会流血。我现在就不拔牙了，我天天去摇，摇松了，就来了。"

地震

像2001年一样，2008年也是一个重大事件频出的年份。除了2008年奥运会在北京举行，在这一年的5月12日，发生了汶川大地震。

马云助理陈伟在《这就是马云》一书中记录了当天发生的事情。"那天我和马云一起在莫斯科参加ABAC会议（亚太经合组织工商咨询理事会），上午10点半过后，会议中的马云不断收到国内朋友发来的消息：北京地震了，上海地震了，杭州地震了……后来李连杰来电确认地震中心是四川。马云打断了会议，说：'各位代表，对不起，我打断一下，我的祖国半小时前地震了，很大的地震。'马云当天决定以个人名义先捐款100万美元。……马云比原计划提前回国，一夜没睡，早上8点发着高烧召集集团高管开会，布置工作。"

在汶川地震之后，阿里巴巴通过各种形式，为救灾和灾区重建尽了一个企业的责任。

与此同时，分布于全国各地的中供销售又是怎么度过的呢？

"当时，除了少数销售在成都附近的双流、郫县等郊县拜访客户外，大部分销售都在成都市区工作。由于成都本地的电话信号完全中断，异地联系成都的电话偶尔还能接通，所以联系销售的工作是由我们沪苏大区的HR来做的。联系销售的工作从一开始就受到集团和B2B高层的关注，马云、彭蕾、卫哲、邓康明、郑璐时时刻刻都在关注着每名员工的安全。”主管成都区域的沪苏大区HR主管桂香说。

“那天，通过电话联系，很多销售都及时联系上了，他们都就近投亲靠友，有的住在临时帐篷，有的睡在露天。我们不停地按着手机上的‘重拨’键。上百次的发送，可能失败99次、成功一次，但这一次就让我们雀跃。每收到一条回复的短信都让我们的心感到宽慰。”

5月13日9点42分，杭州HR跟在四川大学露宿了一夜的刘小琴取得联系后，宣告B2B部门成都57名同事全部安全。5月13日10点，邓桂香给B2B所有人发出了这样一封邮件：

> 告诉大家一个好消息：截至今天上午9点42分，确认成都所有战友们都安全！最后联系上的刘小琴在大学校园里过了一夜。从昨天开始，成都的四位主管不断地在跟我反馈他们的组员情况，联系上了谁，谁还没有联系上……由于通信断断续续，这个过程还是很让人紧张,很让人揪心的！好在我们成都区域有这么好的班长们、这么负责任的班长们，确保了在这么乱的局面下都关注到每一位组员，为这四位班长喝彩！
>
> 从昨天到今天不到一天的时间，跟大家大致描述一下成都战友们的状态：
>
> 昨天下午2点多出现地震后，成都区所有的战友都跑下

楼了，成都地面上是人山人海，大家都跑散了，用短信相互联系，此时政府封了所有的大楼及高层住宅，因此我们的战友们也无法回到办公室，到了5点多，大家陆陆续续往家的方向走。

昨天晚上成都区所有的人都在各自家门口的广场上，不能回家，由于通信仍是断断续续的，所以联系也是断断续续。

到目前为止，成都战友们都很镇定，请大家放心，用何杰的话说：成都没有媒体讲得那么恐怖，一切都好！

只是由于政府说可能还有余震，因此仍让成都团队要注意安全；同时听说邓劲松的妹妹在高危区都江堰，目前还不知道情况，因此除了成都战友们的安全外，我们也衷心祝愿阿里家属们都安全！

由于有2003年抗击SARS的经历，这次地震，给中供和阿里巴巴带来的扰动是有限的。但是，汶川地震就像一个暗色调的预言，对"中国供应商"来说，更大的风暴正在远方酝酿。而就在眼前的，是一场大规模的全球金融危机的到来。这是一个可能比2000年互联网寒冬更冷的冬天吗？

狂风

就在2008年地震期间，中供上半年的业务也陷入阴霾。在2007年达到一个小高峰之后，"中国供应商"的业务开始出现了某种程度的下滑。

业绩的下滑，不是销售团队的能力出现了问题。事实上，在2007年，中供的PK文化正达到一个历史新高。

2007年，美国次贷危机露出苗头，欧美市场的进口需求很快受到影响，“中国供应商”的大客户渐渐减少了。商人们赚的钱少了，自然就渐渐感到“中国供应商”的会费贵了。2008年，当经济危机肆虐全球时，阿里巴巴首次出现净利润减少的情况，根据当年发改委中小企业司的统计，中国半年内有6.7万家规模以上的中小企业倒闭。2007年，阿里巴巴股价曾创下39.5港元的高价，到了2008年，则创下了3.46港元的新低。

全球金融危机已经到来。刚刚上市的阿里巴巴必须应对实体经济下降带来的困扰，以及上市公司的股东们对公司的种种“苛求”，甚至还有新上市公司可能面临的控制权之争。这些问题骤然在一个时间段挤压到一起，对马云或者阿里巴巴来说，这又是一次极具威胁的考验。

随着2008年金融危机的来临，互联网行业的第二次寒冬降临。2008年7月23日晚，马云在向全体员工发出的题为《冬天的使命》的内部邮件中写道:“……其实我们的股票在上市后被炒到发行价近三倍的时候，在一片喝彩的掌声中，背后的乌云和雷声已越来越近。因为任何来得迅猛的激情和狂热，退下去的速度也会同样惊人！我不希望看到大家对股价有缺乏理性的思考。”“我们对全球经济的基本判断是经济将会出现较大的问题，未来几年经济有可能进入非常的困难时期。我的看法是，整个经济形势不容乐观，接下来的冬天会比大家想象的更长！更寒冷！更复杂！我们准备过冬吧！”

2008年11月1日，全国各地的中供销售齐集杭州。马云在当日的内部会议上发表了长篇讲话，详细说明了当下阿里巴巴和中供面临的形势，以及将要采取的应对措施。

这次讲话，可能也是马云对"铁军"一词使用最多、褒奖最实、期望最高的一次讲话。在这个讲话中，马云甚至提到将来"要出一本关于我们铁军的书。在座所有的人，你们是阿里巴巴的铁军。你们都有创新精神、艰苦精神、勇往直前的精神，你们所到之处都代表了阿里巴巴的精神。我经常说这样一句话：我们不承诺你有钱或者你会当官，但是我们承诺你们会痛苦、失望、沮丧。你们如果把这些东西写进博客，用日记记录下来，那这本书将来值得给所有立志于创业、建立团队，立志于创建自身文化的人看。"

第一句话，马云就提到了铁军："每次看见我们阿里巴巴的铁军回到杭州，我总是感到非常感动，莫名其妙地感动。阿里巴巴五虎将基本上都在这里，我们最强的铁军，在地面上能够显示阿里巴巴精神，能够显示阿里巴巴使命感和价值观的团队，今天都在这里。因为你们，使整个阿里巴巴赢得声誉；因为你们，我们有机会10年以后真正改变全世界、全中国对电子商务的认识；因为你们，也改变着中国对我们这代年轻人的认识。也拜托所有的铁军，所到之处，必须显示阿里巴巴的精神、文化和价值观，拜托大家。"

对于当前的局势，马云说："世界金融危机最黑暗的时候我认为已经过去了。最最黑暗的时候在今年2月份形成了，六七月份在奥运会之前是最黑暗的时代，就像狂风暴雨一样，在大风暴将来之前天是最黑暗的，但是风暴一旦形成，天就渐渐地变亮。""接下来的三年以内，要高度关注的是金融风暴导致的经济危机。问题会逐步影响到实体经济。”“这个冬天要比大家想象的还要寒冷，还要长，还要残酷。”

马云回忆当年：“2001 年是阿里巴巴最冷的冬天。在座所有的年轻人你们肯定羡慕那些 2001、2002 年的铁军，我要那时候加入今天也是一个‘省长’了，今天我也光荣了，我今天也是 Top Sales（顶级销售员）了，对不对？或者说，很多人觉得遗憾，我们怎么没有在非典的时候关进去？非典的时候怎么没有去阿里巴巴？我那时候怎么没有成为阿里巴巴的那 18 个人？

“但是当机会到了门口的时候，你怎么知道这是机会还是灾难？其实那 18 个人不去大公司干，跑到阿里巴巴来，很多人都认为是灾难。2001 年互联网泡沫的时候，也许会想我，怎么那么倒霉，什么工作不找，怎么跑到这里来了？非典的时候，被关进去的时候，有多少人心里难过，所有的人都认为是灾难！但是过了以后，所有的人以为那真是好！

“今天使用阿里巴巴、使用电子商务的所有企业，为什么它们的存活率比大家高？这源自它想突出，它想活下来，它想突围，它想尝试新的生命力。所以电子商务一定是帮助了绝大部分想活下来、想创新的企业。

“我们今天兵精粮足、现金充裕、人才齐备，我们今天已经看清楚，我们看到前面是电子商务的机会，我们看到了新的出口机会，我们看到内需市场的振兴。

“今天这种形势下，我们渡过难关将证明我们是伟大的公司，任何一家伟大的公司都必须在非常残酷的形势下进行洗礼。

“过冬，我们要做些什么？ Back to Basic（回归根本），B2B 永远是Back to Basic，回到我们的使命感、价值观，回到客户第一，回到我们的激情，回到我们的敬业。所以，我们回到的基础是，在使命感驱动下帮助中小企业渡过难关，使命感驱动我们再回到我们的客户第一、我们的诚信、我们的敬业、激情、团队和拥抱变化，回到一切价值链的考核。这两三年之内，所有的人扎扎实实、踏踏实实地走。"

而这一切的基础，则是在这里。马云对阿里巴巴的铁军"指战员"们说："一会儿卫哲会跟大家宣布'狂风计划'，就是找出这样的企业，让它们成功。让那些不相信科技、不相信创新、不想活着的企业，该死就死吧！天下没有人能够帮助你，只有你能帮助自己。

"'狂风行动'是正式启动阿里巴巴B2B商业模型升级的信号。作为一个企业家，你可能一辈子都很难有机会参与商业模型的转移。我们公司9年走过了一个平常公司25年的历程。

"今天的会议以后，阿里人的友情永远在，阿里人的铁血精神、兄弟情永远在。假如我们明天启动了狂风计划，有的人因不认同阿里巴巴的决策而离开，即使你离开，还有机会再见。我们不会怪你，但是我们会怪你在团队里面不跟大家同舟共济。我们已经在一条船上，所有网站部门、客户部门、直销部门等必须同舟共济，必须渡过阿里巴巴升级的难关，帮助中小型企业渡过难关。"

3500多名"中国供应商"直销团队成员，以一种难以言表的情感见证了阿里巴巴历史上最大场面的启动会。

2008年，来自台北的杨梦翰加入阿里巴巴，成为"中国供应商"港台大区的销售，不久，他就参加了11月1日的狂风行动启动会。他听到了全场震耳的口号声，看到了大旗飘扬。

时任广东大区总经理杨子江记得，那天，在现场修了一道“城墙”，几大“省长”穿着仿古装的盔甲，接受卫哲授予的战旗。

狂风行动开始了，一个狂飙突进的时代到来。这将是中供历史上最辉煌、最猛烈，也最痛苦的一次超级PK。

第十章
狂风行动：为了吹出一片暖冬

在艰难时期，企业要想获得生存下去的机会，唯一的办法就是保持一种始终面向外界的姿态。若想长期生存，仅有的途径就是要使人人竭尽全力，千方百计让下一代产品进入用户家中。

——约翰·多伊尔

新续分开

作为狂风行动的序曲，早在 2008 年三四月间，中供的服务体系已经先期改为新续分开。

所谓“新续分开”，是指新签和续签在之前由同一个团队、同一个销售来完成，而在新续分开之后，则由不同的团队、不同的人分别完成，管新签的销售，只要专心寻找有新签意愿的客户，像猎手一样搜寻就可以，至于后面的服务以至续签，则由另外的续签服务团队接手。

之所以说这是狂风行动的序曲，是因为这一做法与狂风行动的展开有内在的联系。某种程度上，新续分开与狂风行动的内在逻辑是相近的，新续分开使狂风吹得更彻底了。

就当时的情况来说，新续分开也是为了避免铁军已经出现的一些不良苗头。

狂风行动前后，雷雁群担任大区总经理。对于新续分开，他认为，这个决定虽然后来被认为在实践中有很多问题，到 2010 年时又新续合并，但公司做这样的决定有当时的背景。因为如果中供的客户都是跟着客情走，对产品就不会有比较，而且靠客情关系也不持久。并且，有很多老员工手上客户太多了，服务不过来了。同时团队已经产生了不公平，像黄榕光这样从2001年做到2007年的老销售，新人是没有办法竞争的，因为手里有巨量的老客户续签，怎么竞争？

雷雁群认为，新续分开，有负责新签的，有负责售后的。新签和续签是两个“人格分裂”的事情，销售是需要狼性的，就是要去找那块肉，但同时要让他做服务，是不产生业绩的，是长远的事情。销售本来就是一个短期行为，比如说负责1~3个月的业绩，太长远不是销售该讨论的事情。阿里巴巴当时希望服务更流水化，负责拉新单的就拉新单，因为那时候阿里巴巴已经有品牌了；做服务的就做服务，可以更专业。在销售业绩上面，也可以把不平衡打破，让前线销售重新回到一个公平的竞争起点。

后来担任中供总经理的潘崑，2008年6月刚刚加入中供，来到东莞接替曾经的明星销售贺学友区域经理的位置。其时正是新续分开刚刚开始实行。后来他仔细分析，新续分开的意图还是明确的：如果要快速增加客户数，用原来的那种服务模式就会出现一些问题，服务能力会成为局限。但在当时，潘崑首先看到了新续分开的弊端。为此，他还给卫哲写了一封邮件。潘崑和冯全林都是2008年阿里的一次试探性从外部招聘区域经理级别人才时得以进入中供的，因为这种特殊性，他们的周报都是直接发给卫哲过目。

在雷雁群看来，新续分开的出发点很好，这和阿里当时的思考方向是有关系的，公司觉得要靠产品和反馈量，因为淘宝反馈就很好。每个店家和淘宝是没有感情的。只要流量大，公司做平台，必然也要往那个方向去。所以阿里通过新续分开，试图在中供复制一个标准化的服务流程。

但新续分开也让销售降低了安全感。做销售的，客户积累越多，越愿意把销售看作长期的事情。新续分开后，销售会发现，签完单后，下个月的新单子不知道在哪里，开始长期处于不安全感中。这种情况下，人可能不会持续太长久。

对于B2B来讲，建立新续分开这种流程，比淘宝更难。淘宝基于交易，一笔交易很快，B2B不一样。B2B在网上接到一个客户，有一个认识的过程，客户一般不会在网上下小单；或者在网上下个小单，但随即面对面后的长期合作，那才是大单子。在线上信用体系还不完备的情况下，客户好不好，采购商好不好，供应商好不好，在网上很难建立信心，都是靠线下交流的。当时B2B的模式不基于成交，就很难形成信用体系。当然，雷雁群认为，这也是一种必要的尝试，“那个阶段公司做了这样的尝试，但最后发现不基于交易也很难，所以最后有一达通，也在改变体制”。

当时任浙江大区副总经理的赵伟，对新续分开的这段时期也记忆犹新。

“核心问题是什么呢？就是新续分开之后，客户签单金额就做了调整，新签日子特别好过。以前一单最低5万元，十几万元都有。现在多少钱？19800元！很多人愿意做新签，没人愿意做售后。”

半年以后，有其他团队开始打破续签团队。这也是不得已，因为新签客户进来的速度太快。到后期，赵伟形容，售后这几支队伍的主管都“抖”了，因为业务体量太大。负责新签的销售都蒙了，因为新签一个客户只有 19800 元，100 个也就那么多，售后服务人员随便一做，在新签的基础上加了很多“盔甲”（新加服务），就几百万元。

狂飙突进

狂风行动的初期，效果是十分明显的。

狂风行动可以看作阿里巴巴推出一系列针对中小企业的“援冬计划”的一部分，其中还包括：投资 3000 万美元进行全球市场推广活动，推出“救市”产品“出口通”；通过诚信通服务的移动性升级，使阿里巴巴对中国内贸市场的覆盖率及纵深度不断增强。

简化版的“中国供应商”出口通的推出，以及会费价格降低至 1.98 万元等措施的实施，使阿里巴巴在“冬天”的环境下，付费会员从 2008 年第四季度开始井喷，5 个季度竟然增长了两倍，而此前 6 个季度也不过增长了 50%。

2008 年 10 月，中西部大区成立，俞头和大炮成为首任“省长”与“大政委”。从此，“中国供应商”直销团队基本上覆盖了大部分中国经济版图。区域数也从 2007 年的 32 个增加到 2010 年的 72 个，三年翻倍。

无论在哪个意义上，阿里铁军都开始进入一个高速扩张的时期。

无论是因应危机，还是援助中小企业过冬，对阿里巴巴来说，客户数都成为一个至关重要的指标。这在逻辑上是非常自然的。

卫哲在一次采访中提到客户数的重要性：2009年一季度中国外贸负增长20%，恰恰在这个季度阿里巴巴迎来了第五万个出口会员，并且实现了有史以来最大的单季度客户增长。从调研来看，采用电子商务的中小企业相比于不用电子商务的，存活率会高出整整两倍，这5万家企业更高出5倍以上。

“我们的回报将通过三个阶段逐步实现：第一阶段，就是客户数的上升，已经有两个季度连续上升，给了我们初步的信心和曙光；第二阶段，由于我们的模式是递延收入模式，先收会员费然后在未来12个月内逐步记入会计收入，所以第二阶段客户数的增长必然会带来会计收入在未来12个月的上升；第三阶段，随着客户数上升、会计收入上升，利润率的回报是毋庸置疑的。”卫哲说。

而在2010年，卫哲甚至将客户数的价值提升到了一个更高的标准：“伟大的公司可能不再是资产大、规模大或者是利润大，而是用户和客户数量的庞大。”

就当时的情况来说，由于危机的影响，像“中国供应商”这种相对比较简单的商业模式必然需要扩大“底盘”。

狂风行动最核心的举措，如果用最简单的方式来概括，就是降价，降价换来客户的增长。

狂风行动主要是马云的决定。从马云那篇演讲可以看得出来，做出这个决定很艰难。陈伟在《这就是马云》中记录了狂风行动前后的情况：

2008年7月1日，阿里巴巴在杭州梅苑宾馆召开组织部全体会议，其中一项内容是欢迎原中央电视台节目主持人张蔚等新同事加入阿里集团。晚上，B2B中层以上会议继续召开，会议一直持续到凌晨3点。

会上所有的人都直言不讳，先是有老同事抨击“空降”的新领导，认为职业经理人那些技巧和规则不适合阿里巴巴，阿里巴巴靠的是苦干精神，是“很傻很天真，又猛又持久”的精神。

还有人挑战马云：“如果马总您的决定出现了明显的错误，那谁来制衡您？”

马云很平静地回答：“第一，公司没有人可以制衡我。第二，如果我已经做出了决定，哪怕是错误的也必须执行。第三，你们都认为是错误的决定，并不一定就是错误的。”

这个回答表现了马云非常强势和自信的一面，而事实也很快给出了最好的证明。就在这次会议之后不久，金融风暴席卷全球。马云在几乎所有高管都反对的情况下，坚决执行狂风行动，大幅让利给“严冬”中的中小企业，结果受到了中小企业的拥戴，客户数量井喷。虽然单价低了，总收益反而增加。

挑战马云权威的同事并没有因此而受到影响，这是马云在阿里巴巴所倡导的文化之一。每次组织部的会议，就是说真话的会议，大家把心里的想法都抖出来、辩明白，事后谁也不计较。有的同事在会上被马云批得体无完肤，晚上又会出现在马云家喝茶、聊天，好像什么都没有发生过。

这就是阿里铁军最为显著的风格之一：在讨论方向的时候，都会畅所欲言，哪怕是挑战马云，但一旦形成方向，就不会再有异议，执行力绝对保障。好几位中供人不约而同用了这样的比喻："决定做出之后，就算你看见面前是河水是坑，也要毫不犹豫地跳下去，就算战死也只能这样。"

雷雁群说，有一次李琪跟我说，每一个东西定出来以后，大家要挑战来挑战去，你将心比心，公司怎么会出一个不好的东西，让大家做得不好呢？是不是没必要？公司今天出了一个东西，是为了让大家做得不好吗？我觉得很有道理。

截至 2008 年 12 月 31 日，阿里巴巴的两个交易市场共有 3810 万名注册用户，较前一年增长 38%。阿里巴巴的国际交易市场及国内交易市场分别拥有 790 万和 3020 万名注册用户。2008 年第四季度，阿里巴巴的国际交易市场增加了 100 万名注册用户，而国内交易市场则增加了 140 万名注册用户。截至 2008 年 12 月 31 日，阿里巴巴两个交易市场的企业商铺总数达到 460 万，较 2007 年增长 56%。其中，阿里巴巴的国际交易市场及国内交易市场分别拥有 97 万和 360 万个企业商铺。两个交易市场的付费会员总数增加至 432031 个，较前一年增长 41%。

阿里巴巴 2008 年的国际交易市场营收为 19.07 亿元，较 2007 年增长 23%，主要是由于"Gold Supplier"（金牌供应商）会员数目及增值服务销售额增加，同时也包括了销售"阿里软件外贸版"客户关系管理方案所得的 2320 万元的收入。截至 2008 年 12 月 31 日，阿里巴巴的国际交易市场拥有 43028 名"Gold Supplier"会员，较 2007 年底和 2008 年第三季度末分别大幅增长 57% 及 40%。阿里巴巴于 2008 年 11 月将原有的“Gold Supplier”产品升级，并推出入门级会员服务“Gold Supplier”出口通版，该计划的执行大大加快了阿里巴巴吸纳新“Gold Supplier”客户的速度，令阿里巴巴在第四季度破纪录地新增了 12192 名“Gold Supplier”客户。

通过狂风行动，阿里巴巴 2008 年 11 月和 12 月两个月签单的客户数量相当于以前 10 个月的签单量。

“那个时候我们成立了作战室，24 小时监控市场的反应，也对外贸供应商部门的全体员工进行了总动员，大家群情激昂，最终效果很好。”彭蕾回忆。

扩张的步伐还在继续。“2009 年，因为我们投资技术，所以今天阿里巴巴拥有了一支 1000 人的技术工程师团队；因为我们投资员工，所以新老员工年底一律加薪；因为我们投资客户，‘中国供应商’的狂风行动、诚信通的“春雷一号”，加上投资阿里软件和万网带来的客户，使阿里巴巴中小企业付费客户数翻番。2010 年，我们要期待的是，在某月的某一天出现我们第 100 万家付费企业客户。”在 2009 年底，卫哲对未来的一年做了这样的展望。

预警

2007 年，当时在武汉新开区域做区域经理的谢德忠接到总部调令，回到他入职地福州。这是一个看起来没那么自然的调动，因为谢德忠在武汉也不过工作了 5 个月，一个新区域刚刚开始有了些起色，却把区域经理调回去了。

谢德忠回到他熟悉的福建，面临的是一项极为棘手的工作。这是中供历史上也是阿里巴巴历史上第一次较大规模地处理欺诈事件——后来被媒体称作“莆田事件”。这件事之所以重要，是因为它在某种程度上是一个巨大的风险警示。

莆田事件也不是一个孤立事件。

应该说，在阿里巴巴早期，总体的诚信控制还算不错，中供的投诉几乎可以忽略不计。当时，阿里巴巴的诚信风控系统还没有建设完善，2005—2007 年，共有 100 多家 CGS（移动客户积分系统）客户被买家投诉涉嫌欺诈，因为无依据，无法关闭这些涉嫌欺诈的商家。2006 年 10 月，针对免费会员的反欺诈系统上线。

到 2007 年，一些区域的客户欺诈事件开始凸显。

处于东南沿海的泉州自古工商业发达，是古海上丝绸之路的起点。20 世纪 90 年代后，泉州工业迅猛发展，形成了一批在全国有影响力的产业集群，其中国驰名商标数量也排在全国前列。电子商务也随之发展起来，而阿里巴巴则成为大多数商人选择的外贸交易平台。

一些并不符合要求的供应商在此时混进了阿里巴巴。有媒体曾经报道，一名前阿里巴巴员工爆料，在 2007 年之前就曾发生过欺诈国外买家的事件，而供应商大多来自距泉州仅几十公里、以生产仿制名牌而闻名的莆田市。

随之而来的便是网络交易质量问题的投诉。

2007 年前后，欺诈的“供应商”与业务员勾结变得明目张胆。

谢德忠就是在这样的情况下回到福州，处理相关事件，包括对当时内部人员的处理。当时在福建担任大区总经理的正是杨子江。

谢德忠是在2007年9月1日回到他入职的福州区域的，到2008年9月1日离开。一年的时间里，阿里巴巴在福建关了186家客户，整个莆田市场全部被关掉。阿里巴巴撤销了莆田销售团队，放弃该地营收。

当时压力巨大。谢德忠说，在2012年之前，去百度搜“谢德忠”三个字，第一条就是他。那些被处罚的欺诈客户说我是骗子。有些欺诈客户直接打电话到杭州，说“我知道你家在哪里，你小心一点。我明天到杭州去干掉你”，在我后面支持我的员工也受到威胁。

2007年事件，除了涉事区域主管团队，并没有处理太多内部人。谢德忠解释说，当时对于类似问题，阿里巴巴公司本身也没标准出来。那时候主要的问题是“仿牌”产品，和后面其他事情的性质不一样。到2011年前后，公司已经明确了哪些东西可以做，哪些东西不能做。

多年来，尽管多次调动，谢德忠一直努力和家人在一起生活，只有那一年，他一个人回了福建——怕不安全。他晚上回住地都要看看后面有没有人跟踪，因为经常有欺诈客户电话威胁，甚至到办公室威胁。

2008年9月1日，谢德忠离开福建，再次来到中西部大区。然而，尽管中供以决绝的姿态表达了对欺诈事件的态度，但一些欺诈“供应商”开始分散到全国各地注册公司，并利用他人身份证登记。地下的毒火并没有熄灭，一场更大的风暴已经在酝酿之中。

风暴乍起

2011 年，是 12 岁的阿里巴巴的本命年。

问题开始出现。

一开始，在阿里巴巴的商人论坛上，会有一些受骗的客户爆料。这种欺诈案例一般都表现为：当客户急需一批产品的时候，他会在阿里巴巴需求供应商，当客户跟供应商的负责人取得联系之后，供应商会要求客户提供 1 万元的押金，而这笔押金支付后，客户会发现这家公司“消失”了，再也联系不上了。而这些公司中包括“中国供应商”。因为这些骗子公司都会拥有一个“中国供应商”的认证，所以买家愿意相信进而付款。

随着受害者的呼声越来越高，马云开始意识到事情绝非那么简单。2011 年 1 月的独立调查结果令马云大感震惊。结果显示，那些诈骗的卖家花钱买到“中国供应商”的会员资格，用假的生意执照骗过 AV 认证；然后用低价诱惑海外的买家下单、付款，这一切都被销售人员默许，甚至有些销售员还会协助骗子公司加入这个平台。

2009 年有 1219 家供应商（占比 1.1%）涉嫌欺诈，2010 年有 1107 家供应商（占比 0.8%）涉嫌欺诈。阿里巴巴新招募的 5000 名直销人员中约有 100 人参与该“欺诈门”，这 100 人中包括主管和一般销售人员，占阿里巴巴销售团队的 2%。

在阿里巴巴网站的论坛上，汇集了不少来自海外的投诉信息。

据这些网站上的投诉案例显示，被骗的情况有如下两种：第一种，买家付了钱但收不到货物。一家名为“King Stone Technology

Co.”的公司，注册地在烟台，被指在已经收到钱的情况下，却谎称当初提供给海外客户的银行账号有误，因而并未收到钱，所以不发货。此后该公司再也不做任何回复。

第二种，买家虽然收到了货物但却是假货或者次货。一名德国买家向一家名为“Wise Technology Co.”的深圳公司订购了三部手机，其中的一部上却发现有仿冒的苹果标记，但该买家却再也联系不上那家公司。

一位外国买家甚至称，他在阿里巴巴网站上竟然在三年之内被骗四次。第一次被骗是在2008年，当时他替客户订购43副会发光的眼镜。在阿里巴巴网上他查到福建一家名为“Yale Trade Co., Ltd.”的供应商有货，于是马上下单。在交易过程中，供应商建议他用西联汇款，称这一通道快速便捷。这位买家在付款后很快收到了货物，不过，他发现只有两副眼镜。两个星期以后他发现这家供应商在阿里巴巴网上消失了。

第二次被骗是在一个月后，这一次是当他向福建贸易公司“Topsun Trade Co., Ltd.”支付了6部手机的货款后，对方就终止了联系。那一次他汇出的1000美元货款全部打水漂。而让这位买家泄气的是，当时他们是通过手机进行的交谈，而不是在MSN上进行的，因而他并没有保存交易对话，投诉显得无凭无据。而事发后对方手机又一直处于关机状态。

2010年5月，这位买家向一家三年“金牌供应商”订购了两部手机，但最后只收到一部。无奈之下，他决定找卖家讨说法。但该卖家耍赖坚称自己发出了两部，拒绝退回另一部的钱，也拒绝再发一部手机。

对于国际买家来说，他们对阿里巴巴的信任来自阿里巴巴为这些公司打上的认证标签“中国金牌供应商”（China Gold Supplier）。他们并没有想到，一些骗子公司通过与阿里巴巴内部员工合谋，避开了严格的认证程序。这些骗子公司注册为阿里巴巴的会员就是为了诈骗，它们在阿里巴巴网站上发布热门的、价格很低的电子产品，通过极具吸引力的价格、较低的购货量和相对不安全的付款方式进行交易。

这件事的严重性在于“内外勾结”。诈骗企业买了几个“中国金牌供应商”的会员资格，用假的生意执照，骗过AV认证，然后用低价、小批量诱惑海外买家下单、付款，收到货款后并不发货。作为一个销售平台，阿里巴巴即便严格审查了供应商的资格，也难保诈骗行为不发生，就像淘宝网上的假货无法根除一样。而如果阿里巴巴内部人员主动参与了事件，默许甚至协助造假，其性质就变得严重了。

“失控的要性”

在欺诈事件被大面积曝光之后，阿里巴巴调查的结论是：主因在于“对业绩的过分追求”。

狂风行动的出现，客观上助长了“黑名单”的爆发。

“黑名单”爆发时担任人区总经理的雷雁群认为，中供产品调价，客观上是降低了骗子的门槛——之前要5万元，现在只要近2万元。欺诈成本降了一半多，会让很多骗子冲进来。

谢德忠也认为，把价格降下来，门槛降低了，自然而然就有很多之前不具备要求的供应商开始进来；离岸公司也大量进来，在香港注册一个名字，以挂靠的方式进来，这种欺诈方式没有抓手是无法监控的，导致中供销售市场开始出现泛莆田化的趋向。

但雷雁群非常坚定地认为，狂风行动“在当时的状况下是正确的，而且是完全正确的”。因为当时中供面临的市场压力、转型需求，都使这种平台化的尝试成为必须经历的历程。

阿里巴巴B2B事业群的掌门人吴敏芝的结论是，狂风行动在当时是绝对必要的，但是在执行中，风控等措施并没有到位。这才是导致“黑名单事件”的起因。

对于结果的要性，是销售团队的天性。中供的文化中，既激励销售拿出最大的要性，同时也一直强调，对于结果的追求，不能凌驾于对过程的追求之上。这里的过程，主要指的是在“客户至上”的价值观下，如何为客户提供最好的服务，并为客户创造更大的价值。

中供PK文化的形成和流行，目的也在于激发销售对结果的要性。但在这个过程中，显然需要对“唯结果论”有足够的制约，靠的是长期不懈的价值观灌输，以及有效的风控体系。

在中供的一个内部总结中，对这一时期过于偏重销售业绩导向的问题有过非常彻底的反省。

据中供销售石磊回忆，在早期（2003年前后），“客户都是自己的，所以，销售会关注客户的长远利益，经常指导客户的操作，合作客户也都有外贸人员，业务素质也高；销售也经常发一些与客户产品相关的资料给客户，帮客户填写资料更是常有的事，每次续约，客户都很愿意，续约率基本上是100%。”

黄榕光回忆，那时会“指导客户如何用网络营销创造公司业绩，也帮客户拍摄产品照片，帮他上传”。

中供早期的销售朱峰回顾客户活动时，记得最初的以商会友俱乐部，“基本上一场是二三十个人，每位客户都有一个销售或者主管在负责，地点都是在一些咖啡厅、茶馆，一场费用基本上是2000元，客户一来就先问饭有没有吃过、喝点什么？当时，销售和客户都很贴心，真的是为客户服务，经常帮客户介绍相关行业的上下游客户认识，交流管理和外贸经验，客户说得很多，我们说得很少。之后，就开始全国巡回大型的网商论坛，客户之间的交流就少了，我们说得很多，客户说得很少。当时，我们去过义乌、广州、东莞、上海、苏州、常州、青岛、大连、厦门。再后面，大区成立市场部，彻底以群签为目的了，区域之间比较谁签单多、发战报。”

刘自成曾经在PK最为激烈的时期担任宁波区域经理。2007年，宁波的业绩雄踞全国榜首，甚至可以与排在其后的两个区域加在一起PK。但他在2007年底那场荡气回肠的PK后，写了一封内部邮件，试图反思PK这种形式对于过程乃至团队情感是不是形成了伤害。

这不是PK本身的错，但动员力极强的PK需要有对应的价值观引导和制约。这也不是狂风行动的错，毕竟早期原有的业务模式，无论多么理想，都不可能以原有形式长期维持下去。在这个过程中，风控体系的重要性就体现出来了。

对结果的要性，在狂风行动中达到了极致。在2008年那个充满焦虑和危机感的日子里，要性的激素最终在很多人那里冲破了价值观的堤坝。

当时担任江苏大区总经理的罗庆元回忆，在那个时候，很多区域开始使用那些“只要结果不重过程”的业务人员。

郭慧雯当时在广东，“黑名单事件”前后她刚好休产假，所以能从局外人的角度看待这个事件：

“早在‘黑名单事件’爆发之前，那时候还没有开始处罚，我刚回来就有一种感觉，有点变味了。那时候，负责招聘的人，关键绩效就是必须多长时间内保证多少人到岗，是为了招而招的感觉。客户方面也是看重签了多少单位，而以前我们都会看重这个客户成交得怎么样，有点变味了。就很奇怪，有种我是不是去了另一个公司的感觉。没多久就出了这个处罚。

“那时候真的觉得自己换了公司，不是我熟悉的阿里巴巴。就有点奇怪的！其实我生孩子的那段时间，区域多了很多，因为我生孩子之前，可能一个区域就那么几十号人，一回来发现一个区域 100 多人，觉得好夸张。而且有些区域，一个区域变成两个区域，可能两百多号人了，比如深圳区域变成了深圳一区、深圳二区了。大半年时间里，就有这么多变化。招人的过程中没有真正很好地筛选。以前我们说‘野狗’不是我们想要的，有可能这个过程中招了大量的‘野狗’进来。那时候有些客户不适合做外贸，但也把人家拉进来。它没有外贸团队，什么都没有，产品压根儿就不适合外贸，为什么要让它做呢？

我们在深圳办事处专门设立了一个地方，那时候他们（黑名单客户）直接上来骂。天天找一个孕妇来闹事，就在深圳办事处泼红油。她是孕妇，你不能对她怎么样。后面一两年继续有这种情况，‘黑名单事件’后，我们还特意派了保安在那边 24 小时值班，因为对方天天来。”

何桂蓉当时在深圳龙华区域做主管，她也很早就嗅到了风险。当时她手下有一个人，在离职前签了六七个“黑名单”客户。何桂蓉第一时间察觉，发现区域有很多类似的客户。她试着查找原因，还写过一封邮件讨论这个问题。最终她能做的，是把那个离职销售的客户全部举报了。

第十一章

暴雨：每天都在砍员工，砍完以后，再砍自己的脑袋

对于我们来说，最大的荣幸就是每个人

都失败过，而且每当我们跌倒时都能爬起来。

—— 柯鲁德 · 史密斯

调查

2011 年 1 月下旬的杭州，气候阴晴不定。还有十来天就过春节了，在连续一周雨雪天气之后，终于放晴了几天。

“中国供应商”的管理团队和个别职能部门负责人，参加了一次事先看起来并不那么重要的会议。

马云和彭蕾都到场了。

一位当时在现场的阿里员工，至今对那次会议的场景记忆犹新。

那天马云戴了一顶鸭舌帽，帽檐压得很低，但还是能看得出他脸色非常难看。阿里巴巴的员工习惯了马云亲切的一面，但那天会议一开始的气氛就很异样了。马云一进门，话也很简单：“我听说了这件事情，请大家说一下情况是怎样的。”

中供负责人吕广渝和“大政委”先后陈述了当时他们了解的欺诈客户情况。彭蕾是站着听陈述的，一位当时坐在彭蕾旁边的人记得非常清楚，“大政委”讲了没有几句，彭蕾就忽然哭起来，哭得非常伤心，说，在今天这种状况下，中供的管理层还能这么理性地说这件事，她接受不了。

这位在场员工对彭蕾的反应非常理解，“可能一直以来阿里的‘老人’都很感性，有时眼睛里会容不下沙子，公司的事情有那么一点儿做得不到位的时候，内部就已经吵得沸沸扬扬了，结果她发现今天大家已经能这么理性地说如此严重的事情，就完全不能接受了。”

后来马云只是简单地说了几句话，让在场人员记忆最为深刻的，无疑是那句后来被外界传播极广的：“如果你们是这样做事的话，我宁可把这家公司关掉。”同时宣布启动调查小组，由关明生亲自负责调查这件事情。

关明生是阿里巴巴价值观的缔造者之一，在铁军有很高的威望。他在几年前从阿里巴巴退出，而今再度出山，就要面对这个极为棘手和痛苦的事件。

会议时间很短。马云离开后，会议室里很尴尬，在场的铁军人保持了良久沉默，尴尬的沉默。

吕广渝记得，那天会议结束后，几位中供高层回到办公室，关上门，李旭晖突然失声痛哭。本身已经是二次回归阿里巴巴的李旭晖，当天向他们表露了要“引咎辞职”的意愿。

这次事件在外界既被称为“黑名单事件”，也被称作“诚信门事件”。实际上，这两个事件并不完全是一个概念。

如果单纯讲“黑名单事件”，最迟在2010年甚至更早就已经出现了。所谓“黑名单”，是指“黑名单客户”，即在2007年“莆田事件”后，为了杜绝欺诈客户，阿里巴巴开列了黑客户名单，将特定的有欺诈历史或欺诈嫌疑的“高危客户”列入。凡在黑名单中的客户，以及与其有关联的客户，都不可以成为“中国供应商”以及其他阿里巴巴类似产品的客户。

2006年，“中国供应商”便成立了自己单独的品控团队，最初叫“销售执行监督部”，后来改成“销售品控部”。2005年加入阿里巴巴的张明在品控团队成立时就加入了这个团队。据她回忆，2010年8月，中供品控团队就对此前爆出或查出的“黑名单”问题开始了内部打黑,并且起了一个行动代号，叫“钟馗行动”。调查动作很大，“涉嫌严重违规的人员一个个被通知到总部约谈调查，所在区域的区域经理或“政委”要“1+1”陪同。约谈人员是根据数据划定的，一个销售手中的“问题客户”达到一定数量，这个销售有问题的概率就非常大，这就尽可能排除了部分纯粹因为误判而签约“问题客户”的销售。

虽然大部分时间品控团队直接向中供团队的最高层汇报工作，但内部成员本身层级并不高，一度还有成员因为与前线管理层出现分歧抱怨：为什么让我们这么低级别的员工去说服高级别的人对这件事情做决定啊？

2010年10月，中供内部的“黑名单事件”调查处理完毕。张明印象很深，处理结果邮件上报后，卫哲回了邮件，对处理结果表示了质疑，大意是欺诈事件频发，是否有管理层的连带责任。不过，直到2011年春节前那次会议前，张明不记得有来自上层的关于这一处理结果的进一步意见。

如果说在1月22日之前，“黑名单事件”作为中供内部在调查的一个事件，已经存在并在一定范围内为人所知，那么，在春节前阿里巴巴的那次高层会议后，阿里巴巴最高层对事情性质的判定已经发生了巨大变化，不再是一个在中供内部的打黑事件，而升级为整个集团层面、严重得多的事件，并随着调查、处理的推进，以及对外界的公开化，成为众所周知的阿里巴巴“诚信门事件”。

这次调查，持续了整整一个月。

引咎辞职

2011年2月21日21时32分，时任浙江省委常委、省委组织部长的蔡奇（现任北京市委书记）发了这样一条微博：

> 在乐清刚得知卫哲辞去阿里巴巴B2B CEO的消息，并阅读了马云的内部邮件。2010年阿里巴巴约有0.8%，即1107名“中国供应商”成员因涉嫌欺诈被终止服务。马云称，对于触犯商业诚信原则和公司价值观底线的行为，任何的容忍姑息都是对更多诚信客户的犯罪！必须采取措施捍卫阿里巴巴价值观！支持马云做出这样的选择。

蔡奇读到的马云邮件，是这样写的：

> “各位阿里人：
>
> 大家已经看到了公司的公告，董事会已经批准B2B公司CEO卫哲、COO李旭晖引咎辞职的请求，原B2B公司人事资深

副总裁邓康明引咎辞去集团CPO（首席流程官），降级另用。

几个月前，我们发现B2B公司的“中国供应商”签约客户中，部分客户有欺诈嫌疑！而更令人震惊的是，有迹象表明直销团队的一些员工默许甚至参与协助这些骗子公司加入阿里巴巴平台！

……

这封邮件，马云发给了阿里巴巴全体员工。邮件在网上公开后，立即引发了社会各界的高度关注和热议。马云在邮件中指出，集团迅速成立了专门小组，经过近一个月的调查取证，查实2009、2010年两年间分别有1219家（占比1.1%）和1107家（占比0.8%）的“中国供应商”客户涉嫌欺诈。据称，骗子公司加入阿里巴巴平台的唯一原因是利用阿里巴巴集团12年来用心血建造的网络平台向国外买家行骗，同时，阿里巴巴集团查实，确有近百名为了追求高业绩高收入明知是骗子客户而签约的B2B公司直销员工。

马云在邮件中毫不留情地痛斥了这种欺诈行为，同时也表明了阿里巴巴捍卫其诚信原则和价值观的决心：“我们必须采取措施捍卫阿里巴巴价值观！所有直接或间接参与的同事都将为此承担责任，B2B管理层更将承担主要责任！目前，全部2326家涉嫌欺诈的‘中国供应商’客户已经全部做关闭处理，并已经提交司法机关参与调查。”

在这封公开电子邮件中，马云进一步表明了阿里巴巴的价值观：“这个世界不需要再多一家互联网公司，也不需要再多一家会挣钱的公司，这个世界需要的是一家更加开放、更加透明、更加分享、更加负责，也更为全球化的公司；这个世界需要的是一家来自社会、服务社会，对未来社会敢于承担责任的公司；这个世界需要的是一种文化、一种精神、一种信念、一种担当。因为只有这些才能让我们在艰苦的创业中走得更远，走得更好，走得更舒坦。”

马云在邮件中形容这次事件为“刮骨疗伤”，他表示，诚信是电子商务赖以存在的基石，也是阿里巴巴最珍视的价值观基础，阿里巴巴所提倡的诚信包括对员工的诚信，对客户的诚信以及对股东的诚信。在公开场合，马云一再强调，任何有损阿里巴巴文化和价值观的行为均不可接受。阿里巴巴发生的2000多名供应商涉嫌欺诈事件，应该算是一个不小的事件。此事如果不及时、妥善地处理，其恶劣影响会扩大。

美国客户是被欺诈的客户中最多的，这些欺诈案例已经被总部位于美国马里兰州的金融人士协会集中收集，并造成越来越大的影响。如果这次阿里巴巴“中国供应商”涉嫌欺诈事件不能及时处理，国外买家发起诉讼，或是被国外媒体先曝出黑幕，会对正在关键时点的阿里巴巴带来难以预料的后果。如果发生诉讼，作为提供欺诈事件平台的阿里巴巴难免面临严厉的司法追究，不仅会蒙受巨大的经济损失，更为关键的是在海外受损的形象将难以挽回。

当时又正值国内央视“3 · 15”晚会前夕。有媒体曾经报道称，2011年的“3 · 15”晚会原定的主题即是淘宝的假货与阿里巴巴的“欺诈门”。但马云的果断处理，最终扭转了事态。除了对内部进行整肃外，阿里巴巴还拿出170万美元对2249名受害者进行赔偿，这种国际惯用的大手笔证明了阿里巴巴处理此事的力度和决心，证明了马云对于阿里巴巴诚信价值的维护。

此次欺诈事件的发生，是截至目前阿里巴巴B2B网站面临的最大挫折。可以说，马云对此次欺诈事件的处理，体现了其处理危机事件的快速、主动和到位，使阿里巴巴重新赢得社会各界的好评及赞誉，使阿里巴巴在公众面前挽回了形象。

2月1日，在马云发布内部邮件的当天，卫哲也向全体员工发布了一封即将离职的邮件：

> 各位B2B的同学：
>
> 今天B2B董事会批准了我的辞职申请。我申请辞职的原因是我作为CEO没有起到阿里巴巴价值观捍卫者这个最重要的职责，反映在2009年和2010年阿里巴巴十多万“中国供应商”中混入了近3000家欺诈分子，对海外买家造成了伤害，尽管已经清除并将其中首恶分子绳之以法，但我作为CEO的失察职责我理应勇于担当！
>
> ……

在卫哲、李旭晖离职的消息传出的当天，阿里巴巴股价低开低走，从早上10点开盘时的15.48港元跌落至10点30分的最低点15.08港元，随后一直在这两者之间徘徊，截至收盘报15.24港元，创一个多月来收盘新低，跌幅为8.63%。

《中国企业家》杂志在卫哲离职之后曾专访马云，详细还原了事件过程。马云和卫哲两人开诚布公地谈论此事，内部邮件也公之于众。

卫哲说:“我加入阿里巴巴 4 年多，已经是‘3 年的阿里巴巴人’，正在走向 5 年‘阿里巴巴陈’！在这四五年里，我刻骨铭心地体会到，以客户第一为首要的阿里巴巴的价值观，是公司的立命之本。”

马云说:“卫哲和李旭晖的辞职是公司的巨大损失，我非常难过和痛心。但我认为作为阿里巴巴人，他们敢于担当，愿意承担责任的行为非常值得钦佩。”

不过，卫哲和李旭晖的辞职，只是“诚信门事件”外界最为关注的部分。在卫哲和李旭晖之下，铁军还有更多的人员变动。

这是一次剧烈的出血。

断腕

在“黑名单事件”升级为“诚信门事件”前后，中供的高层出现了一系列人事调动。处理“黑名单事件”时，中供品控部门是直接向干嘉伟汇报，到年底人事变动，改为向吕广渝汇报。而在“黑名单事件”转为“诚信门事件”后，他们的汇报人变成了杨子江，此前的广东大区总经理在这个紧要关头被调回了总部。

在春节前后的内部调查期间，中供品控部门的成员也参加了相关工作。这部分工作内容无须向杨子江汇报。他们上班的时候，经常看到他们组织关系上的“老板”，默默地站在办公室后面的露台上，面向外面抽烟。

2011 年 1 月，在滨江园区阶梯会议室，阿里巴巴管理团队 Kick off会议举行。在会上，马云提出虚假客户问题，对事情定了调子，

“一定要处理，要处理得很彻底”。这是在公司最高层面上的定调。

就在会场上，紧接着卫哲就上台，宣布引咎辞职，接下来是李旭晖。

虽然欺诈事件的问题之前已经有所处理，但在场的管理团队人员还是觉得“很震惊”。

时任中西部大区副总经理周鹏回忆，2月14日，他与其他大区“省长”们一起回到杭州，开始接受约谈。谈话安排在下午。中午，他听说有人开始在电脑上抛售阿里B2B股票。而前一天已经内部通报处理了一批人。

杨子江和周鹏都曾经在王刚的团队。杨子江刚入行时，王刚是他的主管。周鹏在常州时，王刚是区域经理，并把周鹏升为主管。

杨子江在中供发展得非常顺利。他在2002年入职阿里巴巴，面试的人是陆兆禧和李旭晖，2003年9月，他已经升任主管，一年后升任上海区域经理，两年后升任福建大区总经理，2008年，接任干嘉伟，任广东大区总经理。

2月21日，阿里巴巴发布公告。这一事件开始向更大层面发酵。

2月28日，杨子江接到干嘉伟电话，通知他10点到华星科技大厦。

办公室里有戴珊、吕广渝和干嘉伟。

在2008年前后，戴珊曾经两度负责过“中国供应商”销售团队。但在此时，她是代表阿里巴巴集团对“诚信门事件”进行处理。

在得知自己“必须要离开公司”的通知后，平时被称作

“River”的杨子江问了四个问题：

“目前还有没有机会？”

“从大区经理位置退下来做，还有没有机会？”

“在阿里巴巴从零开始，还有没有机会？”

“什么时候可以再回公司？”

“给我任何处理意见，我都接受，让我干什么都无所谓，能不能让我留在公司，我只要留在公司。”这样的意愿，他已经不是第一次想到和表达了。

答案都不是杨子江想要的。

在相关文件签完字后，杨子江离开办公室。

“下午在滨江园区做工作交接。干嘉伟和吕广渝陪我一起回滨江园区。下午 1 点，在华美大酒店那条路上，三个人找了一个小饭店吃了午饭，没有喝酒。吕广渝血糖低，独自一个人吃了两碗米饭，干嘉伟埋单。什么都没说。下午在滨江园区，很多老战友来告别，包括浙江大区的总经理俞头、浙江大区的‘大政委’朱志华。当天晚上，刘自成给我打来电话，我们一起吃了饭，喝了一点儿酒。”

离开杭州，回到深圳的家，杨子江大病了一场，但“从此戒了烟”。像那些因为各种原因离开铁军的人一样，杨子江只能远观自己的战友们如何从风暴的泥泞中爬起，突破重围。

“砍人”

“诚信门事件”的处理，并没有随着卫哲和“中国供应商”最早的领导者之一李旭晖的引咎辞职而结束。事实上，对铁军来说，考验才真正开始，卫哲等高层的离职与其说是一种结果，对铁军的人来说，毋宁说是一种明确的宣示：连CEO、COO都可以走，还有什么人不能走？

继原B2B公司人事资深副总裁邓康明引咎辞去集团公关总监职务降级另用后，2月底，吕广渝、干嘉伟、郑璐三位副总裁降职、降级；杨子江、雷雁群、陈盛、孙利军、刘自成、彭静6位总经理降职、降级或辞退。核心团队全部调整。3月10日，阿里巴巴B2B业务全国12个副总经理、区域经理降职、降级或辞退。

大圣孙利军在“诚信门事件”爆发时已经是大区总经理。他被降级使用，调往闽汕大区处理后续事宜。

“当时处理这么多总经理的时候，没有人抱怨。我们每天被关在一个房子里面，每天都像在验尸房检尸一样，就是这个员工该不该‘砍’，这个员工保的理由是什么，‘砍’的理由是什么，每天都在‘砍’员工，‘砍’完以后，再‘砍’自己的脑袋。所有员工事情全处理完之后，再处理我们，但那里面每天发生的都是动人的故事，每个人都是在用心对待每个人。我觉得我们每个人都没有顾虑自己，那个月的经历让我看到的是每个管理者的担当，没有人推卸责任，每个人都已经把自己的脑袋放在边上，我们都认为这件事处理好之后，脑袋就拿掉了。刚开始还觉得不能接受，但到那个月结束，每个人都很释然了。”

“刚开始我们觉得这不是我们的责任。当时我是在杭州。杭州一个区域5600多家客户，等于一个大区的客户数，当时发生了60多起‘黑名单’。但说实话，我在做杭州区域的时候，只听说过骗子客户，但是真不知道他们怎么做，也没有更多的警觉。但当我们处理这么多员工，觉得这么多员工要被我们辞退的时候，内心就开始震荡了，觉得真的是自己的失职。那时候一天一天真的度日如年，因为跨了整个春节。我自己在跨年之后整整瘦了7公斤。每天把这个员工、那个管理者处理掉之后，内心的负罪感真的很强很强。”

大圣接手原闽汕大区后，闽汕大区的60个管理者只剩下12个，明星销售基本上全部辞退，6个经理只剩下负责汕头的郭卓琼。很多管理人员从经理层降到P5，但还是有好几位选择留下来，从P5重新开始。大圣还记得李旭晖知道他要去闽汕了，有一天到他办公室，对他说：“我们离开了，希望留下来的人能够真正还公司一片蓝蓝的海。”

2001年，在一堂培训课上，李旭晖问俞头“你有没有开除过人？”俞朝翎说“没有”。当时俞朝翎的团队离职率是零。李旭晖说：“像你这样双手没有沾过鲜血的人，作为管理者来说，是非常不合格的。”

如今，这些人手上必须要沾上“鲜血”了。

“诚信门事件”后，黄辉担任杭州区域经理，对这一事件进行“收尾”。黄辉到杭州不到三个月的时间，开除加劝退总共有20多个人。

也有刺头。一个销售带了把刀到办公室来，就把刀放在黄辉面前谈话。黄辉说：“今天要么你走，要么我走，没得商量。”后来黄辉办了一个掰手腕的比赛，办公室所有男人都过来。黄辉体力很好，一个一个扳，赢了。黄辉脾气比较刚硬，“你横着来，我比你还横”。最后靠着这股劲头，把这位最横的兄弟谈走，其他人就没有意见了。

一边是兄弟情，一边是价值观，当然，很难。黄辉说：“要清楚，这些人都不坏，但你要对这个团队负责。有这种行为的人不走，这个团队永远不清爽，没办法清爽。我们是真的对团队有感情，对公司负责，对团队负责，不是针对人，是针对行为，有这种行为之后就没得谈，因为这个行为不仅是一个人的事情，而是伤害团队的事情，没拿团队当回事儿。”

冲击波

“诚信门事件”是对阿里巴巴的一个极大考验。阿里巴巴经受住了这个考验，并以决绝的态度处理了这个事件。

对于阿里巴巴壮士断腕般的处理，外界议论很多。当时与李旭晖一起调查处理“诚信门”的蒋芳说：“（这件事的处理）受到了外界非常多的压力，因为外界没有人相信我们是老老实实地在处理这件事。”

在事件结束之后，阿里巴巴曾经有一个内部资料，对全部事情做了复盘。在这个资料里，不仅收录了对阿里巴巴处理方式肯定的舆论声音，也收录了大量质疑甚至一些名人明显用“阴谋论”来评价整件事的言论，有些是直接针对马云的。至少在这一点上，阿里巴巴表现出了足够的坦然与自信。最终，阿里巴巴得到了公众与舆论的认可。

对于铁军，这个事件的影响则深远得多。

诚信门事件的后续处理，几乎将当时的核心管理团队“一网打尽”，也包括一些业绩出色的一线销售和主管。这样的伤筋动骨，当然不是平日里偶尔为之的“高压线”执法造成的损耗可以相提并论的。可以说，这个事件成为中供最为痛楚、最为深刻，也一时难以愈合的伤口。

不仅如此。在“诚信门事件”中，很多人受到波及，不同程度地受到处分。

不止一位中供员工——包括一些目前仍旧服务于中供的员工——提到这样一点：在“诚信门事件”之前，他们对未来几乎只有一个想法，假如阿里巴巴真的能做102年，他们将在这个公司做到老，做到退休，很少有人想过会提前离开中供或者阿里巴巴。现在忽然发现，其实每个人都有可能因为某种原因——比如自己犯下的错误——离开这个他们以之为家的团队。

更多铁军人在经历了短暂的彷徨和怀疑之后，选择继续留在这个他们为之奉献良多的团队。

“诚信门事件”在铁军高歌猛进的时期猝然发生，带来的人员、组织和管理上的冲击，成为这个团队的成年礼——那一年，正是铁军“建军”的10周岁生日，对一个团队而言，这是一个并不轻松但必须翻越的门槛。

铁军的核心团队大多来自草根，他们有对成功的追求，凭借铁的意志，付出了汗水、眼泪与情感，为非凡成功付出了非凡代价，他们经历了残酷的淘汰，表现出出色的提升自己的能力。无论对于这个团队，还是这个团队中的很多人来说，“成功”已然实现。他们高歌猛进，他们意气风发，他们曾经功勋卓著。

但一夜之间，他们似乎成了阿里巴巴的“罪人”。

这个团队和这个团队中的很多人一样，有着矛盾而鲜明的气质，他们把自己放到比尘土还低的位置去做事，却有着令人讶异的道德洁癖。他们有时会显得极为骄傲，特别是在团队这个层面。刘自成形容，一个典型的铁军成员，当他作为个体时，面对一个“海归”，以及有类似标签的人，从个体上，他是无力甚至是自卑的，但从“组织”这个角度，他们的自信是碾轧性的。铁军多年的血战，让他们具有这种自信。

但同时，他们也是极为敏感的。尽管他们在内部会议找毛病时可以毫不留情地争论，但那时并不习惯外界的质疑，特别这种质疑来自同属阿里巴巴的其他同事。其中无疑有一些微妙的情绪，不止一位中供“老人”在“诚信门事件”之后听到其他部门同事在内网上批评中供，他们对此耿耿于怀，至今不息。

一个曾经习惯了赞扬，一个曾经做出巨大贡献，一个一直认为自己是阿里巴巴“长子”、有着“铁血”的纪律和“纯正”的价值观的团队，忽然遇到“诚信门事件”这种情况，难免纠结。

中供的人，包括B2B部门，到今天，从上至下，都从不讳言这个事件。他们在提及这个事件时，就像进行一个大跨度的Review。

这个团队有一种很特别的禀赋，就是从来都敢于面对那些其他人很忌讳甚至觉得很难堪的历史，甚至是“诚信门事件”这样的历史。

在采访中遇到的几乎所有中供员工，或者前中供员工，基本上有两个共识。第一，狂风行动是必要的，但因为种种原因，在具体的操作中，风控意识没有跟上，导致“黑名单”问题没有在第一时间被发现，遏制在初期。第二，严肃的处理是必要的，既然规则就是那么制定的，任何处理都应该接受。

当然，对很多具体的个人来说，伤痛需要时间去弥合。

曾经在2011—2012年担任中供总经理的潘崑，说起有一个当初的老兄弟，被自己动员从销售做了管理，最后在“诚信门事件”中离职。前不久两人小聚，不小心提到这个事情，那位兄弟忽然发作，怪潘崑当初劝他做管理，否则他今天或许还在中供。潘崑说起来，满是慨叹。

杨子江很少提及此事，甚至在一些社交场合，有人主动提起时，还有些不快。事实上，也很少有人会在他面前提到这件事，“怎么说呢，这件事，我可以说，可以在阿里内部圈子说，但外人不可以评价。就有一种这样的心态”。

离开阿里巴巴后，因为工作原因，或是其他原因，杨子江好几年没有参加过阿里巴巴的正式活动——包括阿里巴巴“同学会”的一些活动，虽然也收到了一些正式的邀请。但在2016年10月，中供铁军成立15周年庆典之前，他收到了一个短信：“River（杨子江的英文名），你的老兄弟大炮、俞朝翎、雷雁群……请你回到杭州聚聚。”

杨子江参加了庆典，他在台上和老兄弟们站在一起时，看起来多少显得有些郁郁寡欢，但他很快找到了当年的感觉：“回来后感觉铁军的精气神还在。”

看起来有些粗放的杨子江，此时，忽然显示出感性细腻的一面。

“以后你还会参加铁军的活动吗？”

"当然。"

2016年11月24日，感恩节，阿里巴巴"校友会"。曾经先后担任中供负责人的戴珊和俞朝翎做主持人。镜头上看到了俞朝翎、雷雁群、黄榕光等很多老中供的笑容。

给杨子江发微信，问他参加聚会了吗。

他回信："我在现场。"

然后发回了一张现场舞台的图片，非常闪亮。

在"校友会"后公开发布的一张照片上，可以看到临近尾声时和阿里巴巴老同学上台演唱《真心英雄》的杨子江。他的旁边，和他牵手一起歌唱的，是蒋芳，她的另一只手，正用围巾擦拭激动的泪水。

一条阿里巴巴橙色的围巾。

第十二章

春晖：一切回到根本

评价一个人要看他从巅峰跌到低谷的状态，而不是他处于巅峰时的状态。

——乔治·史密斯·巴顿

回归

2011年2月，吴敏芝回归中供时，面对的是一个相当困难的局面。

一方面，自我怀疑、自我否定以及种种负面情绪开始弥漫在铁军中。另一方面，中供的业务面临着新的压力。因为各种原因，中供人员，包括骨干力量，陆陆续续开始了一波离职潮。

那时敏芝已经离开中供四年。四年中，敏芝一直在阿里巴巴B2B事业部负责诚信通（CBU，阿里巴巴B2B的内贸平台）的业务。回到中供前不久，她正与“郭靖”（邵晓峰）搭档，做CBU的“大政委”。

当接替卫哲担任B2B部门CEO的陆兆禧通知敏芝要准备回中供时，敏芝想了一些理由，想试试看能不能换一种可能，但老陆似乎并没有准备给她“推让”的机会。

不过，几乎所有的人都看得出来，在当时的情况下，几乎找不到比敏芝更适合的人选了。

一位中供老人说，敏芝是中供自己培养的人，不是空降兵，而且资历够老。她是最早加入阿里巴巴的销售人员之一，也是中供最早的一批大区总经理。她回到中供时，大部分大区总经理、“大政委”或副总经理，都曾经有过由敏芝直接领导或者间接领导的经历。而且，敏芝刚好在狂风行动开始之前离开中供，与“诚信门事件”毫无瓜葛，不存在历史包袱。

敏芝个人的管理风格也更适合当时的中供。她坦率直接，柔中带刚，包容性非常强，又具有非常强的直觉、敏锐度和原则性。

与敏芝大致同一时间被任命为中供“大政委”的，是之前担任阿里巴巴浙江大区总经理的俞朝翎。他的资历同样很老。在他的职业生涯中，一直侧重业务，这是他第一次担任“政委”。俞头对中供非常了解，他在这个位置，无疑能起到稳定军心的作用。同时，他在中供连续的工作履历，也能帮助敏芝迅速熟悉已经离开四年的团队，拉近和团队的距离。

敏芝意识到，在当时铁军面临的最大问题，就是要把信心和士气重新树立起来，既要认识到这个团队曾经犯下的错误，又不要有“受害者意识”。

对于在“诚信门事件”中犯错的人，敏芝认为，从个人来说，在当时具体的场景中，恐怕没有多少人可以说“假如易地而处，自己一定不那么做”——或者说，不犯错误。换句话说，这也是铁军执行力超强的某种体现和结果。当团队开始过于看重结果时，已经很少有人愿意听不同声音，动作也随之变形。

敏芝想告诉铁军将士的是：根本的出路，仍然是从客户身上、从自己身上寻找价值，不要总想着向外界（的评价）寻找力量。

“诚信门事件”过去不久，阿里巴巴开了一个会议，会上从业务的角度对中供销售的角色和价值进行了反思——这进一步使中供的销售们对自己在阿里巴巴的角色感到困惑甚至惶恐。公司是不是不要销售了？公司还相不相信我们？团队是不是要做没了？我们还有没有价值？这类问题开始在一线销售中出现。

在当时，铁军前线销售的士气当然也受到了影响。毕竟几千个“黑名单客户”被断掉，又走了那么多人，其中不乏优秀的员工，销售业绩必然下滑，也必然影响到一些销售收入。市场和客户也有一些是在观望的，看这个事件是否会对阿里巴巴的服务和产品产生影响。

敏芝首先做的是不断地沟通，各种各样的谈话，有员工的谈话，有管理层的谈话，有和前线的销售们，和主管以及区域经理们的谈话。

由于人员变动巨大，当时新起来的一大批“省长”状态并不是特别好，包括有一部分是过去背了处分的，比如大圣。敏芝把中供每个月一次的Review做得更极致。有些“省长”把注意力集中到业务上去，对于结果好的“省长”，让他们去分享，不断刺激，达成共识。慢慢地，管理层的“队形”整好了。

为了安抚军心，中供对当时前线销售的薪酬制度也做了调整。在此之前，中供销售的起薪已经几年没有大的变化，调整后有了明显的提高。

此时此刻，从“狂风和暴雨”中走出来的铁军，似乎更像一只被情感驱动的团队，需要信任和认可。对长期承接信任、习惯于荣誉的铁军将士来说，情感变得异常重要，这就需要大量的沟通。缺乏沟通，太容易从自己的角度看问题，就会形成恶性循环。

对那些被问得最多的问题，敏芝的回答是："没有公司，你就是公司。"说得同样多的还有"不要怕犯错误，错误犯了，改正了，要从中间走出来"。

敏芝相信这个团队的价值——反过来说，如果一个团队真的做不出价值来，对团队再有情感，这个团队该没也会没。你对它有情感，才会更全力以赴地去帮助团队找到价值。她的直觉告诉她，这个价值一定找得到。不止一位接受采访的老铁军都提到敏芝的直觉很强。

敏芝说，大概大半年时间后，也就是2011年下半年，她感觉到铁军的士气基本恢复；一年后，她确信铁军最大的危机终于过去，那支来则能战、战之能胜的铁军又回来了。

高压线

敏芝推动的另一改变却出乎很多人的意料——"高压线瘦身"。

"高压线"是铁军文化的一个重要组成部分。可以说，没有高压线，就不可能有令行禁止的阿里铁军。

据李旭晖回忆，高压线的最早提出，大概是在2001—2002年，也就是铁军刚刚开始创建、"百年大计"开始实施不久。

当时阿里巴巴的价值观正在雕琢之中，实际执行中难免会有偏差，特别是判断标准随意性较大。有时候，管理者仅仅说一句"你价值观不好"就可以辞退下面的人，团队之间竞争，有时也会以对方价值观不好互相攻击。对于适用于职场"极刑"——辞退的情形，需要有明确的标准，不能不讲具体触犯了哪一条公司规定就随意辞退员工。

这些具体的规定就是高压线。所谓高压线，也是一个形象的名称，简单说，“不能触碰，触碰则死”。触碰了高压线可以是辞职，也可以是劝退、开除，但想继续留在铁军，很难。

对于高压线，李旭晖引入了一套理论，比如在铁军很知名的“破窗理论”。李旭晖把犯罪学上的“破窗理论”引申解释，就是发现细小“犯罪”迹象时要及时制止。规定不行的就是不行，必须严格执行，不然就没人遵守了。纽约警察局长整顿治安的时候，就是从逃票犯开始抓起。在中供管理上，要求从细小的违规开始去关注，该处罚的就处罚，细小的违规管理好了，大的事情就不会触犯了，不要等窗破，一旦有裂缝就要去弥补。

另外一个理论是“蟑螂理论”。意思是当看到一只蟑螂时，要意识到这只蟑螂背后可能有一窝蟑螂，真实情况可能比表面所见严重得多。在管理上，有些东西是要追根究底的，不能光看表面，要看后面的源头是不是有更重大的问题。比如“黑名单”的发生，如果敏锐度够高，就可以避免蔓延，不会造成那么大范围的问题。

中供内部有一个视频:《中供高压线》。在“百大”期间，班主任会反复说，哪些事情不能做，做了就会碰高压线。

在某种程度上，高压线就是中供铁军的生命线，是为人处事的底线、准则，是阿里巴巴企业价值观在中供销售中的具体化，或者说，是铁军文化最为凸显的外在表现。正是因为有高压线的存在，才可能有超强的执行力，才可能保证公平公正。用李旭晖的话说：高压线制度就是维持铁军纪律与价值观，及时遏制少数“破坏分子”影响团队，保障守法员工，进而确保整个团队正向发展的一个制度。干嘉伟则认为，高压线虽然表面是很刚、很硬的，内里却是对人真正的关注和负责。

在《中供高压线》一片中，一位前中供销售这样回忆自己如何因为触碰高压线而离职。

“当时是9月1日，前一天晚上刚刚开了9月份的启动大会，大家工作热情都很高。因为我老婆有了几个月的身孕，那一天我要陪着她去医院检查，直到下午两三点钟，后来到了晚上，我看到大家都忙得不亦乐乎地输拜访记录，我心里想，今天只拜访了一家客户，真的不好交差了，感觉给这个团队拖了后腿，突然间冒出一种侥幸心理，在系统里找了几家客户随便数一下，反正不一定查到我。当时就这么做了。9月19日，区域经理找我谈话，说总部反映你这里拜访记录有问题，当时心里感觉天都要塌下来了。”

他当时的区域经理回忆：“他突然就跪到地上了，然后请求我们说，老大能不能给我个机会，这件事情真的是我错了，不应该这样做。我说你真的太傻了。当时我和HR都在旁边，我们两个人都流出了眼泪。”

这位销售平时是一位特别老实听话的人，公司认同度很高，感情很深，执行力很强。他的同事们都觉得不可思议，这种事情会发生在他身上。他那个下午哭了很久，打击太大了。但事情已经无法挽回。他的妻子也在问：阿里巴巴为什么这么做？毕竟不是十恶不赦的事情，就不能稍微通融一下呢？

还有案例是女员工在怀孕期间拜访造假。在处理这些事情的时候，主持处理者很多都非常纠结，甚至会留下很大的心理阴影，但最终他们都会坚持维护高压线的规定。

与虚假拜访记录近似的还有虚假报销。

何奕之于 2006 年 11 月加入中供后，曾短暂代管过后来成为中西部大区的新开区域。其中有个区域经理，没有陪访客户，却报销了车费，约 100 多元。

有员工实名举报此事。按照阿里巴巴当时的规定，实名举报必须调查处理。何奕之在得到确凿证据、了解了相应的处理规定后，请示当时中供销售团队的负责人戴珊，决定给这个区域经理辞退处分。

这个区域经理是工号 100 多号的员工，资格非常老，而何奕之是 7899 号员工，当时作为外聘人员进入阿里巴巴。何奕之此前在国企和外企都工作过，他说，如果按照那些企业的明确规定或是“潜规则”，不可能会发展到辞退这一步。

何奕之回忆，那位区域经理反应很激烈：就算虚假报销是真的，总金额也只有 100 多元，免掉我职务可以，为什么要辞退？！

当时中供的区域经理还只有三四十个，蛮金贵的。当天下午，卫哲来了电话，说马云正在日本，来电话了解情况。不过，马云确实只是了解了一下情况，并未做任何干预。对这个员工的处理，最后维持了原判。

让何奕之这个当时“外来”管理者感慨的是，这件事过后，在中供再无任何人提及，就好像这件事没有发生过一样。

更让外人觉得难以接受的，是“考试作弊”也是高压线，会导致辞退。

赵伟曾经分管的一个区域有一位大家都特别欣赏的、区域唯一的P7级销售，人特聪明，带团队能力也好，升任主管的谈话都已经聊完了，一次内部考试，被发现“录屏怎么打开了一下”。结果是，直接“剁了”（辞退）。还有一位，是后续准备做区域经理接班人的，去联络点陪访，住了两三天，到最后发票对不上了，“最后也只有‘剁’了，那个兄弟走的时候哭得呀……”

“在中供，这种情况太多了。”赵伟说。

“表哥”余涌在中西部大区做总经理时，把中西部前三名的一个销售员辞退了，同样也是考试时在电脑中看了看弹窗。

当然，也有喜剧段落。有位中供销售，2007年因为考试作弊被辞退了。股票留在那里没动，也没怎么看，2016年忽然发现手上的股票居然值那么多钱了，瞬间多了一两千万元。

表哥担任华南大区总经理时，因为“黑名单”或者其他触碰高压线的行为“砍”了很多人。有一位是表哥最喜欢的M1.5级主管，第二个月马上要做区域经理了，因为在“黑名单”过程中有连带责任，也辞退了。“他‘味道’非常好，对阿里是完全的忠诚，最后得知要让他走的时候，他几乎真的是抱着大腿说做什么都行，降下去做销售也行，做到P3也行，P4也行，只要让他留下来，就是想留在公司，什么都可以不要。”

另外一个是在阿里待了13年的老员工，老阿里人，所有经理中资格最老的一个，各方面都不错，就是粗暴，对团队粗暴，后面发展成对客户也粗暴，最终因为辱骂客户，把他辞退了。这就是高压线，“即使是13年的老人，即使是资历最老的经理，都不行”。

也有些准高压线的限制，并不完全体现于书面，更像“潜规则”，比如对婚外情的干预。

做一个铁军销售，要求投入的时间和精力极大，很多时候员工长期无法与家人团聚，加之管理人员又有频繁异地调动的传统，所以，对于员工的家庭，铁军是努力维护的。

据俞头透露，在铁军有一条不成文的规定，已婚人士不能在团队当中有婚外情。一旦发生并被确认，如果双方都是已婚的，谁职位高就开除谁。因为“对职位低的员工，要保护的”。

俞头说过一个段子。多年前，曾经有两位销售主管，当然是一男一女，一起参加活动，结束时，已经晚上10点钟了，还要回办公室。他们坐在同一辆车上，女主管就对男主管半开玩笑地说：“我们俩关系那么好，为什么不能再进一步呢？”

男主管想了想，对女主管说：“为了我们的股票，还是不要进一步发展了。”

俞头没有离开阿里巴巴前，有时会把这个故事当笑话说给下面的员工。“听起来是一个笑话，但其实每个人心里都知道，当时控制不住，也许你就真完蛋了。这世界上没有不透风的墙，迟早会传出来，而作为管理者碰到这样的事情，也一定会处理。”

瘦身

高压线是铁军的标志性文化，也是铁军日常管理的基础体制。这个制度的目的是让人和人的制度变得更纯粹更简单，保证了一个团队能以比较高的效率向前走，同时也保证了团队良好的氛围。高压线对铁军的塑造非常重要，有其他企业试图效仿、学习，也有很多阿里巴巴的同事离开后，希望能在其他公司拷贝类似的一套制度。

现在，居然要向高压线动手了，要高压线瘦身，为什么？

在中供早期，高压线比较简单，只有六七条，比如不能虚假拜访，不能垫款，不能考试作弊……随着业务复杂程度的慢慢提升，特别是 2008 年新续分开后，前线逐渐走向多产品销售，管理变得复杂起来。业务不断扩张，新业务新产品形态不断出现，其中也可能会出现很多容易钻空子的地方。2008 年前后，中供成立了违规认定委员会，确保每个案子的判定都能公平公正合理。高压线的规定也更多更细密更周全，最多时达到了 17 条左右。

在此期间，一度有人觉得高压线的一些规定过于苛刻，就把不同的高压线分为一二三类。但后来发现，这会改变高压线设立的初衷——既然是高压线，触碰的后果应该都是一样的。

2008 年后的一次调整中，在高压线中增加了管理连带责任。这也是后来在“诚信门事件”中很多管理人员没有直接参与触碰高压线但也被处罚的原因。一般来说，一个区域的主管，在管理的团队里经常发生触犯高压线的事件，那么，除了平时的处罚之外，对这个管理者未来的晋升也是会有影响的。如果发生纵容和包庇行为，更绝对不允许。

而敏芝的意见，是把高压线规定的数量大幅度降下来，重新回到为数很少的几条。

对于这种改变，一开始，在中供内部是有一些反对意见的——特别是“品控”这个相当于中供“廉政公署”的部门。有人认为，过了这么多年，好不容易将“法规”细化了，如今一朝走了回头路，难以理解，这不是“人治”又压倒“法治”了吗？前线业务团队也有人觉得，虽然规定太死板，但从具体的事件来看，很难从动机上去判断一位员工究竟是否有意损害公司或客户利益、违背公司价值观。

但从后面的效果来看，公司与社会并不完全适用于同样的治理逻辑，“人治”与“法治”的框架很难解释这种转变的有效性。高压线瘦身最终证明，效果比很多人估计的要好。

敏芝推动高压线瘦身的出发点，首先是高压线太多。由于每个案例的场景区别很大，所以对于同一个条文，如何定性，是否适用于高压线的处罚力度，争议越来越大。

当制度条文不断堆积累加的时候，越来越具象化，管理者反而失去了他的管理灵动性，很容易一味依赖制度去管理员工，自己的判别能力就会弱化。比如说有些行为，在品控部门看来，是严重违反公司价值观要求的，但业务管理者因为这些行为没有在制度中体现出来，没有写到这一条，对这个员工就无从下手管理。而有些事情，表面上看符合高压线中对某一种行为的描述，但背后有很多种客观因素，应根据实际情况做一些适当的调整，但这时候管理层却不敢变通，以免破坏高压线制度。

条文无法穷尽所有违反公司价值观的问题。在“诚信门事件”处理前后，很多案例中的当事人也会提出，“这种情况在高压线或公司规定中没有提到”，以此作为不应处罚的理由——尽管这种情况很容易判断，其动机和结果都是违背阿里巴巴价值观的。一些管理人员在这种情况下已经丧失了主观判断的能力或意愿。

2011 年，高压线瘦身，缩减到 6 条。

围绕高压线瘦身还做了很多解释说明工作，以避免传达给员工公司忽然把管理要求标准放松了、公司是不是觉得以前的很多决定都是不对的这样的信息。要给员工的信息是：高压线瘦身，目的是让管理者承担起相应的责任，要有自己的管理判断。被“瘦身”掉的高压线条款，也不是说不重要了，可以随便触犯了。事实上，有些条文虽然从高压线中拿掉了，但一旦发生类似案例，如果违规认定委员会判断这种行为很严重、违反公司价值观底线，仍然会将违规者辞退。

至于保留或“瘦身”掉的标准，权衡再三，最后的结论是保留那些对中供业务根基影响最大的条款，比如拜访量造假，另外，还保留了一些“特色条款”，就是一些社会上可能觉得没什么，但在阿里巴巴却非常重视的违规行为，比如考试作弊。

高压线瘦身后，违规认定小组的工作量骤然增加。小组成员定为 5 人，包括当时任中供全国总经理的敏芝（或者中供“大政委”俞头）、法务、后台总经理、品控、当事人所在大区的“省长”。

“五人小组”会讨论违规员工的去留——非常认真地探讨，很多都会花半天到一天进行争论，仅仅是为了一个一线员工的去留。每个人观点都会有动摇的时候。一会儿觉得可以判“死缓”，有时又觉得必须判“死刑”。可能业务方会觉得有一定客观原因，也可能 HR 或者法务认为这就是一个具体条文内的事情。有些似是而非的案例，连敏芝自己也会忽左忽右。

这些案例，从前都是按照高压线的条文定员工生死，符合就走人，不符合就留下。现在，通过不断触碰边界，让管理者和员工了解，什么是对员工的关注，什么是对铁军纪律的关注，什么是对制度文化的关注——通过在一个个案例中的讨论，获得真正的感受。而这，恰恰是在狂飙突进的年代，中供曾经缺乏的体感。

春晖

2011年2月22日，就在马云发布那封有关“诚信门事件”内部邮件的第二天，他从北京回到杭州，召开了几天闭门会议。会议的主题是：回归价值观，打击阿里巴巴集团内部的官僚主义和腐败作风。

价值观和使命感，仍然是马云用以构建“102年的企业”最坚实的基石。

早在2010年，阿里巴巴就发布了“春晖计划”，当年10月，与狂风行动大致同时实行的新续分开，再次转为新续合并。产品价格也提前告知客户，将于2011年重新调整至29 800元。新续分开的实行，对狂风行动的展开形成了有力的助推，但同时也对铁军的管理水平以及风险控制能力提出了更高的要求。从后来“诚信门”的发展来看，在有些方面，当时的铁军管理层乃至很多前线销售并没有做好准备。

新续再度合并的同时，客户优先的价值观也被再次强调。但在当时的具体环境下，这次强调并没有取得足够的效果。一年内，中供“黑名单事件”爆发，迅速升级为阿里巴巴的“诚信门事件”。

“诚信门事件”后的阿里铁军，除了重建信心，更要将客户第一的价值观被重新放置于应有的位置。当初决定展开狂风行动的初心，正是基于为中国中小企业主创造更多价值，提供更多帮助。“诚信门事件”的爆发，某种意义上，正是因为具体的执行中没有完全守住初心，在结果上，则表现为对“客户第一”准则的损害。

“客户第一，员工第二，股东第三”，在阿里巴巴，是一句所有人都耳熟能详的话。作为基本的价值观，也曾经有不少鲜活的案例。

对建立阿里巴巴企业文化和价值观功不可没的关明生，受命调查“诚信门事件”后，曾经对铁军员工讲过一个“老段子”：在中供早期，曾经有一个案例，一个前线销售把山东某三线城市的房地产商发展成为“中国供应商”。尽管这个成交给阿里巴巴带来了六位数的收入，但阿里巴巴在了解情况后，仍然把钱退给客户，并对相关员工进行了处理。因为当时阿里巴巴无法帮客户把房子卖到全世界，按照客户第一的原则，这样就是在欺骗客户。

孙利军是从大学一毕业就加入中供直销团队的“老人”，但他的成长之路并不是那么一帆风顺。“诚信门事件”，他受到处分，降了一级，到“受灾”最严重的闽汕“戴罪立功”。而在此之前，他还有两次极为“痛楚”的教训，都与客户价值有关。

大圣于2002年加入中供，通过考核，第二年业绩就做到了全国第六、新人的第一。新人第一名会在年底的Kick off会上做分享。大圣分享了一个案例：一个食品有限公司，是金华最大的做速冻食品的公司，当时也是华东地区同行业中最大的企业之一。这个客户之前是环球资源的客户，一直以来，中供销售都“打不进去”。大圣和老板见了几面，基本上聊不到一分钟就被打发走了。后来他从这家公司的外贸经理着手，每个星期都去拜访这位外贸部经理，经过一年左右，这位外贸部经理终于被他的坚持感动了，带着大圣去找老板，说："阿里巴巴其实效果不错，我在免费的时候就已经有成交了，比如××客户、××客户、××客户……"老板被说服，终于同意签了一个103200元的大合同。

但实际上，这三个客户并不是在阿里巴巴网站，而是在环球资源成交的。

大圣记得当时还没分享完，马云就站起来了，李琪也站起来，立刻走到讲台上，停止分享，同时大声宣布，大圣从这个客户拿到的业绩与提成全部罚没，客户转给别人。因为阿里巴巴是一家必须以诚信、以客户第一为价值观的公司。马云和李琪都认为，大圣的行为事实上已经欺骗了客户，可以视为引导外贸经理说了假话。

大圣说："当时我确实是傻了。我觉得我想告诉所有人的是客情有多重要，不仅老板是KP（Key person，关键人），还有很多人是KP。我想把真实的故事分享给大家。我对大家说，我是一个特真实的人。李琪说，你确实很真实，但是你今天已经成为新人中的风向标，你这个故事，今天你认为没问题，但很多人听了之后，会影响更多的人，会不断地传导给下面的人。假如和外贸经理关系搞好之后可以这样做事，那我们就完蛋了。这个故事对我后来做销售——什么是阿里巴巴要的，什么是我们的正道——深深上了一课。除了一万元罚款，跟了一年多的客户，每年都能带来一万多元收入的客户，都要交给别人，还要罚没提成，并且是在这么多人面前直接停止分享，立刻下台，记过处分。这对一个新人简直就是晴天霹雳。"

"但这就是阿里最牛的地方，不是完全以结果为导向。用李琪的话说，如果我再工作几年之后（还这么做），一定不是罚款那么简单，就是直接除名。”

大圣于 2003 年拿下了全国第六，2004 年拿下全国第四，2005 年前半程一直是全国第一。

2005 年 7 月 1 日，马云到义乌参加网商论坛，请了一批老阿里人一起吃饭。当时，中供另一位传奇销售文波也到场了。

桌上，马云问，当前销售形势怎么样？

大圣回答："非常好，好得不得了。现在一般 10 万元以下的合同基本上没怎么签过，最近刚签了一个 80 万元的合同，下个月还有两个 50 万元以上的合同，10 万元以下的合同基本很少看。"

文波在旁边补了一句："是啊，现在我们这里 10 万元以下看都不看，基本上是几十万元的合同。我这个月正准备签一个 50 万元的合同。"

马云当晚从义乌赶回杭州，召开中供管理层会议，三天之后宣布，中供的游戏规则从此发生改变，之前阿里销售都是以 GMV（商品交易总量）销售排名，从那一天开始改为以客户数排名。

这种临时修改游戏规则的做法，在当时是罕见的。而这对大圣与文波等人的影响也非常大。

大圣做了七个月的全国第一，自认稳操胜券，和文波两个人全国第一、第二已经手拿把攥了。但改为按客户数排名，大圣全国排名只有十几名，因为他签的单数额都很大。

大圣年底业绩排名只排到第五名，但后来他终于理解了马云这个决定的用意。阿里巴巴不希望所有资源集中在少部分客户身上。阿里巴巴的定位是帮助中小型企业，小客户都不管了，就违背了这个初衷，而金牌销售是所有销售人员的风向标，这是马云最担心的。

生态 2.0

“诚信门事件”爆发时，大炮是中供中西部大区的“省长”。一年后，大炮调回杭州，接任广东大区总经理的是潘崑。

潘崑从 1994 年开始做销售，1999 年加入百事可乐，2008 年在百事可乐北方区域总监任上加入阿里巴巴，接替调往淘宝的贺学友，担任广东东莞区域经理，后历任中供北方大区总经理、阿里巴巴日文站负责人、中供后台总经理。

潘崑在广东大区（后来与福建、汕头等合并后成为华南大区）工作了一年，也调回杭州，成为中供直销团队总经理，与中供“大政委”大炮成为搭档。他的前任俞头于 2012 年接替升任阿里巴巴 B2B 事业群总裁的敏芝，成为中供直销团队总经理，一年后卸任离开阿里巴巴，开创自己的事业。

新一任广东大区总经理是 2011 年接替大炮担任中西部大区总经理的表哥余涌。2004 年加入中供之前，表哥有过数次创业经历。他从前线销售做起，2008 年大炮担任北方大区北京区域经理时，他是天津区域经理。在天津区域经理任上，他曾经依靠与当地政府合作 BD（商务拓展）项目，让此前状态非常差的天津区域连续五个月业绩创新高。

表哥话语并不酷炫，内心显然也有非常狂野和感性的一面，他曾经在区域经理会议上为了说明一个新战略跳到桌子上演讲。据说，当年他入职面试时，几乎被放弃，但他通过一个尺度颇大的即兴表演，让面试官改变了主意。表哥 2009 年曾调离中供到阿里巴巴 1688，担任南方大区负责人。

表哥在 2015 年接替潘崑，成为新的中供直销团队总经理——确切的阿里官方职务，是阿里巴巴 B2B 事业群副总裁、销售服务总经理。

接连两任中供总经理从广东大区经理提任，不是偶然。曾经是“黑名单”重灾区的华南（广东与福建），也是“中供”团队变革与转型的先行者。

浙江大区一直是中供的大本营、根据地。狂风行动之前，浙江大区不仅在业绩上一枝独秀，而且是“文化老区”，有金华、永康这样的标志性区域，浙江大区的企业文化一直是纯正、深厚的形象，有个口号叫“一面旗，一块铁，一个家”。

2008 年 7 月，曾经担任中供最早期的浙江大区总经理的干嘉伟来到广东担任总经理，提出要“亮剑夺旗”。2009 年 8 月，干嘉伟调回杭州负责中供后台，当年底，广东大区业绩历史上第一次超越了浙江大区。

潘崑到广东大区时，要考虑的是广东大区的“老大”位置如何能坐稳。曾经在百事可乐工作过的潘崑，习惯于战略性、系统性思考。他试图跳出原有的业务框架重新定义铁军的业务，一个基本的思路就是，将原有铁军前线习惯的单一线性思维与后台的网状化思维糅合，后台的人则更聚焦，更有执行力。

潘崑在广东时，广东已经“玩”出了很多创新，比如赛马会、项目制、风火轮（主管轮训制度）。这段时间，商圈商会的功能同样发生了很大变化。也是在这些百花齐放的创新基础上，中供广东大区的业绩在快速超越了浙江大区后，直接将后者甩开，没有给浙江大区太多反超的机会。

担任中供全国负责人后，潘崑首先考虑的是如何把广东创新和发展的经验推广到全国，让中供在全国的业务都能取得较好增长。

2016 年任中供大中台总经理的曾冬说，他于 2003 年进公司，一直到 2011 年，铁军销售的工作场景基本上没有变化：打电话，陌拜，上门，洽谈，辅导……铁军一直就是这么做的。内部管理，就是早晚双会，做的都是很“工业化思维”的事情，“虽然卖的是互联网产品，但其实就是一群互联网的农民工。我们就在风口上，但是自己都不会飞。当时中供直销团队就是这样子，很傻很天真，因为工作模式就很单一，卖的产品也很单一”。

针对现状，潘崑首先提出了“从 40 到 300”的命题。因为潘崑意识到，要改变之前中供前线销售的线性思维，必须要基于新的工作场景。销售在外面铺开，成本很高而效能较低，如何能让成本和效率的比值发生变化，一个最直接的问题就是，为什么销售不能服务更多的客户？

中供的业务指向是“以客户需求为核心”，业务的根本是“链接”。潘崑顺着这个思路，提出了“一个前线销售服务 300 家客户”的要求。要知道，在那之前，这个数字平均在 40 家左右。从 40 家到 300 家，就是要围绕客户的成长需求，给客户提供更多服务。潘崑把这个命题给全体中供的销售，意图是让他们通过各种创新来实现业务场景的突破。

接下来的思考是，当销售人员服务更多客户的时候，因为客户的需求是不一样的，所以要有更多的能满足客户需求的产品，通过“橙功营”等形式提升黏合度，以客户需求为核心，使用各种工具，把搜索半径内的客户快速搜到，提高对客户的响应速度。这样做当然不能光靠一个人，一个人不可能具备这么多专业，接下来的事情，就是怎样利用后台，让客户的每一样需求得到满足，也就是“1+N”模式。

所谓“1+N”的产品，就是结合客户的成长需求卖更多的产品。销售端从单一产品的售卖走向了多产品的售卖，从服务少量客户、上门为主的服务方式转向了服务多客户、以个人生态圈的方式来服务这些客户的场景。

在此过程中，链接的核心还是前线的销售。

中供模式的“生态 2.0”呼之欲出。

事情的推进，源自一个很偶然的机会。潘昆在北京开会时，刚好与当时在蚂蚁金服的“孙权”（现任阿里云总裁胡晓明）住同一个房间。恰好“孙权”要做贷款业务，两人一拍即合，秉烛夜谈，一个晚上聊出了网商贷业务。

2013 年 11 月，网商贷作为中供转型承接的第一个“1+N”中的“N产品”正式上市，开启了集团内产品在 B2B 落地的先河。

改变很艰难。最难的仍然是薪酬佣金的变化。潘昆认为，改革的真正启动，就是从新的薪酬佣金制度出台那一刻开始的。在此之前，由于没有与佣金挂钩，“1+N”很难取得实质性推进。新的薪酬佣金体系用了足足半年才出台。2011 年之后，中供销售收入上升很快，到 2012 年，人均收入几乎已经是狂风行动时的一倍，而在 2013 年新的薪酬佣金体系下，很多前线销售的收入几近腰斩，抵触情绪也比较大。潘崑坦言，那个时候的压力非常大。不过，在敏芝的支持下，中供各大区“省长”也全力配合，改革仍然坚持下来。

到 2014 年，“一达通”业务也接入中供。“一达通”对帮助中小企业提高出口效率、完成信息数据沉淀具有显著价值。这一年，中供在人数基本不变、完成业绩目标的前提下，完成了 40 亿元网商贷和 69 亿元一达通的目标，销售的业务收入也大幅回升；个人生态圈和外贸生态圈也开始启动，员工、客户、第三方开始抱团成长。

在有了一达通、网商贷等更多产品后，中供得以把生态圈的一些物种串起来，提供给外贸客户一站式解决方案。

潘崑认为，当时着力改革，还有一个很重要的原因。2011 年之后，随着阿里巴巴集团其他业务开始壮大，“中供是落后生产力、价值不大的组织”等说法，在阿里巴巴内部和外部都听到过。“不变化会被淘汰，一旦淘汰，中供的精神、味道、文化、使命……都会被一同埋葬。必须改革，为阿里巴巴集团、为行业、为社会，都应把这个组织特有的味道和力量传递出去。”

潘崑对中供模式的改造，被后来接过改革接力棒的表哥定义为“中供生态 2.0 版本”，以区别于之前单一售卖模式下的“中供 1.0 版本”。

第十三章

“黄埔军校”：中国O2O竞争成了铁军内战

古代剑客们在与对手狭路相逢时，无论对手有多么的强大，就算对手（方）是天下第一的剑客，明知不敌，也要亮出自己的宝剑。即使是倒在对手的剑下，也虽败犹荣，这就是亮剑精神。英雄或是优秀军人的出现，往往是由集体形式出现，而不是由个体形式出现。理由很简单，他们受到同样传统的影响，养成了同样的性格与气质。

——李云龙（电视剧《亮剑》男主角）

双雄

干嘉伟和吕广渝应该都没有想到，在双双离开铁军之后，他们还会在美团和大众点评这两个互联网经济的新军上演一出夺人眼球的“龙虎斗”。

在铁军，干嘉伟和吕广渝在相当长的一段时间里有一点“双子星”的味道。有段时间里，他们要么前后任，要么处于近乎并行的位置，一个负责前线销售管理，一个负责后台（后方）。这一局面在 2011 年戛然而止，干嘉伟在接下吕广渝中供销售团队总经理位置后不久，用吕广渝的话说，“屁股还没有坐热”，“诚信门事件”爆发，两人均受到处罚。风波初定半年多时间，两人先后离职，告别阿里巴巴。

其实干嘉伟和吕广渝的历程差异甚大。

干嘉伟是中供也是阿里巴巴资历最老的员工之一，工号 67。他生于 1969 年，浙江嘉兴人，曾经在杭州商学院（现浙江工商大学）读食品工程专业。毕业后，先后在浙江省燃料总公司北京联络处和绍兴工作。2000 年 2 月，这位国企副科级干部决意进入“朝阳产业”，进入了阿里巴巴。他当时的同事包括卢洋、张斗（曾任阿里巴巴高级经理，现为北京宽客网络技术有限公司董事长兼CEO）等。

干嘉伟从一线销售做起，很快成为中供最早的一批管理团队成员。但他在中供的发展颇为波折，“三起三落”的故事广为人知，甚至有“四起四落”之说。

对于在阿里巴巴得到的管理能力提升，干嘉伟最感念的是马云。“‘借假修真’这四个字还是马云跟我讲的。2008 年 11 月，当时我负责阿里的广东大区，马云去广东出差，在深圳马可波罗酒店外面，我们一起吃了晚饭。那时我们的级别差得蛮远的，也就是聊了一下。在那之前我一直拼命干，也有些成绩，但那天晚上听他讲了‘借假修真’的观点后，突然豁然开朗。其实这种说法之前也听过，但到那天自己才算领悟了。”

与干嘉伟不同，吕广渝加入中供的时间要晚好几年，而且他不是从一线销售做起，而是“外招+空降”模式。

2004 年，作为一种尝试，中供直销团队外招了一批管理人员。这种做法在中供历史上并不多见，吕广渝属于第一批类似“引进”的管理人员，比稍晚的邓康明早 4 个月。再往后，是卫哲、何奕之那批。更晚，则是潘崑等。如今的中供，已经很少从外部引入的管理层了。

在来到中供之前，吕广渝曾经任职雅芳销售团队的西南大区经理。雅芳的销售模式，本身就与直销非常相近。所以吕广渝在进入中供后很快就接受了铁军的文化理念。

2004 年加入中供不久，吕广渝就成为“第三大区”的大区总经理。所谓第三大区，是指浙江大区和广东大区之外的所有区域，包括新开区域。当时浙江大区的总经理是吴敏芝，广东大区的总经理是戴珊。

做了8个月大区总经理，吕广渝前往杭州。当时的架构是邓康明配合李琪总管，李旭晖内部被称为"中供COO"，吕广渝负责"前线"销售。在卫哲来到阿里巴巴担任B2B CEO之后，吕广渝的职务曾经与李旭晖一起有过短暂变动，但随着李旭晖的回归，他再次担任中供销售团队的中枢管理角色，直到干嘉伟接任。

干嘉伟离开阿里，是在美团创始人王兴6次拜访后。他最终于2011年11月16日加入美团。王兴打动干嘉伟来美团的根本因素是他对团购本质的精准理解。

2010年开始风起云涌的团购大战，硝烟散去，那些风光一时的玩家或销声匿迹，或被并购，或不温不火地苟延残喘，美团成为其中的"剩者"和王者。美团能迅速从"千团大战"中脱颖而出，跟拥有干嘉伟有很大的关系。

干嘉伟的加盟让美团对扫街团队的管理精细化和规范化起来，让美团早早从草莽阶段进入野战军作战时代，迅速甩开竞争对手。干嘉伟曾经做过一个名为"美团地推铁军是怎么炼成的"的分享，一时风靡互联网创业企业。

吕广渝离开阿里巴巴后，没有离开O2O行业，一度出任窝窝网COO、安居客COO，对于线下的运营能力非常强调；而后投身移动互联网和O2O领域创业，创办亲子教育O2O平台"孩子学"，具备丰富的地面作战经验，更增强了对移动互联网的理解与谙熟。

吕广渝认为，2015 年是人连接人的时代，要让所有参与者提升效率和增强价值。这与大众点评 CEO 张涛在 2015 年年会上所提的“用户第一”的概念不谋而合。

以影票大战开幕的 2015 年，大众点评与美团在 O2O 各维度的竞争大幕已经拉开。作为大众点评的“陆军”，一线团队的地推能力似乎还没能让张涛感觉非常满意。

2014 年底，在安居客待了两年的吕广渝最终被张涛打动，他对张涛说，正因为对手是干嘉伟，我更要去。

一场“龙虎斗”就这样展开，当年的铁军兄弟，如今各为其主。

从 2015 年 3 月到美团和大众点评最终合并的 11 月，是波澜起伏的大半年。在当时 O2O 最大的舞台上，吕广渝与干嘉伟合奏了一曲“笑傲江湖”。

以吕广渝和干嘉伟过去的交情，两人在“战争”中不可避免会交流一两次，包括各自的优势是什么，怎么打，创始人都是什么样的人——如同当年在铁军的战场上一样，开诚布公，谈得很开。谈完回来，照打不误。

吕广渝说，最终，大众点评餐饮从此前的市场占有率 40%，一路飙升到合并前的 90%，再不能打下去了。

当张涛最后问吕广渝对“合并”的意见之前，干嘉伟和吕广渝已经有过深入讨论，对合并完全有心理准备。吕、干二人在中供的感情，保证了大众点评和美团的合并，没有出现其他一些互联网公司合并后常常并发的混乱和不愉快，有足够的妥协、沟通和协作，而不是一个团队灭了另外一个团队。

美团和大众点评合并时，有人这样评价：中国O2O领域的最强阵容诞生了。“龙虎斗”成了“双雄会”，在那一刻，没有人知道，吕广渝和干嘉伟是不是回想起了在中供铁军并肩作战的年代。

“黄埔军校”

2013年前后，铁军经历了一次离职的小高峰。离职的原因很多，包括职场上升空间狭窄，或者因为阿里巴巴股票上市并行权后，实现财务自由的梦想已经不再那么缥缈，有些人追求的目标自然也发生了变化。

更多的离职者是被“挖”出去的。

阿里巴巴经过十多年的发展，在人才培养、业务锻炼、资源聚集等方面，已经成为人才的培育地。相对于更依赖平台的腾讯与百度员工，阿里系往往更具备适应和变通能力。特别是在对既琐碎又复杂的流程和体系的管理上，在地推和直销等基于传统贸易产业的执行力上，除了阿里铁军，偌大的中国就再无第二家敢自称“黄埔军校”。

在一次内部讲话中，马云把铁军称为中国电子商务的“黄埔军校”，从阿里巴巴淘宝的诞生、天猫的诞生、支付宝的诞生，到今天在外面创业的其他公司的“阿里系”，很多都出自中供。

中供的人才，也成为无数互联网公司挖角的对象。阿里出来的COO，都会成为一个互联网创新公司的中坚力量，气质上、骨子里都带着清晰可辨的铁军基因，简单直接，有情有义，执行力强。

中供出O2O公司的COO，已经成为一种“现象”，中供的履历，对很多新创互联网公司来说都成了金字招牌。除了干嘉伟与吕广渝，中供还输出了很多知名的COO与CEO。国内O2O战场，一度几乎成为铁军内战。

曾任赶集网COO的陈国环，也属于阿里铁军输出的代表人物。陈国环为阿里工作12年，离职时任阿里巴巴B2B渠道总经理。有媒体报道，“杨浩涌为挖陈国环也是颇费心思，在半年内三下杭州，或是登门拜访，或是给陈国环的小孩背着从美国带来的玩具，或是请徐新出面说服，时不时地再打个电话。”

2014年初，陈国环加盟赶集网。58同城与赶集网合并后，陈国环负责LBG（基于位置的游戏）分类业务事业群的营销线，之后跟随杨浩涌出任瓜子二手车COO。

去哪儿网COO张强，在阿里铁军时曾是销售冠军。离开铁军后，他先在美团担任南四大区经理，管理1200人的销售团队，占美团总销售团队的40%。2014年1月，张强加入去哪儿网，协助去哪儿直销团队的搭建，在10个月内建立了强大的地面团队。

阿里铁军输出的风云人物，是一个庞大的方阵，不仅限于O2O领域，也包括实体经济、投资人……在这个闪亮的名单中，还有橙学科技董事长雷雁群、河狸家COO方芳、回家吃饭创始团队、运满满创始人张晖、易到用车COO冯全林、同程网CEO吴志祥、车蚂蚁联合创始人李立恒、搜才人力CEO张卫华、搜才人力董事兼首席战略顾问俞朝翎、闪电购CEO王永森、滴滴出行投资人王刚、滴滴出行CEO程维……

“独角兽”崛起

2016年8月，滴滴和中国优步合并之后一个星期，滴滴出行创始人兼CEO程维给中国优步的员工发了一封内部邮件。他对优步中国的“同学们”谈到了滴滴的梦想和使命，他说：“滴滴的同学们自称小桔人，他们简单、开放、激情、独立思考、极致执行、拥抱变化……”

“简单、开放、激情、极致执行、拥抱变化”，任何一个阿里铁军的人都对这几个词再熟悉不过，这几乎就是铁军的写照。

程维加了一个词——独立思考。

程维自己也喜欢独立思考。一度网上有报道称，程维时常会用《精忠报国》这样的爱国歌曲来鼓励他的员工。程维笑着回应：“这是误传。我给大家放过挺多歌的，但没有这首，我倒是给他们放过《乌拉巴托的夜》。”

北京海淀区软件园滴滴出行总部的“桔”色调与阿里巴巴的“橙”色调如此接近。公司门口立着一块“小桔视力表”，上面标注着不同大小的“放下玻璃心，换一个钢的未来”“成就他人”“保持一颗冠军的心”……最上方字体最大的，赫然是“不唯上”三个字。

滴滴是一个比较包容、开放的企业，工程师文化、投行文化兼收并蓄。但滴滴的简单开放和阿里是很像的，而中供最大的特点就是简单开放。

“我进中供的时候是从零开始的，整个方法论和体系都是中供学下来的。”在一个会议上，程维曾经对马云说：“我是小和尚上山，练了8年，下山的时候行走江湖，基本上只学了一套少林拳法，没别的东西，下意识地少林拳就打出来了。”

2004 年，程维从北京化工大学文法学院毕业，去上海找工作，陆陆续续换了七八份工作。

“忽然有一天，在上海街头，想清楚了，应该去做互联网。”

程维在网上找到阿里巴巴在上海公司的地址，直接找到前台：“我想加入阿里巴巴。”

在很多公司，包括滴滴，这种到前台找工作的人都会被拒之门外。阿里巴巴不一样，前台立刻找了HR。HR叫张娜，对程维说：“挺好，就要你这样子的。”

中供需要陌拜，也就需要这样敢于陌拜求职的年轻人。当时，铁军正攻城拔寨，迅速扩张。

1500 元底薪，三个月出不了单就被开除，这就是程维在阿里巴巴的起点——与全国数千位铁军销售的起点几乎一样。程维说，自己当时就是一张白纸，唯一能做的就是尽可能快地学习和提升自己。

2006 年，中供在北京开设新区，入职不过一年的程维，因为新人阶段表现出色，被调到北京做主管。他给自己的主管组起了一个名字：“君临天下”，8 个月后，做到全国主管新签单量第一名。

在北京，程维与他的区域经理大炮住一个房间，北方大区的总经理是王刚。当时北方大区天津区域经理是后来做到中供销售总经理的表哥。

这段经历对程维后来的人生道路至关重要。首先是结识了他后来的投资人王刚。

对于大炮和表哥，程维也印象深刻。

有个段子。程维现在的夫人，那时还是他的女朋友，有一次和程维一起请大炮吃饭。大炮吃完就对程维说：“你们俩肯定成不了。”——极为典型的“大炮”风格。后来，大炮给程维打电话，承认自己“看人一向很准，一辈子就看错了这一次”。

2007年，程维24岁，接到大区总经理王刚的电话，叫他准备做区域经理。意外的是，他回杭州面试，没有通过——程维说，可能是因为他太年轻了。这也没影响什么，他以北方大区“总经理助理”的身份工作了一段时间，成为当时整个中供最年轻的区域经理。

2011年，程维追随王刚，调到支付宝。

从B2B到金融支付公司是巨大的转换，听不懂结算，听不懂网关，产品经理完全没有概念。中供的人在支付宝面临的最大问题是能力模型不匹配，因为中供业务偏团队管理驱动，产品运营能力不是很强。程维就请产品运营吃饭，边聊边学。短板要补，长处也不能放弃，不管是在团队管理还是在学习能力上，铁军培养的沟通能力毋庸置疑。

2012年，程维看到移动互联网在快速发展，觉得再不去拼一把，这一大波机会就错过了。王刚这时已经先期离开阿里巴巴，转型投资人。王刚和程维以及另外两位前铁军同事——都是王刚在阿里巴巴时的旧部——在一起想了6个项目，最终决定由程维来做滴滴。这段创业史，如今已天下皆知。

铁军文化的浸淫，对于滴滴创业起到的作用是很大的。

“销售是强执行、强目标导向驱动的文化，所以销售团队就和军队一样，必须严格贯彻执行，非常中心化。早期的滴滴也是这样的，要迅速拿结果，拿到司机，拿到乘客。”程维说。

但滴滴除了强调简单、强调执行以外，也强调独立思考。滴滴继续成长，需要工程师的文化。工程师文化不能强制执行，而是自由和创造性，允许试错，不能整齐划一，要允许各种杂音。像中供一样简单往前冲、“又猛又持久”，就不一定行了。滴滴与政府打交道也很多，要适应政府的文化。卫哲曾经这样评价程维：“程维是我见过的从阿里老同学出来的最会花时间找人的。有一个地级市交通局的官员被他说得都想立马辞职，加入滴滴，一起追求梦想。”

程维希望滴滴能开放包容多一些，和而不同，有足够的灰度和弹性，让不同背景的人可以在一起工作。

谈及中供铁军，程维情真意切：“我热爱阿里，最主要的原因是因为中供，它就像我的母校一样，培养了我，塑造了我。包括我的价值观，包括我对商业的理解，我对团队的理解，我的心力，面对困难时的韧性，都是在铁军锤炼出来的。如果不是因为在中供铁军里练过，直接到市场上这么残酷的竞争环境里，九死一生。所以，在我内心中，中供是很神圣的，至今都很神圣。”

喜欢独立思考的程维，思考未止于此：“在我那个时代，我认为全中国没有哪里比中供对人和团队的管理琢磨得更加深刻的了，但对事情呢？说实话并不是最透的。这个世界的主流趋势，是向着开放自由的方向走的，互联网本身也代表着开放自由。这个平台就是解放个体的能量和思想，难道不是吗？”程维反问。

2016 年 11 月，《财富》杂志公布了“2016 年度全球商业人物”排行榜。第一次上榜的滴滴出行创始人兼CEO程维在榜单中名列第八，为上榜华人企业家之首。尽管波涛汹涌，但程维正带领着这家享有全球知名度、吸纳了诸多国内外顶级投资机构投资的独角兽企业强势崛起。

体系的力量

铁军不仅给外部输出了大量企业领导者，在阿里巴巴集团内部，也有很多管理者是从中供走出去，或曾经在中供工作过的。包括阿里巴巴创始十八罗汉中的彭蕾、戴珊，以及阿里巴巴集团首席人才官、菜鸟网络董事长童文红。

中供出来的人为什么“行”，“行”在哪里？

阿里巴巴B2B事业群1688销售服务总经理杨猛曾经在中供多年。他认为，对中供的销售来说，一个极其有利的先天条件，就是可以在最年轻的时候，与中国最有魄力、最会“发梦”、最有想法、最富创新精神的企业家在最近距离内打交道。按照阿里巴巴直销的基本要求，是直接与老板打交道，可以见到不同的老板，感觉他们的差异。那种成功的激情是很难在别的地方感受到的。杨猛本人在温州做销售时，见过最土的老板，也见过洋气的老板。土到什么程度？杨猛签的第一个客户，是一个乡镇企业家，他还记得当时和老板儿子谈完，父亲——也就是真正的老板从楼上下来，告诉杨猛：我为什么和阿里巴巴签单？就是为了在村子里可以开上宝马！

中供的销售，不仅可以从老板那里增长见识、学习为人处事及业务，还可以将自己做成一个平台，把甲老板处学的东西，转而分享给乙老板。在这个过程中，也会有很大的增益。

更重要的是阿里体系对人的培养。

表哥曾经讲过一个段子，来形容中供的不同：地上有一摊水，一般的企业处理方式就是擦掉，或者做得好一点，找出来是谁造成这摊水，骂一顿或者处罚一下，也就解决了。如果是在日本企业的管理体系里面，就需要找出原因是什么，什么样的制度体系、流程会导致这样的原因，怎么补救，确保以后这摊水不会在同一个位置出现。但中供的管理，就是最后找出这个人，陪他聊，聊完之后，发现他原来工作很认真，现在魂不守舍的，原来是因为这段时间家里婆媳关系不好……然后主管就会跟你聊怎么处理婆媳关系，回头鼓励你一下，家里事处理好，上班的时候提起精神……这样的处理方法，和其他企业完全不一样。中供对人的管理可能太婆婆妈妈，但这就是程维所说的中供“对人的琢磨”，管理者会从一摊水看到最后的婆媳关系。个人对主管的信任感，对组织的黏性、安全感，可能都来自这种小事情。

对团队执行力的打造，也是中供人“抢手”的原因。多年直销团队的线下深耕，使中供团队的人对线下运营与互联网结合的工作场景极为熟悉。一旦让中供的人进入地推领域，很快就可以复制出一个有铁军气息的团队，干嘉伟在美团、吕广渝在大众点评、冯全林在易到用车……都复制过类似的团队。

这显示了体系的力量。体系本质上就是一整套完整的方法论。2009 年在江西南昌入职中供的胡伟，从一线销售做到全省王牌销售，离开阿里巴巴先后几次创业，第一个项目介于公益与商业之间，后因商业模式困境，失败了。现在，他联合多名阿里校友选择了继续创业，专注于养生行业 SaaS（软件即服务）领域，项目与支付宝口碑达成了战略合作，继续活跃在阿里的整个生态体系中。几次创业历程，胡伟感受最深的是，中供组织对个人的性格塑造和价值观培育，对“要性、血性、执行力”的激发，对创业者而言有难以替代的价值和改变，他表示，一直把中供的经历当成一种创业，那段经历简单纯粹，简单的事情重复做，重复的事情坚持做，同时也能实实在在赚到不错的收入。“诚信，激情，客户第一”等“六脉神剑”已刻入骨髓，这些正确的价值观对创业者的认知水平和自信体系的建立是一次丰满的沉淀，是不可多得的财富。现在自己公司的激励和淘汰体系等都有借鉴阿里铁军的管理制度。

抱团

2016年，面对经济大环境的趋冷以及行业格局的变化，O2O战场已经进入“下半场”。

有些风云人物，如今还战斗在第一线，比如程维、吕广渝、冯全林。但也有些开始淡出一线的战斗，比如原美团COO干嘉伟，他在多次职务变动后，任美团“互联网+大学”首任校长。先后担任赶集网和瓜子二手车网COO的陈国环，也在2016年11月确认离开瓜子二手车网，转向投资行业。

无论被动抑或主动，他们暂时离开了聚光灯的中心。

必须承认，铁军文化与O2O行业有着极强的适配性。但同样不可否认，铁军文化与其他企业的文化土壤并不一定能恰好吻合。能够长期稳定生长的舞台，有时是可遇而不可求的。

就这一点上，铁军文化与苹果的体系有些接近，都是对外有点封闭性，对内高度开放的。

在这样一种文化里浸淫太久，如果没有创始人的支持，单靠一个人往往难以移植中供的组织体系，更难以复制中供的价值观与文化，特别是高压线这种刚性制度。较好的情况，像滴滴，就是因为有很多原中供的老员工在。有这样一些人作为骨干，很多做法就容易推行下去。否则，以中供的一些做法，确实未必能被所有企业很顺畅地接受。比如坊间传闻铁军的人到其他企业搞“文革式运动”，虽然危言耸听，却也折射出对于习惯了“散养管理”的很多企业来说，铁军管理模式还是具有某种异端的感觉。

2007年进入中供销售业绩前三名的苏斌，现在是宁波格丽思电器有限公司总经理。他也是为数不多的从中供离开后转向实体经济的金牌销售。据他观察，大部分挖到铁军人的公司，够聪明的话，会把原来部门的人一锅端，重起炉灶。在铁军，好的标准是做到极致，这也是外界看好阿里铁军的一点，但实际上，很多人不知道这种极致表现后面是价值观体系和高压线。所以出去的人一定会拉四五个人一起出去，甚至内部区域经理换区域，也会带一两个人一起走。

阿里在O2O领域呼风唤雨崭露头角的，毕竟还是少数，更多的人从铁军出去，选择了不同的发展路径。整体来看，中供的管理者离开后，选择做投资人的居多，但成功率则远远比不上在O2O行业发展的人。投资滴滴的王刚当然是个成功者，即便放在全世界的范围，他的成功也显而易见，他最早投向滴滴的70万元，如今账面估值已经获得了数千倍收益。但王刚的成功也很难复制，比起中供很多人，他更具备一个商人的素质和特点，好的投资人所需的“稳准狠”，在他身上一样都不缺。

其他受中供文化熏陶的出走者，却未必都能做到这样了。

做投资需要想象力，需要综合考量，而中供文化更擅长的是“简单的事情重复做”，在一个单向度上把事情做到极致。

另外，传统的中供铁军文化很看重执行力，而不那么强调自主思考——当然也不能说铁军文化反对独立思考。一旦决策层做了决定，即便前面是水坑，也要坚定不移地走过去。对于一个销售团队来说，这是难得的优点，但在投资的角度，这种特质则不一定是最优的。程维之所以在滴滴的文化特质中特别加了一条“独立思考”，用意也在于此。

刘自成觉得，铁军出来的人容易走两个极端，“一种是保留铁军的神，去掉皮，那会很牛，不是照搬，会在新公司原有的基础上生长出很多新东西。一种极端是照搬，不变，不变就会死，失败后，觉得铁军这一套不行，丢了皮，也丢了魂，连价值观都不要了，这样的也不在少数，只是他们不一定知道。”

曾经担任过中供中西部大区副总经理的周鹏直言，很多中供出来的人学习力不够，社交性不强。在阿里时，全是阿里的人，离开阿里，社交圈也全是阿里离职的人。这样的好处是很容易聚合、抱团，坏处则是难以突破，跟外部的交往会减少，甚至内心容易有恐惧感。很多中供人出去了，一定首先选择有熟人在的公司。

阿里巴巴前CEO卫哲不久前在一次演讲中说：“阿里同学找人往往找血统纯正的，会做纯种，但不大会做杂交。什么是纯种？创业小伙伴，清一色阿里老同学……。其实，纯种挺好的。但人类的进步，整个生物的进化，都不是完全靠纯种的。对于阿里的创业者，在第一阶段，第一次找人的时候，特点是找清一色的纯种。血统纯正，挺好，没有问题。问题在于第二次找人，很多阿里系的同学都还想继续在自己熟悉、价值观高度一致的伙伴里面找人，这就不对了。对于找人，我认为了除了会做纯种，还要会杂交。”

第十四章

“政委”：一个体系的自我革命

古今之成大事业、大学问者，必经过三种之境界。“昨夜西风凋碧树，独上高楼，望尽天涯路”，此第一境也。“衣带渐宽终不悔，为伊消得人憔悴”，此第二境也。“众里寻他千百度，蓦然回首，那人却在，灯火阑珊处”，此第三境也。

——王国维

“十年陈”的礼物

2016 年 7 月 6 日，张蓓蓓醒得很早。午夜后便睡不着，凌晨好不容易可以眯一会儿，却被一条接一条的手机短信吵醒了。

去办公室的路上，她开始接到快递电话，都是送到办公室的。

办公室满堂花香，堆满了送来的鲜花。

这天下午，华南大区的同学们聚在广州办公室的“幸福谷”，为张蓓蓓准备了蛋糕。中供华南大区总经理郭卓琼向他的“大政委”张蓓蓓表达了祝福。

“幸福谷”是办公室的休闲角，一眼可以看到这段话：“没思路了，心烦了，抓狂了，崩溃了，来幸福谷坐坐，泡杯咖啡，抿口花茶，找回幸福的味道。”

张蓓蓓不需要找回幸福的味道，她此刻幸福感爆满。在接过麦克风开口时，她忽然哽咽了。这不是她的风格，她早已经习惯了在数百人甚至上千人的场面神态自若地分享。

短暂而热烈的欢庆仪式过去，同事们各自回到岗位。张蓓蓓仍然难以抑制兴奋，因为晚上还有一个意外的“礼物”，关明生刚好回到广州来，晚上可以一起进餐，甚至K歌。

“能在这一天和阿里价值观的总结提炼人一起吃饭，真是莫大荣幸。”张蓓蓓笑着说，就像一个手中被塞满了糖果的小女孩。

真是一份再合适不过的礼物。“幸福谷”的蛋糕上一共有10支蜡烛。7月6日，是张蓓蓓加入阿里巴巴10周年的日子。自这一天起，她就是阿里巴巴“十年陈”员工了。对这一天，张蓓蓓盼望了很久，没有哪一个纪念日比这一天更让她在意。

工龄在阿里巴巴是一个十分重要的概念。阿里巴巴有一整套体系，包括给达到不同年限的员工安排统一的纪念仪式，以及不同年限会有不同的“戒指”，并举行“授戒仪式”等等。能达到8年乃至10年的员工，在阿里巴巴所享有的自豪感是无与伦比的。

张蓓蓓于2006年加入阿里巴巴。在加入阿里巴巴之前，她在金融机构从事了三年人力资源工作。和很多来到阿里巴巴的人一样，她在一个招聘会上看到了阿里巴巴的招聘广告。最吸引她的是“入职会带薪管吃喝在杭州进行一个月培训”。

杭州刚好还没去过，就试试吧。

因为没有直销工作经验，张蓓蓓在刚加入阿里巴巴后也经历过销售工作的考验，只不过是电话销售，不必用脚丈量土地，但一样很辛苦，经常凌晨3点到家，小区的保安来问：“小姐，你做什么职业？”

张蓓蓓外公外婆都是老红军，父母都是军人，家境并不窘迫，看到张蓓蓓这样工作，怀疑她加入了传销组织。母亲甚至动用军方关系，想确证阿里巴巴究竟是家什么公司。

如今父母都已“路转粉”。张蓓蓓把“十年陈”这一天的照片发给爸爸看，爸爸回复消息：珍惜今天，珍惜阿里。妈妈会收集报纸新闻，听中国之声，看央视，听马云讲了什么东西，时不时警告一下女儿：“老老实实给我在阿里巴巴待着，阿里巴巴待你不薄。”

张蓓蓓做“小政委”时，是同期全国第一个晋升P7的“小政委”，还拿到了“东方红奖”，这是当时给“政委”的最高奖项。

也许是军人家庭出身，张蓓蓓对于工作非常投入，而且非常感性。“每一次回杭州，见到马云，回来就会‘像被打了鸡血一样’。”对她来说，马云更多是一种精神领袖，而不单单是公司的CEO。每次分享，她会把自己讲得热泪盈眶。

2014年，张蓓蓓开始做大区的“大政委”。她讲到即将开始的“e拍档三板斧”、华南大区在生态圈上的探索，一条一条，细致分明。

与张蓓蓓同期的“百大”同学，只有她坚持下来留在了阿里——她笑说，这就是“剩者为王”。在广州，还有她两个曾经的“百大”同学没有留在阿里。她说，“十年陈”那天收到的鲜花，她会转送给她们。

《历史的天空》

在阿里巴巴，特别是在B2B部门，人们说“HR”的时候，通常有另外一个名字：“政委”。

“政委”的由来，与阿里巴巴历史上最著名的两个电视剧直接相关。这两部剧的编导和演员也绝不会料到，他们的这两部戏，会对中国最大的互联网企业产生如此巨大的影响。

吕广渝记得，对政委体制形成有直接作用的，是《历史的天空》。而《亮剑》，对应的是铁军的军魂，是后来PK文化的起点。

“政委”这个词不是来自传统的西方管理学，而是来自军队管理，“政委”全称“政治委员”，追根溯源，从意大利共和军到法国大革命，从苏联红军到中国人民解放军，都有过“政委”这个职务。

2005年，当《历史的天空》中的姜大牙、《亮剑》中的李云龙在电视里咆哮冲杀时，阿里巴巴的CEO马云在电视机前也同样热血澎湃。

“前些天，我组织公司的一些高层看《历史的天空》。这是一部很好的电视剧，讲述了一个农民如何逐步成长为将军的故事。主人公姜大牙一开始几乎是个土匪，但是通过不断学习、实践，不仅学会了游击战、大规模作战、机械化作战，而且还融入了自己的创新，最终成为一个百战百胜的将军。与众多的中小企业一样，阿里巴巴也希望员工像姜大牙一样，不断改造，不断学习，还要不断创新，这样企业才能持续成长。”马云对他的员工们说。

几十张DVD很快就发送到阿里巴巴集团总监一级的管理层手中，要求仔细学习。在B2B部门的一线销售团队中，将派出既懂业务，又代表公司政策和担负价值观宣导责任的人力资源专员。因为有了马云的创意，这套人力资源管理系统索性改名为“政委体系”。

严格来说，“阿里政委”属于阿里巴巴HR的一种，阿里HR有职能型HR和业务型HR，前者负责HR领域的政策制定、工具研发，后者则为“政委”。通俗地看待“政委”，在阿里也叫HRG（Human

Resource Generalist），可译为HR多面手，什么都要管。而专业的解读，则是公司派驻到各业务线的人力资源管理者和价值观管理者，与业务经理一起做好所在团队的组织管理、员工发展、人才培养等方面的工作。

今天看来，“政委体系”落地阿里巴巴，并不是偶然的。非典后，阿里B2B业务高速成长，高速成长行业的特点是人才低位高用，从人力资源配置角度来说，机会多，工作多，但人不够。阿里就有必要配置另外一条线，让一个有经验、有文化，对于组织建设有经验的人辅助业务经理，帮业务经理管好队伍、建好队伍。同时，阿里希望走102年，“政委”的设立初衷，也有避免业务经理基于短期业绩压力采取短期做法的初衷。业务线的人看季度、年度目标完成情况就够了，“政委”至少要看一两年以后的事情，以及整个文化传承和干部培养的问题。

在阿里价值观考核中，“政委”的角色非常突出。每个员工的分数都是由直接上司来评定的，一旦遭到员工质疑，后者需要给出强有力的说明。但为确保客观性，上司的上司也被要求在评定表上签字，对分数的准确性负责。同时，每个业务部门都对应着一个HR。这些“政委”的任务是负责观察业务之外的情况，看“士兵”的状态是否好，以及“司令”与“团长”“连长”的沟通是否到位。

中供的“政委体系”，从组织结构上分为三层。最基层的称为“小政委”，分布在具体的城市区域，与区域经理搭档；往上一层是与大区总经理搭档，比如张蓓蓓就是这种大区“大政委”。再往上，中供和B2B事业群，都有自己的“大政委”。

阿里政委与业务经理的关系有两个说法，一个是作用力与反作用力：业务线关注短期目标，业绩导向；“政委”关注长期目标、文化传承和干部培养，两者之间是一对作用力与反作用力。另一个是监督与制衡：阿里“政委”在用人、组织文化方面有一票否决权，对于业务经理，一方面在思想上、方向上进行指引和帮助，另一方面，对于业务线的决策有明显制衡权。

阿里巴巴“政委”和员工的比例高达1：40（数据来自《阿里巴巴的企业文化》），是一般跨国企业HR与员工总比数的2倍多。

阿里巴巴的“政委”，原则上要求能“上得厅堂”：能进行组织诊断，发现真正问题，具备HR专业能力，提出并实施解决方案；也“下得厨房”，做有温度的HR，陪伴和跟随员工成长，有独立的思考和判断，敢于说真话、丑话。

“政委”女生居多，但也不尽然。曾有人描述一个阿里巴巴的男“政委”：“记得有一个男生，他比女生还知道23个女孩子的例假，记得每个人家里有几个小孩，全部记得清清楚楚。而且他经常给中午忙得要死的人带午饭。不是他有光环，他就是这样的人。每次跟别人聊天，别人还没有哭，他先哭了……”

三板斧

2007年的时候，大炮方永新在北京做区域经理，只做了7个月就接到调令，到新开的中西部大区当“大政委“——当时的中西部“省长”是当年他在伟业就熟识的“俞头”俞朝翎。

大炮回忆：“当时在中西部的时候，有个要求，就是每个员工我必须叫得出名字，叫不出名字就要罚钱，所以那时候天天背名字。

我在每个地方都会这么讲，我要记名字，记不住你们可以随时罚我，怎么罚你们自己定，罚陪访也可以，罚请你吃顿饭也可以。所以很多人就会考我，'大炮，我叫什么名字？'比较庆幸的是，我几乎都记住了。"

"大政委"毕竟还是浮在上层的管理层。但对前线（基层）的"小政委"来说，他们的角色就要复杂得多。

"政委"需要做伯乐、镜子、闻味官。

"政委"需要做"小棉袄"，不仅要代表企业关怀员工，还要"员工关怀员工"。中供很多员工感受到组织的关心，都是通过"政委"这个通道。

"政委"还要做知心姐姐，要知人心懂人性；要做文化的践行者和传承者，做员工的良师益友。

这些说起来当然会比较虚。对大部分"政委"来说，首先要掌握的有四条：闻味道、摸温度、照镜子、揪头发。这些也是阿里巴巴一直倚重的"三板斧"管理中的主要内容。

闻味道，是指每个组织都有自己的气场，管理者既要有敏感度和判断力，又要懂得望闻问切。望：透过现象看本质；闻：感受，闻气味；问：沟通；切：以小见大，切中要害。

摸温度,是指需要及时感知这个团队状况，团队士气是否过于低落，需要设法振奋一下？团队士气是否高烧不退，需要降一下温？

照镜子，是指认识真实的自己，肯定自己的优点，发现自己的短板。照镜子分照下属、照自己、照同事和照老板，都要做到及时交流，定期Review。

揪头发，是指知道你的上级现在想什么，知道你上级的上级在想什么，上一个台阶看问题，把问题揪出来，揪上去，多方位多角度考虑问题，有全局观。

做好“政委”，很多时候不是单纯的能力所决定的，有时候要靠悟性。做人的工作，必须基于不同的对象，在不同的场景，考虑不同区域政策等多重复杂因素，需要懂人心，懂人性，而人心和人性真不是靠学习能懂的。

HR是阿里巴巴很独特的一条文化线。中供前线的HR，本意就是阿里巴巴文化价值观的代言人、布道者，言传身教，有一整套标杆。设立“政委体系”的初衷，就是希望HR是“既要……又要……还要……”的那种人，“老大”不在的时候，拔枪就能上。

“小政委”需要处理的事情就繁杂得多。在一个阿里巴巴“小政委”的岗位说明培训表上，“小政委”的工作范围被分为如下几条：

人的问题，包括招聘、新人存活、薪酬福利；成为最佳搭档；员工异动管理。人力资源工作内容，包括培训与成长、绩效、干部梯队建设、主管的辅导……

一位曾经在外企人力资源部门工作的HR，刚来中供的时候，先是觉得“没方向”，很快又觉得“太累了”。中供“政委”的角色和工作量，确实与一般企业的HR有很大不同。

搭档

在中供直销团队条件艰苦、压力巨大的那些年，“政委”的存在，让前线销售有了“小棉袄”，让业务管理者有了搭档、臂膀，对于纠偏、“反腐”也能起到其他公司HR不可能起到的作用。很多公司也在研究和借鉴“政委体系”。但吕广渝认为，“政委体系”并不是那么容易学的，要建成有效的“政委体系”，需要很多前提条件。

首先，“政委体系”的存在，仰赖于高压线制度。

“政委”是阿里巴巴价值观和企业文化的坚持者、倡导者和传承者，但“政委”在职务上并不完全像军队上那样，有足够的权威来“执法”。很多时候，在阿里巴巴内部层级中，“政委”并不一定比她面对的管理对象层级更高。这种时候，高压线制度就非常必要了。权威不可能仅仅靠“小棉袄”的温暖来获取，当有员工触犯价值观和企业文化，高压线保证了“政委”不会被忽视，不会被业务需求掣肘。

吕广渝说，到2008年之后，中供的“政委体系”才明确地区分了前台HR和后台HR，才把“政委体系”和专业的人力资源体系明确分开来。早期，其实“政委”是什么都干的。后来才开始明确“政委”是和人打交道，是和制度流程打交道的。很多模仿“政委体系”的公司对这一点没有领会，要么让专业的人力资源来做“政委”工作，要么“政委”把后台的活儿全干了。

“政委体系”是保证铁军文化能够一脉相承、中间不变形的最大保障。

早期，“政委”永远都能保证听到来自马云等公司最上层的声音。“政委”几乎每个月都有机会与高层聚一次，聚的时候，都会看到案例，确认什么样的情况是不符合铁军价值观的，什么样的情况是符合铁军价值观的。政委在不断获得这些信息的过程中，就形成了非常强的、以自己为主来认知的阿里价值观。如果没有专职的“政委”，只让业务线的人来做这件事，很容易出现结果导向，绝对不可能那么关注人，或者做到不违反高压线，比如不拿回扣等等。

吕广渝认为，首先是最高层的认同。阿里对于高压线的重视，是他见过的真正重视的一家公司。绝大部分公司只是嘴上讲，到最后也不可能做到触碰高压线即辞退。阿里巴巴在“百大”课堂上会把高压线当作一堂课来讲，每一条都有血的教训，会说清是哪一年，哪个区域，哪个人，这么做了，如何处理。即便如此，每年中供因为触碰高压线而被辞退的，还是有100多个。当时铁军销售总人数大约5000多人。这可以反证铁军文化的落实有多难，如果没有高压线制度，情况又会多么糟糕。

当时是：高压线之上，百花齐放；一旦触碰，绝不放过，任何人求情都不行。

吕广渝曾经亲身经历过一个案例。福建曾经有一个组，6个人中有4个人在产品知识业务考试中作弊。这个组每年实现业绩100多万元，那时整个福州区域大概也只有200多万元，这个组占到整个区域的40%。其中一个员工的母亲来单位哭着求情，不过是考试作弊，孩子从大学毕业到阿里巴巴，第一次犯错，为什么不能原谅一次？大家很纠结，但最后，还是执行了高压线制度。

没有最高层的认同和坚持，高压线就不可能坚持下去，没有高压线制度，“政委体系”也就失去了存在并发挥作用的基础。

在“政委体系”建设早期，中供的领导层几乎到前线任何地方，都将“司令”（总经理、区域经理）与“政委”并提，“司令”和“政委”在任何时候都“成双入对”。

当然，“政委”如何和“司令”搭档形成良好的工作关系，也是非常考验“政委”的能力的。实际上，那个时候，“大政委”的级别通常比他（她）的搭档要低不止一级，实际的权力，也不像外面传说的那么大。很多权力，比如进人和出人的“一票否决权”，都是极少使用的。大部分意见，都是在前期的沟通中表达，而问题也提前解决了。

阿里巴巴 B2B“大政委”张菲菲曾经先后与俞朝翎和王刚搭档，做他们的“大政委”，前两者当时分别担任浙江大区总经理和新开的北方大区总经理。

俞朝翎是一个对工作认真投入，对规则和底线遵守到“刻板”的人。

当时，大区总经理和“大政委”几乎在所有时候都是“成双入对”出现。只要“省长”出现，就必然会有“政委”的身影。

大炮说，俞朝翎去陪访，员工骑自行车，他就坐在后面，尽管理论上以俞朝翎的职务打辆车完全可以报销。大炮和俞朝翎去南宁出差，恰逢博览会，酒店房间比较贵，那时候如家酒店一晚都要 300 多元，其他星级酒店就更贵了。俞朝翎就说：“那我们挤一张床，省点钱。”

张菲菲更早和俞朝翎搭档，他们出差，住的是最便宜的旅店，至于吃饭，俞朝翎直接说：“这一天都算我请你的，你不要出钱，也不用报销了。”

当然，“司令”和“政委”也需要磨合，需要时间。对这一点，大家都直言不讳。

2007年，张菲菲与王刚在北方大区搭档，担任大区“政委”，刚开始就觉得王刚给了她一个“下马威”。开始阶段，两个人多次有意见差异，王刚又比较强势，两人甚至因为一些不大的事情争执，几天不说话。但时间久了，双方都在想着怎么样推动工作，彼此还是获得了认同。在张菲菲主动组织的一次团建上，平时一向比较“高冷”的王刚放下身段，和大家喝酒打骰子。而在业务会议上，王刚也开始主动维护张菲菲的“政委权威”。

大炮回忆和潘昆搭档中供的“政委”与“司令”时，“我跟他说阿里的价值观、文化，我们也相互指出对方的错误。但是到后来，当潘昆离任的时候，他对我说，不知道为什么，时间长了以后，就越来越喜欢你了。”大炮后来同样说过，潘昆也是一个非常重情重义、有铁军精神的人。

大炮后来搭档的“司令”是表哥。有时候大炮会反复讲“风控要加强”，但他又会私下问表哥，“会不会不爽？”表哥说，没什么，挺好的。

“作为HR，应该补他这个短板。短板都补不上，也不配做HR了。”大炮说这句话时，笑得很“爽”的样子。

“政委”变身

2016年11月8日中午，阿里巴巴集团B2B事业群的掌门人敏芝在阿里巴巴滨江园区办公室，与十几位员工开了一个小时的午餐会。参会人员马蹄形围坐成一圈，先从自我介绍开始。与会的大部分是阿里巴巴“八年陈”甚至“十年陈”的员工，很多本身也是基层员工。这些参会人员是中供“民间政委”计划的主要组织者和中坚力量，会议的主要议程是了解“民间政委”计划的进展。

敏芝希望这个计划能通过挖掘“民间”的潜力，使“政委体系”有一个“进化”。

“政委体系”是阿里巴巴的特色HR体系，对铁军来说尤其如此。

但时间在向前。铁军已经走过了当初那个“小米加步枪”的“金戈铁马”的岁月。如今的铁军，业务模式、工作场景都悄无声息地发生了剧变。随之而来的影响，必然会传导到人均产出、岗位数量等各种指标。

阿里铁军特色标配的“政委体系”，也不可能在这样的变化中无动于衷。事实上，铁军“政委体系”正在进行一场自我“革命”。

原则非常清楚：没有哪一种组织体系是仅仅为了形式本身而存续的，无论这种组织体系曾经有过怎样的荣耀和功勋。“政委体系”的未来，必然要在两个方向上取得突破：价值提升与效能提升。

变化可能首先在人员数量上有所体现。

大炮接手铁军“大政委”时，铁军一共有61个HR，到2016年11月，只剩下39个。其余22个HR的去向，有些人做了“大政委”，有些人去了村淘，有些人去了零售通，有些人去了1688，当然也有些人离开了。

目前，已经有了“生态政委”“中区政委”“后台政委”等多种形态的呈现，“政委”角色开始转换。原来大体是一个区域一个“政委”，现在一个“政委”要负责两个区域，甚至负责三个区域。

敏芝认为，有很多人的能力模式不适合做“小棉袄”，也有很多人不适合做“小政委”，如果把一个不适合的人放在HR的位置上，别人对HR又是有期待的，那还不如没有这个位置。一方面是岗位数的限制，另一方面则要看能不能招到那么多合适的人，两者都要求“政委”必须变得高效。

阿里巴巴“政委体系”的发展大体可以分为三个阶段。第一阶段即2004年后，两部热播的电视剧成为“政委体系”落地的爆发点。这里最关键的是“中国供应商”这个产品的直销衍生出中供铁军，铁军文化衍生出“政委体系”几乎是水到渠成的。

第二阶段，从2009年前后，阿里巴巴的“政委体系”继续在天猫、蚂蚁金服、阿里云等平台覆盖。中供本身的“政委体系”也经历了狂风行动与“诚信门事件”的冲击。

第三阶段指“政委体系”的发展期。从2014年开始，阿里巴巴向大数据时代迈进，各个领域都已经开始生态化。阿里巴巴的“政委体系”也必然开始生态化。

一个“政委”，以前只是管着三四十个人，如今一个人至少可以管100个。大炮希望看到“一个人管100个内部的人，管500个外部的人，一共管600个”。

中供的生态圈，如今很多都在外部，比如“中供拍档”、一拍档……中供的设想是，政委是可以用铁军文化去吸引外部生态的人，实现共建，把外部生态的“物种”“变成与铁军是同一类人，去干一件更加有意义、更加有挑战、更加好玩的事情”。

但这也对“政委”的能力提出了更高的要求。

除了“生态政委”，“民间政委”是应对“政委体系”变革的另一步棋。

敏芝心目中的“民间政委”，首先是出于她对“政委体系”功能的认可，特别是政委最基础、最早的“小棉袄”功能。“如果一个HR体系里面没有‘小棉袄’这个工作职能，这个‘政委体系’是不接地气的，是失灵的，会变成一个单纯的职能团队。但是只做‘小棉袄’，这个HR就太低效了一点，只会做‘小棉袄’没有能力也不行。”

敏芝举了一个例子：我们要买个打孔机，其实本意不是要打孔机，而是要在墙上有个孔。电钻可以换，可以创新，但墙上要的那个孔不能忘了，那才是我们的初心。“政委体系”也是一样，要的不是“政委体系”本身，要的是员工今天和组织的连接，要的是员工能感受到组织的温度，要的是我们能感受到员工的真实声音。

敏芝认为，“政委”可以分一分类型，“本来就有‘小政委’‘中政委’‘大政委’。‘小政委’可能百分之八九十的工作在‘小棉袄’上，‘中政委’可能百分之三四十、五六十在‘棉袄’上，‘大政委’可能只有10%在‘小棉袄’上，百分之八九十应该在整个HR、整个组织体系、人才梯队、机制的建设上。在这里面，‘小政委’、‘中政委’、‘大政委’之间也应该是互通的。‘政委体系’的价值完全是由‘小棉袄’的能力决定的，因为只有他能影响员工，也只有他能取得员工的信任。”

但这仍然回到了老问题，即大量专职的“贴身服务”的“政委”，会对岗位数形成超额的压力。

敏芝想到的办法是挖掘“民间政委”。这些“政委”本身是做业务的，不用全程全职做HR，但他们身上有很好的“雌雄同体”的特质，愿意帮助别人，有做HR的素质。把这些人挖掘出来，自愿报名，进行培训，属于半官方的“政委”。

“雌雄同体”，是此前阿里巴巴提出的对管理人员的要求，顾名思义，也就是管理者能同时做到对人和对业务都具有相应的能力——前者是“政委”的角色，为“雌”，后者是“司令”的角色，为“雄”。

目前，“民间政委”的设想是，在前线销售团队中，一个阿里的“老人”，“味道”比较好，也愿意做民间HR。“官方政委”平时没有那么多时间一个个交流，“半官方”的民间HR就可以起作用了。他们会主动关心普通员工，会“看状态”；员工有思想动态的时候，想找人交流的时候，想吐点苦水的时候，也可以找他们。

对“民间政委”，是没有补贴或类似的“好处”的，这也就意味着，一个“民间政委”的初心，只能是利他与奉献。

“政委制度”是阿里巴巴早期HR制度的创新。它在一段时间内，一定程度上解决了在地面销售部队工作场景中出现的问题。不过，对这一制度的进化性反思也一直存在。特别是在管理机制与技术迅速进步的当下，阿里巴巴在转型中，之前的地面直销场景也越来越不能概括阿里巴巴不同部门的工作场景。中供HR制度将走向何方，最终，仍将由市场规律和商业逻辑决定。

第十五章
大铁军：开枝散叶，自由生长

有效的管理者不做太多的决策。他们所做的，都是重大的决策。

—— 彼得·德鲁克

村淘

2015 年 2 月 1 日，大圣孙利军接到调令，正式负责阿里巴巴农村战略团队。

那一日，杭州雨雪霏霏，距离“诚信门事件”已整整 4 年。

2011 年“诚信门事件”中，当时的沪鲁大区总经理大圣，因为在担任杭州区域经理时，对杭州区域出现较多欺诈供应商负有直接责任，被降级为大区副总经理。“灾情严重”的闽汕大区，被并入浙江大区，成为新的浙闽大区，大圣以大区副总经理身份管理闽汕诸区域，一年后回到上海，担任调整后的沪苏徽大区总经理，在这个位置做了将近两年半，2014 年 7 月回到阿里巴巴浙江大区，担任浙江大区的总经理。

当年 9 月，伴随阿里巴巴在美国上市，阿里巴巴三大战略在内部提出。中供接下了阿里巴巴农村战略落地的战略任务，也就是后来的“村淘”（阿里乡村事业部）。

村淘最早在浙江和广东——中供实力最强的两个大区试运营。

时任中供广东大区总经理的是表哥。两个人同时兼任各自大区的村淘业务负责人。到 2015 年 2 月，村淘正式由大圣负责。

“打穿”的难度比想象的大。村淘业务的推进，不像此前孙利军负责过的任何行动。大圣“很不适应”。

以前的大圣，自认为“带团队没问题”，“团队到我手里觉得都可以叱咤风云”。但村淘首先给大圣提出的问题是如何在格局和整个大方向上定策略和战略。大圣猛然发现，在这方面自己还没那么强。

村淘项目要落地到县。按照大圣最初的设想，一个县的项目，要十几个人才能完成，最少也要五六个人才能完成。

对这个方案，马云根本没有批，“路全部走错了”。马云提出的要求是，村淘“三年一千个县，并且（阿里的工作人员）不允许超过一千人”。

大圣觉得这是不可能完成的任务。“中国找不到这样的模式，中国也找不到这样的业务，能够深入到每个县每个村——除了中国邮政。”

当时业务性质相近的赶集网，14 个人负责一个县，仍旧忙不过来。村淘接过来，7 个人搞定一个县，但基本上也是没日没夜。大圣当时觉得，做到这个份上已经很极致，很牛了。

这种状态，大圣把它叫作村淘的“1.0 版”时代。

从 1.0 版到 2.0 版，大概用了三个月。三个月里，有一个月时间，大圣专门用来看马云的演讲视频。100 多个视频，每天晚上三四个。最终列出三个关键词：利他、大平台、大生态。

最初，每个县落地必须要配一个行政，因为有这么多事要做：县域中心要装修，村点要装修，市场要盘点，物件商品进库进仓……比在中供时一个区域的行政做的事要多得多。但今天，整个村淘只用了三个行政。

办法就是，能按标准做的，就按标准化完成；能用系统做的事情，绝对不用“人肉”做。

村淘把阿里巴巴集团的业务下沉到农村，从水电煤开始，包括贷款、保险、彩票，甚至缴纳养老金、社保金、交通罚款，医院挂号，远程医疗，阿里旅行……村淘服务中心都可以提供一站式服务。

村淘在农村要建成三个中心：一个是生态服务中心；第二个是创业中心，让村民贷款、创业变得非常方便，基础环境做好，物流通了，村民在家就可以创业，而且创业的资金通过村淘这个入口就可以解决；第三个是文化供应中心，村淘不仅仅改变老百姓的生活与工作，更会植入一些生活内容，通过文化的渗透，用社会的力量去真正改变农村日常生活。

村淘模式甚至受到联合国的关注，很多发展中国家政府也正在与阿里巴巴展开合作，期冀用村淘方式改变本国农村的面貌。

输血

2014 年 9 月 19 日，阿里巴巴在纽约证券交易所上市，股价一路攀高，市值先后超过脸谱和亚马逊，成为全球仅次于谷歌的第二大互联网公司。国内外各界都热切关注阿里巴巴下一阶段的战略。

“三大战略”当年 9 月在阿里巴巴内部已经开始传达，较早见于媒体公开报道，是在2014年11月21日，于广州举办的广东互联网大会暨全球移动互联网CEO峰会上，时任阿里巴巴UC移动事业群总裁俞永福发表主题演讲，披露阿里巴巴集团未来的三大战略：全球化、农村电商和大数据。

全球化战略即立足中国，买遍全球，还要把中国的产品带出去，卖遍全球。农村战略同样是双向的：让中国各地的特色农产品卖得好，农民赚到钱之后，也能享受到最前沿的产品和服务。特别对广东、浙江这些农村经济建设发展比较领先的省份，农村电商有历史机遇。大数据则是阿里巴巴的另一个核心战略。未来10年，整个互联网将从IT（信息技术）时代向DT（数据技术）时代演进，企业需要研究如何让数据驱动业务，让数据变成业务。

2015年10月，马云致股东公开信，对三大战略进一步进行了详述。马云写道：

“截至2015年6月底，阿里巴巴集团总共有34000名员工。其中，专门从事‘中国零售市场’与GMV（商品交易总额）有关的员工数不到一万人。我们仅仅用了一万人就完成了近3万亿人民币的GMV的平台，也就是人均GMV达到近3亿元。尽管已经拥有如此效率，我们依旧认为我们还需要大大提升自己的技术和产品，绝对不能靠人海战术，而是靠创新靠技术来赢得市场。未来几年，我们有机会和能力打造全球大规模企业里效率最高，同时创造生态就业最多的商业组织。

“除去上面所说的一万人以及供应链上游B2B业务的团队和后台，我们总员工数量中接近一半的团队在从事具备重大战略意义的新业务。我们相信，只有投资未来，只有坚持长远战略，阿里巴巴才能有真正的未来。

“我们坚信，商业帝国式发展的时代已经过去了，我们应该坚持平台生态化发展。只有生态系统里的企业共同参与发展，大家是利益共同体，才能持久发展。

“我们未来10年的愿景将围绕着全球化、农村经济和大数据发展进行……

“中国有6亿多农民，中国农村商业基础设施仍然落后。但今天农村形势发生了巨大的变化，农村手机普及率越来越高。特别是有了淘宝和天猫的城市消费者市场以后，农民可以直接和城市生活相连接。我们目前在用移动互联网技术、大数据、物流平台和互联网金融重新构建农村信息技术基础设施，这不仅给我们带来巨大的市场需求潜力，更是在解决数据鸿沟和信息平等以及贫困发展上，阿里巴巴得以积极参与的机遇和福报。因为阿里巴巴的服务，我们看到农村正在发生变化。我们今天尝试的努力也许会成为未来无数发展中国家发展的模式。在这样的历史性时刻，阿里巴巴必须拥抱变化，投资变化，创造变化！”

在阿里巴巴B2B事业群总裁敏芝看来，阿里巴巴把村淘交给中供，意义绝不仅仅是中供新拓展了一个业务领域。

村淘能够把这样一个没有成功经验可以借鉴、挑战性极强的业务，从无到有，不断更新迭代，很大程度上得益于铁军超强的执行力。中供销售团队一直以来给自己的未来定位，是做阿里巴巴集团的地面部队，铁军要成为集团的铁军，但很多年来，业务范围仍旧局限于国际站。现在看，铁军完全可以通过不同的形式、不同的主体，承接不同的任务，来实现集团的铁军这一使命。这对中供销售团队的激励是非常大的。

村淘正式开始运营，从中供抽调了足足300人，而且很多都是管理层。对于从中供这么大量“输血”，“司令”表哥的表现“很open（开放），很支持，大圣要什么，就给什么”。表哥对大圣说：“这是集团的核心战略，我们中供应该义无反顾地帮助，你可以调动任何资源，调谁都可以，没有任何条件。”

事实上，中供这两年抽调出去的，远不止到村淘的300多人。在村淘业务之后，零售通业务也走向阿里巴巴的业务前台。

某种意义上说，零售通就是村淘的城市版，在很多业务模式上借鉴了村淘的成功经验，并将其应用于城市场景。农村淘宝通过“农村合伙人”来实现生态运营，零售通则通过招募“城市拍档”落地。

零售通为品牌商提供大数据支持，为其销售决策、营销活动提供依据，有利于锁定目标消费者。同时，城市拍档也能为品牌商节约人力成本，包括如何动销、摆货架和如何利用物料。以往这些服务只提供给大型商超，品牌方不可能一个个给小店培训。而运营恰恰是阿里巴巴的强项，零售通把小店店主运营起来，让品牌方能把自己的经验输出给小店，也能跟小店更好地交流。

最终，村淘和零售通都在线下终端接入阿里巴巴的多个服务和平台，通过这些服务和终端，探索出更多有效的营销活动和新商业模式。

零售通开始运营，从中供一次性抽调了100多人。

据阿里巴巴B2B“大政委”张菲菲估算，2014—2016年，包括到村淘、零售通、溯源（阿里巴巴正在推进的另一个农产品项目）以及其他一些零散输出的人员，中供销售团队已经输出人员达 760 多人，几乎达到团队总人数的 1/4，其中相当多是管理人员和业务骨干。

传承

“指哪儿打哪儿”的大调动、大“输血”，对铁军和村淘、零售通等新团队，都是一次考验。对前者，是如何在人员尤其是骨干力量大量输出的情况下，保持铁军的价值观、文化不会被稀释；对后者，则需要解决如何在新的工作场景、业务模式下，既能保持文化的传承，又能适应新工作场景的需求。

曾担任零售通事业部总经理的郭坤坤，一度怕中供因为人员大量抽调，导致文化稀释，文化传承、组织结构会出问题。2015 年因为零售通抽调人员，中供浙江大区的区域经理这一层级基本都被抽出去，管理层几乎全面换血。

2016 年任中供大中台负责人、B2B 事业群商业发展部总经理的曾冬也有过类似的担心，但事实的发展让他释然。在经历了“人才输血”后，中供的业绩结果非常漂亮，与以往相比几乎是翻番成长，“举个例子，原来 3500 人，干 45 亿元的销售，结果今年 3000 人干了 50 多亿元的销售，而且还拿下了 150 亿元的GMV，这也是原来所没有的，这还不算其他‘N产品’（注：中国服务‘1+N’中的其他产品）的业绩。”

对离开中供的人，同样如此。

表哥曾经分享过一个动人的案例。有一次零售通开会，按照一贯的标准流程，要在会场给那天过生日的一个城市拍档举办庆生仪式。当生日蛋糕推出来的时候，这位拍档才知道是给自己过生日。这个 40 多岁、长着很粗放的络腮胡的汉子，当场号啕大哭、声泪俱下，因为他在外面飘了十多年，别人都只当他是一个进城的农民工，是一个劳动力，从来没有遇到像在这个团队里遇到的温暖和关心。

表哥说到这里有些动情：飘在城市里的很多年轻人，只能打工，甚至被城市边缘化，变成不良青年，如果我们能给他们一种有尊严的、小小的创业机会，给他们平台，教他们怎么做，让他们找到自己的价值，让他们重新有灵魂有梦想，这才是我们工作的核心价值。

无论是中供销售团队，还是村淘、零售通，文化都不是完全靠设计出来的，要依靠管理者的以身作则，用行动和影响力形成传承。在这个过程中，必须要清楚明白地告诉员工，什么是可以做，什么是不可以做的。

在遇到地方政府一定要赠送一些小礼品时，村淘的要求也是不准收受。特殊情况下，可以按照市价买，甚至为这些产品做义务宣传，但不能白收。这也已经成为村淘的基本要求。

不仅是阿里巴巴自己的员工，铁军的文化也对阿里巴巴的生态合伙人产生了巨大影响。

比如在村淘，在招募农村合伙人时，会有合伙人的画像，加入之前也会像阿里员工一样，进行五天的培训。培训的目的，就是告诉他们如何成为一个合格的农村合伙人，什么能做，什么不能做，什么必须做。在村淘，每个月都会有两场市场培训，一场以镇为单位，一场以县为单位，一场是政府带着头部合伙人出去学习，一场是村淘团队带着所有的合伙人做一场公益。村淘大学里，每天都可以看到做公益的项目，目的是让所有的合伙人变成懂得感恩的人。没有像中供一样的晨会分享机制，就用“钉钉”来进行分享，效果也非常好。

2016 年初，马云对B2B事业群的员工说了这么一句话：“今天的铁军，已经不是中供了。”

在敏芝看来，今天的铁军，无论是内涵还是外延，都已经和以往有了很大不同。

村淘、零售通，它们的管理层大部分出自中供铁军。它们的人员、管理体系、价值观、文化、气质，都与中供销售团队同根同源。

从诞生之日起，中供铁军就是阿里铁军，阿里铁军就是中供铁军，一而二，二而一，其实没有分别。

但在今天，或者可以说，中供铁军以一种开枝散叶，人才、组织、文化输出的方式，扩大了阿里铁军的内涵，阿里铁军不再特指中供，而涵盖了村淘和零售通。

中供拍档

2014 年，李川川听说农村淘宝“要人”。他了解了情况，看好村淘的未来，而且如果到村淘，他有机会回老家徐州区域，“也可以回报家乡”。他报了名。

去村淘之前，李川川已经在中供工作 6 年，有 3 年的主管履历。2008 年 5 月，他在江苏常州入职阿里巴巴，当时的区域经理是如今担任 1688 销售服务总经理的杨猛。他学的是汽车贸易专业，进入阿里巴巴之前，曾经在南京“卖车”。

李川川有多么喜欢中供销售的工作？在阿里巴巴的内网，据说可以查到他“一家四口”都在中供的佳话。李川川进入中供后，成功劝说自己的弟弟，以及兄弟俩当时各自的女朋友、现在的妻子，一起到了中供。

2015 年 10 月，李川川到村淘一年后离职。和他一起打了辞职报告的还有他的弟弟李康康。

但严格来说，兄弟俩并没有离开阿里巴巴。他们成了阿里巴巴的合伙人——“中供拍档”。李家兄弟之前所在的中供华东大区，2015 年 10 月开始正式招募中供拍档。李川川 10 月报名，11 月就开始正式以中供拍档的身份和弟弟开始了新事业。

中供拍档的创意借鉴了村淘的农村合伙人（村小二）的形式。不过，敏芝在阿里巴巴诚信通时，有一次和卫哲、曾鸣讨论，就提出过“云销售”的概念。当时诚信通要扩张，但没有那么多人。敏芝提议是不是可以设立一种“云销售”，人不在公司编制内，不必发底薪，按单付钱，甚至可以在家办公，不占公司资源，包括很多诚信通的女职工生孩子，在家里也可以打电话“兼职”。这个思路最后没能在诚信通落地，但在中供，最终表哥以“中供拍档”的形式变成了现实。

表哥这样形容中供拍档：“逻辑和小岗村一模一样，就是包了块地给你。”在很多三四线城市和偏远地区的企业，由于人力成本等原因，“中国供应商”是无法全覆盖的，把这些地方“承包”给曾经在中供工作过的销售，一方面能保证业务能力，更重要的是可以保证铁军文化的传承。

李川川兄弟俩离开阿里巴巴，付出的代价是股票期权等方面损失了好几百万元。但兄弟齐心，其利断金，如今，兄弟俩的常州溧阳区域，业绩在华东大区 30 个中供拍档的“成绩单”中一马当先。

这 30 位中供拍档中的一些人，是被李川川带动加入的。他们在决定之前，很多人给李川川打电话咨询，李川川给他们分享了两句话：“折腾就是对梦想最大的尊重；做中供拍档首先不是为了赚钱。”

中供华东大区总经理陈文介绍，中供拍档在招募的时候，都有严格的标准，除了必须是中供在岗或离职的员工、必须在阿里满一定工龄（5 年），还要是那种有心有力有创业欲望的前中供员工。华东大区的中供拍档中，有三分之二是在职的中供员工辞职加入的，其中 P7 级别和 M1.5 的准区域经理就有 3 位。中供拍档并不是一种退休机制，而是选拔真正优秀的人参与。

所有的中供拍档，都与中供正式的销售团队一样，要进行业绩的考核，也有金牌制度。给他们的提成会比中供内部的销售多一些，但他们需要组建自己的公司和团队，也有相应的成本。对他们还有一些类似中供高压线的规定，内容包括虚假拜访等，但对他们会略宽松一些，违规会分级分类，不全都是高压线。如果连续考核不达标或违反纪律规定，这个区域就要更换新的拍档。

李川川的公司现在有 9 名员工，内部培训机制、晋升体系、Review，都严格按照阿里巴巴的流程来。他甚至认为，因为团队较小，有些流程比阿里巴巴的流程做得还要好。管理的严厉程度也基本是高压线级别。

在全国范围看，中供拍档爆发出了很强的生命力。有人卖了房，带着老婆孩子一起去“承包”区域；有的会搭乘飞机去拜访客户。像乌鲁木齐这种区域，在表哥他们看来，“包出去都养不活一个人”，结果这个区域的中供拍档单月业绩就冲了百万元，跑到了最前面。很多三四线区域的续签率高了，新签、客户满意度都提高了。到 2016 年，整个中供的拍档创造的业绩已经超过了中西部大区创造的业绩。

新事物总会遇到新问题。李川川最大的压力来自人才，三四线区域受到当地人才结构的限制，员工离职率也很高。华东大区 30 位中供拍档，一共有 280 名员工，司龄八九成都在半年内。

还有一些具体的管理问题。中供不希望把中供拍档最终做成“体制外的主管组”，而希望作为独立的公司、企业，这些拍档能具有真正的自我发展能力。这些拍档与中供区域捆绑，有时需要更好地平衡和兼顾，让中供拍档的成长和中供自身的组织升级同步进行。陈文说，在这些拍档的“婴儿期”，要“扶上马，送三程，给我们付出爱的机会，也利用这个场景锻炼区域经理管理拍档生态的能力”，到后面，中供和这些拍档都是生态圈中的平等“物种”，也就不需要中供的扶助了。

2016 年 11 月 22 日，华东大区在苏州举行了为期三天的“华东首届中供拍档Kick off大会”。华东大区负责拍档运营管理的商秀霞说，拍档们的员工一共来了 230 个人，到最高潮的环节，一共上台 69 个，一起歌唱，一起欢呼，这种感觉，原来只有在真正的铁军才会有。

大铁军

到2016年底，华东大区中供拍档运营一年多，已经有30个中供拍档，同时还有216个“一拍档”、80个“C拍档”，一共300多个市场主体，彼此互为第三方。

这些拍档，是中供为业务转型升级而做的创新尝试。

在这些令人眼花缭乱的拍档中，“一拍档”是阿里巴巴B2B在2010年收购一达通之后，于2015年推出的一种新型的外贸服务合作伙伴模式。阿里巴巴在各个重要城市择优精选几家做进出口业务的外贸公司、货代、物流公司作为一达通的合伙人，也就是“一拍档”。合作伙伴可根据自己的业务优势，提供配套的物流定制，指导办理商检等个性化定制，为客户提供更加完整的外贸服务。

“一拍档”的引入，为外贸企业，尤其是中小企业提供更加完整的本地化、贴身化、个性化的低成本出口流程综合服务，在一定程度上解放企业人力和资金成本，打造一站式整体服务和解决方案。

“C拍档”的“C”，是“China Suppliers”（“中国供应商”）的缩写，同样是第三方合作伙伴，给“中国供应商”的客户提供产品优化、网站代运营、装修旺铺、优化关键词等服务。

在村淘、零售通等阿里铁军之外更生态化的领域，是中供拍档、一拍档、C拍档，他们和村淘的农村合伙人、零售通的城市拍档一起，被合称为阿里巴巴的“生态铁军”。2016年10月，在中供成立15周年的庆典上，生态铁军的代表和阿里铁军一起，接受了客户的“检阅”。

从中供的角度来看，生态铁军的几个部分之间也有区别。

在生态铁军中，一拍档和C拍档两个团队都是服务性团队，而中供拍档则是销售团队。与这两只团队相比，中供拍档是阿里铁军最近的创新之一，也是铁军诸多拍档、合伙人中最独特的一支。它的独特之处在于，与零售通、村淘相比，中供拍档不在阿里巴巴企业体制之内，不占人员指标。但与农村合伙人、城市合伙人相比，中供拍档必须全部来自前中供员工。中供拍档因为人员、文化与中供同根同源，除了没有正式的员工身份，其他都与铁军区别不大，因而更接近阿里铁军的气质。

对于几种不同的拍档，中供都有专门的对接，几个拍档之间，也有很多业务交集和合作需求。

到 2016 年，中供大约有 1700 人的地面销售部队，加上主管等管理层，中供销售有 2400 多人，而生态铁军的人数已经达到了 1 万人。

生态铁军的出现，一方面是业务上的需求。对中供来说，如果没有改变，那些三四线城市或是大城市的偏远区域，永远是不可能被覆盖的。通过“拍档”模式，一方面可以为客户创造价值，同时也可以减轻整个中供在人员结构与业务上的压力。

按照中供此前的业务模式，随着客户的不断增加，销售的服务压力必然越来越大。以广东为例，中供华南大区总经理郭卓琼介绍，整个广东的客户数是 9 万余家，销售员工 900 多人，人均客户数已经达到 110 多家。想要维持良好的服务质量，必须利用生态的力量去解决这个问题。

打开内部创业通道，可以激活整个组织，对减员增效、减少岗位数都有很多好处。长远来讲，把这部分业务转移到外面，业绩一定会有增量。

任何改变都有风险。在表哥看来，最巨大的风险来自两方面：一是内部的风险，人心不稳定；二是外部的风险，未来控不住。对表哥来说，不会因为风险去改变方向，但会因为风险去完善做法，加强外部管理机制、内部沟通机制。作为中供的当家人，表哥的态度很明确：低产的庞大团队业务模式不改变是没有出路的。

“拥抱变化”，这是阿里巴巴“六脉神剑”中的第三条。铁军的将士们第一次发觉自己与“拥抱变化”的距离变得如此之近。

第十六章

豹变：成功过的变革是最痛苦的

招数是死的，发招之人却是活的。死招数破得再妙，遇上了活招数，免不了缚手缚脚，只有任人屠戮。学招时要活学，使招时要活使。倘若拘泥不化，便练熟了几千万手绝招，遇上了真正高手，终究还是给人家破得干干净净。

——风清扬（金庸小说《笑傲江湖》中人物）

商圈

2016 年 11 月 1 日，钟石军发了一条朋友圈："上午参加完阿里番顺的周年及乔迁盛典，下午给番顺区域分享之后又匆匆赶路，在路上，为了信任我的人。"

这一年，钟石军很忙。

钟石军微信上的名头是中华网商总会会长、广东省电子商务商会会长、番顺网商会创始会长。除了他自己的业务，特别是近两年投入很大心力的红酒生意，他朋友圈的相当一部分都是和阿里巴巴有关的。作为阿里巴巴的讲师，他的分享日程排得很满。

20 世纪 90 年代初还在顺德开拖拉机运货的钟石军，似乎总不肯满足于眼前的生活。2002 年，钟石军离开对他青眼有加的上任老板出去闯天下。他先去了大连的一家工厂做职业经理人。在大连，他第一次近距离接触电子商务，也亲睹了很多外国人来大连考察、下单，仅仅是因为他们在一个平台上看到这个工厂的信息。

这个平台，就是阿里巴巴。

钟石军觉得这很神奇。他是个有心人，就此记住了“阿里巴巴”这个名字。

2005 年 5 月，钟石军回到广东，开始创业，做的是与前东家相近的床垫产品。他说，他对曾经提携他的老东家感恩，不想在国内市场与老东家正面竞争，转而试图在国际市场打拼出自己的一片天。6 月，他先加入了阿里巴巴中文站，8 月，他成为“中国供应商”的客户，与铁军的缘分自此开始。

7 月 15 日，他接到了询盘。客户是一位旅居西班牙的华人，自称张小姐，留下了邮箱。钟石军当晚在外应酬，很晚才回家，已经忘了这件事。半夜醒来想起，立刻回邮件，又电话聊了半小时。放下电话，不禁心疼，为了一个未必靠谱的单子打了这么久的国际长途。

9 月，这位客户回国，来到钟石军厂里现场考察，最后留下了 3 个货柜、150 万元的订单。这也是钟石军在阿里巴巴上获得的第一笔订单。到那时钟石军才知道，这位客户一共向 7 位国内供应商询盘，只有钟石军在当天回复，才有了后面的合作。

故事到这里还没有结束。后来这位客户与钟石军结下了深厚的友谊，因为她年纪已经很大，将钟石军认作义子。

钟石军笑谈，阿里巴巴不仅给了我第一桶金，还给了我一个“妈妈”。

据后来与钟石军相熟的阿里巴巴 B2B 事业群商业发展部总经理曾冬说，当时钟石军手里只有 5 万元流动资金，一咬牙，拿出了 4 万元花在阿里巴巴。钟太太对此不解，三天三夜没有理他。好不容易攒下一点钱，还要拿 4 万元投到这个“阿里巴巴”，怎么可以？

后来挣了一点钱，太太想去买房，钟石军不干，又在阿里巴巴加了投资。

现在看，钟石军当然是明智的。

曾冬认识钟石军的时候，在广东顺德做主管。钟石军和广东的网商们更习惯叫他的花名“安南”。

因为感受到了钟石军和其他客户企业家的能量，曾冬他们提出来是不是可以抱团做一些事情。那一段时间，双方密切来往，最终催生了“番（禺）顺（德）网商会”的概念，设想的网商会功能，是做一些外贸培训，以及支持团队打造。2008 年 5 月 6 日，他们在顺德成立了拓展商会。

钟石军健谈外向，爱出头，表哥说“老钟是一个最爱发牢骚的人，但真有什么事，老钟也会第一个站出来”。这样的性格，对钟石军参与网商会的建设无疑再合适不过。通过网商会，钟石军开始到全国各地参加阿里巴巴的各种分享活动。

网商会发展很快。2011 年后，网商会一度自行发展，与中供结合得不再那么紧密，原因是中供直销团队觉得“控制不了这些人”，而网商会也认为可以不依靠阿里巴巴自行发展。

曾冬说，从他的角度来看，中供这边当时还是想着“掌控”，没有想到“生态”，觉得网商会还是要“听话”，按照中供的路子走。现在看，这样想是行不通的，网商会有自己的想法和诉求。

2015 年开始，网商会再度与中供回到了紧密的联系。一方面，中供已经不再谋求“控制”生态组织，而网商会的组织者也发现，脱离了中供的平台和组织，网商会很难发展。

网商会与中供以及参与的网商，三者间是一个多赢的局面，充分体现了“利他互利”的生态精神。有些企业的老板赚钱之后，除了“找女人、买豪车、喝红酒、打高尔夫”，就没有其他追求了。很多参加网商会的老板开始变得有信仰，开始做无偿的分享，对客户讲诚信，对员工实施更人性化的管理，也会经常参与公益活动。

有一位商圈企业的老板娘说，她老公从前的工作和生活节奏是：每天下午麻将，晚上K歌，喝酒喝到凌晨五六点回家睡觉，下午一点醒了去公司看一眼，继续麻将……后来进了网商会，参加了“橙功营”活动，整个人都变了，老板娘以前怕他出门，现在却很愿意他出门做事了。

钟石军说，这些年来，他在阿里巴巴分享了500场以上。他笑称，自己几乎所有的圈子都和阿里巴巴有关，铁军的人几乎都认识他，他像个没有工牌的阿里巴巴员工。钟石军自己的企业，在管理上都是“高仿”铁军的管理方式。前不久有人唱衰中供的产品，他很自然就站出来，在朋友圈发言，用亲身经历为中供产品辩护。

外贸生态圈

像钟石军这样在阿里巴巴提供的平台上无偿分享的讲师全国有6000个，大部分是各地商会会长、企业家。在过去的一年，中供组织的线下培训，受众达到了120万人次。

中供的23万家服务企业中，很多优秀客户的企业家成为商会会员，而像番顺网商会这样的网商会，全国已经有1300个。这些商会不再是“吃饭打牌资源共享”的俱乐部，而更像EMBA同学会和创新工坊。

2015年后，“外贸生态圈”成为铁军的关键词。商会、讲师都是中供努力打造的外贸生态圈的“物种”。生态圈中的“物种”，还有政府、学校……

2012年前，中供的商业模式都可以称为“1.0版本”，最突出的代表是浙江永康模式，用俞头的口头禅说，“团建、培训、拜访量”，对应的是“心力、脑力、体力”。心力就是团建、凝聚力、战斗力；脑力上不需要很多的创新、专业度，就是灌输式的培训，规定“三板斧”的标准动作；体力上就是跑，要拜访量。中供的第一代模式就是这样打造的。

到潘崑负责中供时期，打法就有了变化，从单一产品的售卖到多产品营销，解决客户更多的需求，不再延续“人贴人、肉贴肉”的模式，从重服务转向轻服务，并且明确提出了中供要转型。表哥将其命名为“生态2.0版本”。

表哥要做的是将“生态2.0版本”进一步升级，做出“中供生态3.0版本”——而目前，表哥说，还只能算作“中供生态2.5版本”。

据曾冬回忆，最早的时候，每年的5月10日“阿里日”，广东大区会选择在5月9日就邀请所有愿意回来的离职员工，鼓励他们来阿里生态圈创业，开第三方服务公司。这些人与中供味道相近，更懂得客户第一，懂得开放共赢。

有了第三方物种还不够，中供把成功的客户推到更大舞台，让他们做更多的分享，建立培育了讲师体系，而且客户讲师都是义务分享的。讲师的积极性都很高，曾冬曾经看过一位讲师发的微信朋友圈，配图就是一个面包的图片。当晚这位客户讲师从深圳飞到青岛，到酒店已近午夜，晚饭没吃，自己啃了一个面包，第二天给青岛的客户上完课，又坐飞机回深圳。

“橙系列”活动有了，第三方有了，讲师有了，还少一个物种：商圈商会。商圈商会可以聚合味道一致的人，可以玩得更大。

在这个过程中，中供也发生着质的变化，它已升级为“互联网+铁军”，裂变出村淘、零售通等组织。今日之铁军，已非昨日之铁军，不再只做外贸，而覆盖了许多其他业务。铁军正在自我迭代、自我改革，把原来简单的地推团队，升级为真正意义的“互联网+铁军”，衍生出更多新业务。

生态是去中心化的，铁军起到的作用是链接，链接所有物种，链接公司内外。实现链接的办法是赋能——对内，给员工赋能；对外，给客户、第三方，给整个生态赋能。通过赋能，才能为生态圈的所有物种创造价值，维持、推动生态系统的健康运行。

生态圈最核心的理念之一就是利他——这同样也是阿里巴巴这个企业的初心所在，是阿里巴巴文化的原始基因。

针对中国外贸商业模式的升级，中供还提出了“一圈一环”的概念。“一圈”是外贸生态圈，“一环”是业务的闭环。

以往的互联网电商，因为没有数据的沉淀，闭环没有打通，无法发挥更大的价值。现在，中供开始寻找新的交易模式。在一达通等业务的支持下，互联网交易已经可以实现数据沉淀以及信息匹配。信息匹配后，可以通过信保（信用保障体系，相当于B端的支付宝）解决信任问题，实现交易。交易达成后是服务。现在，对一个客户企业来说，所有的流程都可以在线上一个窗口内完成，如果客户仍嫌麻烦，还可以通过一达通代办。

外贸生意变得真正简单了，整个交易，和在手机上买外卖是一样的，只要输入一个地址就等着收货了。表哥形容："一个佛罗里达的海外买家，通过阿里巴巴，在遥远的中国下了一个单，中国某地比如嘉兴有个供应商向他供了货，从头到尾不需要付一分钱。他卖了货以后，如果这个货很对版，系统会告诉他北美洲哪些花色最好卖。全程交易以后他很开心，他会上瘾的。这就是线上的整个交易闭环达成以后对传统外贸的一次颠覆，而不是一个加法。"

2015年，铁军启动了"百城千校"项目，规划在三年时间里，为100个城市的1000所高校的100万毕业生提供就业创业培训，为他们提供进入第三方生态的入口。一年下来，已经有900多所高校的20多万学生参加了这个项目，未来一段时间里会与2000所高校合作。

2016年，铁军与26个省签了战略协议，跟每个省的市地都有沟通协同，推动政府的资源和政府的项目进行生态对接。

铁军已经跟全国108个产业带进行了合作，准备把"产业带+互联网"的基因深度落实以后，帮助各地的产业带升级。2016年7月，中供的外贸生态圈中，已经有各种第三方16大类63小类，总数三四千家。其中，中供全国的一拍档已经有1300多家，货代运营3000多个。"第三方"相当于淘宝的TP，即淘拍档（TaoBao Partner），意为淘宝合作伙伴，就是加入淘宝合作伙伴计划的各类外包服务提供商，专为在淘宝网开店的人提供专业的托管服务。

封神

2016年6月11日，黄榕光生日的"珠江聚会"，有一位迟到的客人。据参加了聚会的俞头回忆，那天晚上，其他人都是5点多会合，6点准时开船，在珠江里巡游。而这位客人是7点多才到的。

她叫封晓红。老黄是封晓红在阿里的“贵人”，作为她曾经的主管，老黄曾经经常陪封晓红一起去拜访客户。封晓红说，在她销售生涯最艰难的时光离不开老黄的鼓励，老黄一直是封晓红“最崇拜和感恩的人”。

几天前的早上，封晓红接到老黄的电话，周末约她一起吃饭庆生。而周日封晓红却有一个紧急重要的客户要跟进，没多想就奔公司加班去了。一工作就忘了时间，不经意一口气忙到了6点，当她想起来的时候，老黄庆生的船已经启动了。封晓红急忙出门赴约，当时天还下着雨，边走边回想着老黄在电话里面说的聚餐地点。但老黄在电话里只告诉了她地点，并没有详细的乘车路线。封晓红不知道船在哪个码头，最后在风雨中辗转了几趟车才到了船上。

在中供，相貌平平、说话坚定有力的封晓红是新时代Top Sales最为耀眼的代表。同事们提到封晓红时，称她“封神”。她也是中供销售中转型最为成功的标杆和引领者。

“封神”两个字，不仅来源于足以傲视群雄的骄人业绩，更来源于她对这份工作的全情投入和极致的奋斗精神。

在中供销售中“神”一样的封晓红，是一个完美主义者。在她身上，让人印象最为深刻的，就是对销售工作的热爱、惊人的自律与勤奋，以及永不服输的精神。要做就要做到最好，这是深埋在封晓红骨子里的特性，部分也来自军人出身的父亲的言传身教。家教的力量是明显的，因为封晓红的哥哥在广州同样做销售，也是所在公司的Top Sales。在封晓红看来，“无论何种工作，一旦定下目标就要全力以赴”。

刚入职阿里时，封晓红用了前三个月时间，一个写字楼一个写字楼地跑客户。别人通常一天见几个客户，她最高时达到了一天拜访 100 多家客户。同时，为了迅速了解公司产品的专业知识及互联网的最新趋势，她每周五晚都会在内网学习专业知识，直到凌晨。

好学的精神和扎实的过程，让封晓红很快就做出了不俗业绩，也无形中催生了她的TOP梦。入职第一个月，业绩交了“白卷”，第二个月是 10 万元，第三个月做到了 28 万元，第四个月，封晓红记得，有一天晚上睡得特别晚，早晨 7 点钟，她睁开眼睛，从床上一跃而起，握着拳头说“我就是要做Top Sales！”最终，这个月封晓红真的做到了区域第一名。

2008 年，封晓红怀有身孕，依然挺着大肚子坚持拜访客户。阿里巴巴内部对怀孕的女员工一直比较照顾，但封晓红一直坚持到了生产的前一天还在见客户。甚至在坐月子期间，当听说一个老客户除了她谁也不见，她还是偷偷去见了客户。刚出生的女儿需要哺乳，她每次都是电话约好客户后马上上门，见面就直奔主题讲解阿里产品知识，结束后立刻回家喂奶，然后再见下一个客户。每当她回到家楼下，就能听见十六楼家中女儿因饥饿而发出的撕心裂肺的哭声，这让她至今对女儿怀有愧疚。

2011 年，在加入铁军的第五年，封晓红终于“登顶”，以破纪录的百单新签客户数成功斩获全国第一。从此她就一发不可收拾。

2012 年，业绩增长 2.5 倍，达到近千万元，蝉联全国第一。

2013 年，业绩刷新整个B2B事业部有史以来年度纪录，再度问鼎全国第一。

2014年，业务需求倒逼销售要掌握运营能力。对包括封晓红在内的很多人来说，这个变化还是很大的。人在被改变的时候总会非常痛苦，因为此前营造的舒适圈被打破了。

铁军乃至整个阿里巴巴的文化核心之一，就是拥抱变化。封晓红就是最有勇气坦然拥抱变化的铁军销售。

2015年，封晓红的业绩依然蝉联全国第一。她启动了个人生态圈“笑傲江湖棋行天下”。通过3T计划和3A计划等项目，运用“互联网+”的思维推动客户的快速成长，培养了30家以上明星客户和不同类型的优秀讲师。全年自己分享超过30场次，受益人数超过2000人。为了打造这个生态圈，封晓红不断创新和整合资源，每天依旧保持高强度的工作状态。

2016年，新外贸生态体系日趋成熟，生态铁军链接和生态圈的持续繁荣，让封晓红的客户和拍档紧密联合在一起。本财年她的业绩再创中供新高，并登上阿里巴巴“牛尼斯”荣誉殿堂，成为B2B部门“牛尼斯”纪录创造者。

在中供，封晓红已成为一个让所有人都感到震撼的真实“神话”。马云曾说：“短暂的激情不值钱，持续的激情才值钱。”这句话在封晓红身上淋漓尽致地展现出来。

在距离封晓红所在的华南大区很远的北方大区，一个刚刚加入中供两年多一点的年轻女孩子，也在仰视“封神”，她说：“像那样的人，好多人会有一种不可企及的感觉。一定会有人超越她的，但是不是你，就要看你敢不敢想了。我觉得现在已经不是封晓红的年代了，我们可以挑战。只想是没用的，我要用我的结果来证明我今天是不是可以挑战。有梦想、有野心的人永远是少数，成功的人太少，大部分的人都很平庸，但我不想做那个平庸的人。”

这个女孩子名叫罗希，她在北方大区有一个外号叫“早安姐”。从进入阿里巴巴开始，她坚持每天早上发一个早安问候，发激励人的话语，两年多的时间里从未放弃。

“早安姐”当然不是只会说“早安”。今年6月，在一场大病的复原期，她以108万元的业绩成为北方大区当月销售冠军，变成了“百万姐”。

她说起“封神”那一刻的神情，就像武侠小说中刚出道的无名少年，远望她将来注定要去挑战的名满天下的侠客。神话的价值，不仅是对个人辉煌的记录，更在于点燃他人的梦想。

作为早期铁军文化的代表人物之一，俞头对封晓红的欣赏溢于言表：“动脑筋怎么把客户签下来，每个人聪明程度不一样，有的可学，有的不可学。但封晓红这种精神，一定是可复制的。铁军有一句老话：极度渴望成功，愿付非凡代价。封晓红就是愿意付非凡代价的那个人。”

无论怎样拥抱变化，总有一些价值是难以改变的。

文化布道

在今天的阿里铁军，“变”是第一热词。一切都在变化，业务模式在变，工作场景在变，人员结构在变……越来越多的90后开始进入阿里巴巴，他们看待世界的方式和70后已经完全不同。铁军的战士，也不再都是“苦大仇深”出身。

大部分铁军人都承认，铁军的文化，不是简单地自上而下设计和规划出来的。铁军文化之所以是今天的模样，是和历史上的业务场景、客户特征、员工情况等环境因素密不可分的。有些铁军文化的特质，在今天，“即使原有那些人重新来一遍，都很难复制”。

拥抱变化——在铁军文化中有哪些是应该与时俱进、必须要拥抱的变化？文化传承——又有哪些文化是不能轻易改变的精神内核，必须传承的？

要回答这个问题，首先要搞清楚铁军文化是什么。

俞头认为，铁军文化本身就是创业的文化，是符合大多数人向往的理想团队的文化。创业的文化永远都一样，因为它是一种精神，文化的核心始终存在，只是表现形式会有不同。比如对不同时代的员工，70后的特点是执行力比较强，80后有自己独到的见解，90后有自己的个性。

2016年，阿里巴巴曾经因为一件“小事”陷入一场舆论风波中，这一事件被称作“抢月饼事件”。9月12日，阿里巴巴公司内部举办“中秋抢月饼”活动，几名来自公司安全部门的员工利用漏洞刷单抢了124盒月饼，被公司先后辞退。在此事件中，来自外部甚至内部的争议很大，也显示出，在90后逐渐成为业务主力的时代，原有的管理模式也需要与时俱进。

永远创业的铁军，最不怕的，就是在没有资源的情况下，打拼出属于自己的一片天。

从基因上看，铁军文化的初始基因是“利他”。正是在“利他”的基因中，生长出了“让天下没有难做的生意”；也是在“利他”的基因中，才会成长出开放和分享的文化氛围；同样是在“利他”的基因中，孕育出了阿里铁军的铁汉柔情——超强的执行力和有情有义。

超强执行力和有情有义，是铁军文化最醒目的两个标签。传统的铁军文化里，还有很多仪式感、鼓动力很强的内容，比如要性十足的PK文化、启动会文化等。

在新的时代，铁军文化应当有何取舍，应当如何坚持和传承？

表哥认为，铁军文化未来的面貌，必须放在整个阿里巴巴企业文化变化的大背景下来看。在他看来，阿里巴巴文化可以分三个阶段：第一阶段，是传统意义的铁军文化，很傻很天真，铁血，付出，执行力；第二阶段，是淘宝的创新文化，讲倒立，讲创新，野蛮生长，鼓励个性化，年轻，“互联网+”。第三阶段，应该是生态文化，生态文化的根，其实和第一阶段一脉相承，是从利他开始。整个生态文化的根儿是从利他开始的，利他，开放，包容，多样化，允许差异，个性化，跟第二阶段不一样，跟第一阶段也不一样。

新的工作场景，新的客户需求，新的业务模式，对文化的形式也有了新要求。在新的生态化的业务场景中，超强的执行力不能被简化为“简单粗暴”的管理。

表哥认为，一个心力强的团队，必然是一个纯粹的团队，纯粹就心力强。但这种“纯粹”，可能在管理上就会简单化为“老大听老大，老大听老大的老大，老大的老大听老大的老大的老大”，这就是原来有些人理解的纯粹。它也可能理解为：牺牲个体，无我，个体无意识的群体意识，完全用一种军队的模式来打造团队，员工只要看、听、往前冲就可以了。但在生态化的时代，工业时代的组织模型、文化、心智模式已经不足以应对未来。要在新业务场景下创造价值，铁军不能完全回复到那种“简单纯粹”的模式，但也不能走到完全的利己文化，而是逐步走向“比较纯粹的利他”或“大利他”。

在这个过程中，最大的考验，就是如何把文化的“魂”留下，而形式一定不是原来的形式，要敢于变化，拥抱变化，而不能“祖宗之法不可变”。

对于铁军文化中一些形式感非常强的内容，一方面，这些形式对于阿里巴巴一直秉承的“借假修真”仍然有价值。但同时，表哥也认为，重要的是出发的初心，而不是形式本身。形式要辩证地看，内核和原则要坚守。

比如“打鸡血”“打仗”，表哥的观点是，不反对“打鸡血”，但也不要求“打鸡血”；不反对“打仗”，也不赞同“打仗”，重要的是要把为什么而战想清楚，不是为战而战，而是为客户价值而战。初心清楚，形式可以不拘泥。对于很多80后、90后员工，都很有个性，执行力当然仍然要，但不一定像原来一样了。原来的执行力，就是领导说往前冲，不管前面是什么，都不要质疑，往前冲就可以了。现在要求往前冲，还是得冲出去，不要质疑付出，也不要质疑拜访量，但是员工可以有更多的思考，想更多的办法，有更多的反馈。再比如加班，表哥的态度就是：“你加班，我会鼓励你，但加班，请你有效率；你不加班，我也不反对，但你要把事情做完，没做完事情，打了铃就跑，我是不支持的。”

未来的铁军文化，将会是“业务回到客户，组织回到员工”。

业务回到客户，是指不能为创新而创新，不能为KPI（关键绩效指标）开展新业务，必须要回到对客户真正需求的体察上来。

组织回到员工，是指不管有怎样的组织创新、组织变化、组织变革，最终都要回到员工个人的成长、个人的体感，不能一说组织就是集体主义，把个人泯灭掉。在集体主义和个人主义之间，表哥崇尚的是生态主义：集体主义是泯灭了个体，纯粹个人主义只强调个体，不讲组织，但在一个生态系统里面，无论是一棵树，还是一棵草，无论是只屎壳郎，还是传花粉的蜜蜂，都有自己存在的价值和意义，它们的行为、特征都不一样，但加起来，能形成一个很和谐的生态。生态主义不需要每个人都长得一样、行为规范都一样、想法都一样，要给每个人都留有空间。

铁军让人印象最深刻的，就是对人的潜能的激发，对个人的赋能。这种赋能，又是通过组织实现的。

敏芝曾经分享过一个例子。那还是她在温州做区域经理时，当时，每周五的下午两点，她都雷打不动要参加“F14电话会议”。那时流行的是《流星花园》，里面有F4，这个会议就命名为“F14”。会议由李琪和李旭晖主持，参会的包括当时全部十一二个区域的经理，任何人都不准请假。就算拜访客户途中，或者在车上，手机付漫游费，也要参加。会议内容非常简单，就是讲每个区域碰到的问题、解决方案、区域的情况、怎么辅导人员，讲案例，讲故事。敏芝感觉，那个阶段是她成长非常快的时期，而且这种沉淀非常扎实。

在生态时代，铁军文化也会更强调领导力。生态场景中，铁军面对的业务对象包括很多第三方，不可能靠控制，而只能靠领导力和影响力。

表哥理解的铁军领导力气质，来自中供的魂和内核，“一是客情，就是我们对客户的理解；二是我们和团队之间的情义；三是我们对目标的执着和荣誉感。这三块组成了一个三角，构成了今天的铁军自上而下的领导力和自下而上的执行力。对客户的理解，决定了我们的初心；跟团队之间的情义，决定了整个组织的黏性；对荣誉和目标的渴望，决定了组织的行动和力量”。

铁军文化升级，但最核心的内容不能丢。出发的初心即“利他”，会保持不变；铁军文化中原有的“有情有义”，在生态里面，会变成所有的链接；原有的“超强执行力”，会变成生态里的繁荣与活力——既与传统一脉相承，也更符合未来组织形态和业务形态的文化模式。

中供是哥哥，淘宝是弟弟

2016年初，马云来到阿里巴巴滨江园区。他这样评价他麾下的这支铁军：

“整个B2B是阿里巴巴的铁军。整个阿里的精气神就在滨江这一块，没有滨江的体系，就不可能有淘宝、支付宝，不可能有阿里云。我一直这么坚信。铁军从创建到今天为止，依然保持阿里的这种激情、斗志，完美的执行力，包括简单，包括我们‘又猛又持久’的风格，这么多年保持一致，我觉得中国可能还真找不到另一个。”

马云说：在阿里体系里面，如果要毁掉阿里的整个文化体系，那就一定要从B2B开始。”

“我们说，淘宝是弟弟，支付宝是妹妹，没有阿里大当家的支持，就不可能有另两家。但是大哥的改革这两年也让大家非常敬仰。铁军人数降低那么多，仍能保持发展，对一个做了这么多年的服务产品，那是奇迹。我们面临的升级，既保留了传统的业务，又不断创新各种各样的业务，在飞行的过程中改发动机，这是挺难的。

“今天的阿里铁军已经不是中供的了，今天阿里B2B留在这里的这帮人，在不断把自己变成多面手，不断提升领导力。……今天我看到的是B2B正在由原来的管理力向领导力转型，这是很了不起的。我看到未来的这两三年内，我们的B2B依旧面临着转型升级的任务，而且变革依然是痛苦的。因为我们曾经成功过，成功过的变革是最痛苦的。

“我们不怕失败，失败也可能庆功，但是庆功的原因是你从失败中学到了什么。我们可以有失误，但是尽量不要犯错，更不能犯罪。”

2016年11月24日，感恩节，阿里校友会。阿里巴巴集团CEO张勇（逍遥子）在发言中首先讲到了铁军。他说，今天的中供铁军，已经不是单纯去帮助企业在阿里巴巴获得信息，而是朝前走，让客户在阿里巴巴交易。铁军已经不是单纯地销售产品，还有了更多价值。铁军的精神，用在了阿里巴巴很多业务的发展上。阿里校友共同打造的阿里文化、铁军精神、铁军部队，为阿里在新业务上的拓展铺平了道路。

2016年杭州云栖大会后，马云关于“电商已死”的观点在互联网上疯传，在一些解读中，这似乎成为“B2B又迎来春天”的论据。

对于这些解读，敏芝淡然处之：“B2B春天来了，夏天来了，你做不出业绩来，跟你有什么关系？今天没有说B2B春天来了，但是你把客户价值做出来了，你把业务做出来了，人家不又说so what？今天重要的是你有没有在做对客户有价值的东西。如果你有能力把它做出来，但能不能规模化，能不能拿结果，这是我们今天每个人要面对的问题。做出来了，不讲也是春天；讲了，做不出来也还是寒冬。

中供希望自己的文化成为阿里巴巴的“文化原浆”或“文化原力”，希望“又猛又持久，很傻很天真”“有情意义”“超强执行力”的文化，能在阿里巴巴这支庞大舰队接下来的航程中起到更大的助推作用，但铁军文化的很多形式，也必须在不同工作场景中去芜存菁，甚至对一些内容加以扬弃。

中供也很希望自己在商业模式上的转型探索，能够跨越巨大的鸿沟，将一个相对而言长期习惯于劳动密集型、简单重复型工作场景的团队，重新锻造成为新经济取向鲜明的团队。这不啻为一场向死而生的涅槃，何其难也。毕竟包括村淘在内，铁军传统的工作特点需要改造，人员的能力需要更新。中供的盈利模式，也还没有完全摆脱收费模式。这个过程注定是艰难痛苦的，但这也是铁军必须突破的关口。

这支铁军，曾经有过激情燃烧的岁月，也经历过狂风与暴雨的洗礼。他们曾经满怀自豪，也曾彷徨苦闷；曾经被形容为“潜水艇”，潜下去什么时候上来都不知道，也曾自嘲是“谷子地”，以为听不到“集结号”；曾经书写“平凡人非凡事”的神话，也曾经“玻璃心”“石头心”，难以找准自己的定位。

在一个大时代开始转身的时刻，既往的种种波澜与辉煌都可以暂时封存。铁军的梦想，或是将自身凝结的“文化原浆”，用以成就自身，成就每个团队成员，成就身后的阿里巴巴，成就在生态中链接的每个客户，直至新的商业文明。于阿里铁军而言，这是豹变、化蝶之路，也是坚守、执着之路。

逝者如斯，而雄关漫道如铁，铁军正迈步从头越。

“此时此刻，舍我其谁！”

附　一

阿里铁军人物表

（以加入阿里巴巴时间为序）

马　云：阿里巴巴集团主要创始人，阿里巴巴集团董事局主席。

彭　蕾：阿里巴巴创始“十八罗汉”之一，英文名Lucy，现为阿里巴巴合伙人、蚂蚁金服董事长。

戴　珊：阿里巴巴创始“十八罗汉”之一，阿里巴巴合伙人，花名“苏荃”，人称“MM”，曾担任中供负责人、阿里巴巴集团首席客户服务官（CCO），现为B2B事业群业务总裁。

蒋　芳：阿里巴巴创始“十八罗汉”之一，人称“姐姐”，现为阿里巴巴合伙人、阿里巴巴集团副首席人才官。

李　琪：阿里巴巴中供销售团队早期主要领导者，2000年加入阿里巴巴公司，先后担任技术副总裁和销售副总裁、阿里巴巴公司首席运营官，2008年辞职。

孙彤宇：阿里巴巴创始“十八罗汉”之一，后带队创立淘宝。

周　岚：阿里巴巴早期员工，“中国供应商”最早的电话销售之一，现为阿里巴巴跨境D2C事业部副总经理。

陆兆禧：1999年加入阿里巴巴，曾任中供华南大区总经理，后历任支付宝总裁、淘宝网总裁、阿里巴巴集团CEO等，2016年为阿里巴巴集团荣誉合伙人。

蔡崇信：阿里巴巴合伙人，阿里巴巴集团董事局执行副主席。

吴敏芝： 人称“敏芝”，2000 年加入阿里巴巴，现为阿里巴巴合伙人。曾任中供温州区域经理、中供浙江大区总经理、中供全国总经理、B2B 事业群总裁，现为阿里巴巴集团首席客户官（CCO）。

干嘉伟： 人称“阿干”，2000 年加入阿里巴巴，曾任中供大区总经理、后台总经理、阿里巴巴销售副总裁，后曾担任美团COO。

陈庆探： 人称“阿探”，花名“步惊云”，2000 年加入阿里巴巴，后曾担任中供浙江大区总经理、阿里巴巴集团淘宝网资深总裁，现为阿里巴巴淘宝大学校长。

卢　洋： 花名“鹰王”，2000 年加入阿里巴巴，曾开拓广州区域，后担任过阿里巴巴集团人力资源副总裁、阿里巴巴湖畔大学负责人。

俞朝翎： 人称“俞头”，2000 年加入阿里巴巴，曾任中供多个大区总经理、中供全国总经理，2013 年离开阿里巴巴，是“创业酵母”创始人、搜才人力董事和首席战略顾问。

方永新： 花名“大炮”，2000 年在杭州加入阿里巴巴，曾任中供中西部大区“政委”、广东大区总经理，现为阿里巴巴集团合伙人、阿里巴巴集团B2B事业群人力资源资深总监。

雷雁群： 人称“雷帅”，2000 年加入阿里巴巴，先后担任多个大区总经理，中供PK文化早期的发起者之一，现为至简资本创始合伙人、天使投资人。

陈海强： 2000 年加入阿里巴巴，现为中供人员与组织发展部资深经理。

陈　航： 2000 年加入阿里巴巴，现为钉钉负责人。

李旭晖： 英文名Elvis，在台湾出生，2000 年首度加盟阿里巴巴，后曾去而复返，任阿里巴巴首席运营官兼执行董事，2011 年 2 月 21 日引咎辞职。

波特·埃里斯曼： 2000 年加入阿里巴巴，曾任阿里巴巴国际及阿里巴巴集团副总裁，主要负责公司的国际网络运营、国际PR、市场营销等事务，2008 年离开阿里巴巴。拍摄过纪录片《扬子江上的大鳄》，并著有《阿里传》。

关明生： 英文名Savio，2001年加入阿里巴巴，阿里巴巴价值观和企业文化的奠基者之一，曾任阿里巴巴COO，中供“诚信门事件”后，与蒋芳一起负责开展相关调查工作，2011年2月21日正式从阿里巴巴离职。

王　刚： 2001年加入阿里巴巴，曾任中供北方大区总经理。现为天使投资人，投资项目包括滴滴出行。

苏　斌： 2001年加入阿里巴巴，“一百大”学员，曾任中供宁波区域经理，现为格丽思电器有限公司总经理。

谢德忠： 2001年加入阿里巴巴，曾担任多个区域的区域经理，现为中供华南大区副总经理。

贺学友： 2001年加入阿里巴巴，中供早期销售明星之一，曾任广东东莞区域经理，2008年离开阿里巴巴。

罗建陆： 2001年加入阿里巴巴，中供早期销售明星之一，曾任江苏常州区域经理等，现为上海一公司的合伙人。

周俊巍： 2001年加入阿里巴巴，中供早期优秀主管之一。

黄榕光： 2001年加入阿里巴巴，中供早期销售明星之一，2013年退休。

金　品： 2001年加入阿里巴巴，此前曾经在环球资源工作过两年多，现在中供战略生态部工作。

郭慧雯： 英文名Connie，2001年加入阿里巴巴，从销售转到HR，2015年转岗到阿里影业任HR。

孙利军： 花名“太圣”，2002年加入阿里巴巴，历任多个大区总经理，2016年成为阿里巴巴合伙人，任阿里巴巴集团副总裁、农村淘宝事业部总经理。

张菲菲： 2002年加入阿里巴巴，曾担任浙江大区“大政委”，后担任过北方大区“大政委”、B2B事业群人力资源总监等，现为阿里妈妈资深总监。

杨子江：2002 年加入阿里巴巴，曾任中供福建大区总经理、广东大区总经理，2011 年离开阿里巴巴。

杨　猛：2002 年加入阿里巴巴，曾任中供台州、常州等区域经理，现为阿里巴巴 B2B 事业群 1688 销售服务总经理。

刘自成：人称“老刘”，2002 年加入阿里巴巴，曾任中供大区北方大区总经理、人员组织与发展部总监，2012 年 1 月从阿里离职，现任无界西溪掌柜。

赵　伟：2002 年加入阿里巴巴，历任大区副总经理、总经理、五阿哥钢铁平台CEO 等职。

罗庆元：花名“福元”，2002 年加入阿里巴巴，曾任中供大区总经理、后台服务总经理，现任杭州点呀点网络技术有限公司COO。

文　波：2002 年加入阿里巴巴，中供早期销售明星之一，现为投资人。

黄　辉：人称“大黄”，2003 年加入阿里巴巴，曾任中供浙江大区总经理。

曾　冬：花名“安南”，2003 年加入阿里巴巴，2016 年任中供大中台负责人，阿里巴巴B2B 事业群商业发展部总经理。

王德民：2003 年加入阿里巴巴，曾任中供大区副总经理，2016 年任零售通事业部东大区总经理。

侯　儒：人称“大师”，2003 年加入阿里巴巴，2016 年任中供中西部大区总经理。

何桂蓉：2003 年加入阿里巴巴，现为深圳区域主管。

郭坤坤：2003 年加入阿里巴巴，历任大区总经理、后台总经理、阿里巴巴零售通事业部总经理，现为中供浙江大区总经理。

郭卓琼：2004 年加入阿里巴巴，曾任中供福建大区总经理，现任中供华南大区总经理。

王永森：2004 年加入阿里巴巴，曾任中供大区总经理和“大政委”、阿里巴巴聚划算“总政委”等，2014 年离开阿里巴巴，现为闪电购CEO。

吕广渝：2004 年加入阿里，历任大区总经理、中供销售总经理、阿里巴巴集团副总裁等，现为大众点评 COO。

陈　文：2004 年加入阿里巴巴，曾任广东大区副总经理，现为中供华东大区总经理。

朱磊：2004 年加入阿里巴巴，曾担任阿里巴巴深圳分公司、阿里巴巴北京大区总经理，7 点钟创始人、CEO。

周　鹏：2004 年加入阿里巴巴，曾担任多个区域的区域经理、大区副总经理，现自己创业。

王秀娟：2004 年加入阿里巴巴，现任中供北方大区总经理。

余　涌：花名“表哥”，2005 年加入阿里巴巴，曾任中供中西部大区总经理、广东大区总经理，现任阿里巴巴集团副总裁、阿里巴巴 B2B 事业群销售服务总经理。

程　维：2005 年加入阿里巴巴，曾任中供北京区域经理，现为滴滴出行 CEO。

张　明：2005 年加入阿里巴巴，曾担任中供品控部负责人。

张蓓蓓：2006 年加入阿里巴巴，2016 年任中供华南大区“大政委”。

严立勇：2006 年加入阿里巴巴，2016 年为阿里巴巴战略部一拍档负责人。

张卫华：2006 年加入阿里巴巴，曾任广东大区副总经理和“大政委”，现为搜才人力 CEO。

封晓红：2006 年加入阿里巴巴，中供明星销售，也是转型最为成功的中供销售之一。

卫　哲：2006 年加入阿里巴巴，曾担任阿里巴巴企业（B2B）电子商务总裁及阿里巴巴集团执行副总裁，2011 年辞职。

何奕之：2006 年加入阿里巴巴，曾担任浙江大区总经理、阿里巴巴集团北京分公司总经理等职务，2013 年离开阿里巴巴创业。

潘　崑：英文名 Steven，2008 年 6 月加入阿里巴巴，历任广东大区总经理、中供全国总经理、阿里巴巴数字娱乐事业群副总裁。

冯全林：花名“常茂”，2008 年 6 月加入阿里巴巴，曾经以在启动会上带领团队大声喊“杀”到失声闻名，历任中供浙江大区副总经理、农村淘宝中西部大区总经理，2016 年加盟易到用车任COO。

李川川： 2008 年加入阿里巴巴，曾担任主管、村淘区域负责人，2015 年和弟弟李康康一起离开阿里巴巴，成为“中供拍档”。

本书还有许多在阿里或曾经在阿里工作过的采访对象，因篇幅原因未能在书中出现，但他们的采访内容对全书写作有重要价值，在此一并致谢，他们是：韩志国、徐静、郑春晓、沈象桂、欧巧秘、苏临权、李德俊、刘丽娜、章妍、陈晨、甘伟、雳子、杨智……

附　二

铁军大事记

2000 年

- 阿里巴巴推出“中国供应商”服务
- 成立不到 10 人的直销团队，设立杭州、伟业两个联络点
- 阿里巴巴明确销售制度，绝不允许向客户行贿
- 李旭晖加入中供直销团队，提出销售的播种、翻牌、采果理论

2001 年

- 明确了愿景、使命、价值观和“高压线”，提出“独孤九剑”
- 建立销售体系，中供直销团队从游击队逐渐向正规军发展
- 10 月，中供销售第一期新人入职培训“百年大计”开班，中供铁军正式成立
- 团队从 2 个联络点发展到在全国共开设 10 个区域

2002 年

- 阿里巴巴实现“盈利一元钱”
- 销售设立“专家制”，即主管制的前身
- 中供诞生首批“百万俱乐部成员”，黄榕光、王刚、罗建陆、贺学友、方永新等 13 人入围

- 制定“高压线制度”
- 提出Review中要“丑话当先”，不能“温水煮青蛙”

2003年

- 5月，阿里巴巴经历了非典事件，明确了“客户第一”的价值观
- 阿里巴巴全年实现每天收入100万元
- 贺学友跳西湖
- 提出“没有过程的结果是垃圾，没有结果的过程是放屁”

2004年

- 阿里巴巴核心价值观从“独孤九剑”改为“六脉神剑”
- 中供成立浙江、江苏、广东三个大区，13个区域
- 阿里巴巴实现全年每天盈利100万元
- 6月，中国首届网商大会诞生“十大网商”
- 中供提出管理十六字方针：晓之以理、动之以情、诱之以利、绳之以法

2005年

- 《历史的天空》《亮剑》成为中供必看，提出并建立了中供“政委体系”
- 全国划分三个大区、14个区域
- 设立大区市场部
- 直销团队的“我干你看，我说你听，你干我看，你说我听”十六字辅导方针出台

- 区域小型沙龙、“一对多”的服务模式开始出现

2006 年

- 成立销售品控部
- 成立浙江、广东、上海三个分公司，全国增加到 16 个区域

2007 年

- 阿里巴巴（中国）网络技术有限公司于香港上市
- 中供直销团队调整，销售人员进行新续分离
- 随着业务发展的需要，组织架构调整为 6 个大区，区域扩增到 32 个，成立香港区域
- 中供铁军 PK 文化产生、风行

2008 年

- 阿里巴巴开始“狂风计划”
- 加入“管理连带责任”，员工辞退由违规认定委员会裁定
- 成立中西部大区，全国形成 7 个大区、46 个区域
- 第一次出现销售故意签署非诚信客户事件

2009 年

- B2B 事业部迁至杭州滨江园区
- “百年大计”空前繁忙，除了 1 月，平均每个月有 4 个班开班
- 当年客户投诉同比增长 111%
- 全国陡然扩张到 64 个区域

2010 年

- 直销团队增加线上作业模式，开始利用邮件和QQ进行营销，有针对性上门开发
- 实施“春晖计划”，10 月 1 日销售人员进行新续合并
- 下半年开展“钟馗行动”，打击“黑名单客户”，辞退 7 个销售
- 全国区域扩增到 72 个，“中国供应商”付费客户数突破 10 万家

2011 年

- “诚信门事件”爆发，卫哲、李旭晖辞职
- 提出“回到根本”
- 高压线瘦身

2012 年

- 客户满意度大幅提高，业绩创历史新高
- 中供鼓励创新，网商达人赛、员工赛马会、“橙系列”活动百花齐放

2013 年

- 提出“从 40 到 300”的命题，改变应用场景与业务模式，推动铁军长出新能力
- 11 月，网商贷作为中供转型承接的第一个N产品正式上市，开启了集团内产品在B2B落地的先河
- 中供销售团队鼓励客户成为讲师，鼓励客户到优秀的区域进行寻梦学习

2014 年

- 推出一达通业务，帮助中小企业提高出口效率，完成信息数据沉淀
- 中供在人数基本不变、完成业绩目标的前提下，完成了 40 亿元网商贷和 69 亿元一达通的目标
- 个人生态圈和外贸生态圈启动，员工、客户、第三方抱团成长

2015 年

- 搭建“一环一圈”，赋能中小企业
- 村淘和零售通正式启动，阿里铁军壮大
- 中供推出“中供拍档”、“一拍档”，“铁军＋”初见雏形，“生态铁军”成型
- 外贸人才培养方面开始和学校合作，开启了“百城千校”项目

2016 年

- 马云年初到滨江，肯定阿里铁军的历史功绩，并指出其面临转型升级
- 改革深化，“一环一圈”继续构建
- 提出“业务回到客户，组织回到员工”
- 探索“文化布道者”“民间政委”等形式，传承铁军文化

参考文献

[1]阿里巴巴集团.马云内部讲话［M］.北京：红旗出版社，2015.

[2]阿里巴巴集团.马云内部讲话 2［M］.北京：红旗出版社，2015.

[3]阿里巴巴集团.马云与员工内部对话［M］.北京：红旗出版社，2013.

[4]方兴东，刘伟.阿里巴巴正传［M］.南京：江苏凤凰文艺出版社，2014.

[5]董智轩.这才是阿里巴巴［M］.北京：中国商业出版社，2014.

[6]邓肯·克拉克.阿里巴巴——马云和他的 102 年梦想［M］.北京：中信出版社，2016.

[7]张继辰，王乾龙.阿里巴巴的企业文化［M］.深圳：海天出版社，2015.

[8]郑作时.阿里巴巴——天下没有难做的生意［M］.杭州：浙江人民出版社，2005.

[9]孙燕君.阿里巴巴神话——马云的美丽新世界［M］.南京：江苏文艺出版社，2007.

[10]刘世英，彭征.谁认识马云［M］.北京：中信出版社，2006.

[11]刘世英.谁认识马云II：危机中的救赎［M］.北京：中国友谊出版公司，2012.

[12]刘世英，彭征.世界第一：马云和阿里帝国［M］.海口：南方出版社，2014.

[13]叶光森.马云：我的关键时刻［M］.北京：北京联合出版公司，2014.

[14]赵建.马云传 [M] .北京：中国画报出版社，2008.

[15]王利芬，李翔.穿布鞋的马云：决定阿里巴巴生死的 27 个节点 [M] .北京：北京联合出版公司，2014.

[16]陈伟.这就是马云 [M] .杭州：浙江人民出版社，2015.

[17]波特 · 埃里斯曼.阿里传 [M] .北京：中信出版社，2015.

[18]陈慧娟.阿里创业军团 [M] .杭州：中国友谊出版公司，2016.

[19]吴晓波.这些年，马云犯过的错误 [M] .杭州：杭州蓝狮子文化创意有限公司，2014.

[20]张永生.马云全传 [M] .北京：中国商业出版社，2009.

[21]张佳乐.阿里巴巴的管理模式 [M] .深圳：海天出版社，2010.

[22]天机（李川）三板斧：阿里巴巴管理之道 [M] .北京：电子工业出版社，2016.

[23]刘英，项松林，方若乃.阿里巴巴模式 [M] .北京：中信出版社，2014.

[24]史玉柱等.近观马云 [M] .北京：北京时代华文书局，2014.

[25]何雪.马云的故事力 [M] .北京：北京时代华文书局，2014.

[26]李毕华.阿里巴巴的营销策略 [M] .深圳：海天出版社，2010.

[27]顾嘉.马云带队伍：团队就该这样带 [M] .深圳：中国法制出版社，2015.

[28]桂千杰.马云管理微语录 [M] .北京：人民邮电出版社，2013.

[29]韩博.马云的商业预言 [M] .北京：中国铁道出版社，2015.

[30]维克多 · 黄，格雷格 · 霍洛维茨.硅谷生态圈：创新的丛林法则 [M] .北京：机械工业出版社，2015.

[31]杰克 · 韦尔奇.商业的本质 [M] .北京：中信出版社，2016.

[32]雷切尔 · 博茨曼.共享经济时代 [M] .上海：上海交通大学出版社，2015.

[33]罗伯特 · 诺伊斯等.三位一体：英特尔传奇 [M] .杭州：浙江人民出版社，2015.

[34] 霍华德 · R.鲍恩.商人的社会责任［M］.肖红军，王晓光，周国银，译.北京：经济管理出版社，2015.

[35] 李鸿谷.联想涅槃［M］.北京：中信出版社，2015.

[36] 阿里巴巴集团,《阿里味儿》系列资料.